Thomas Pille
Das Referendariat

Praktiken der Subjektivierung | Band 2

Editorial

Poststrukturalismus und Praxistheorien haben die cartesianische Universalie eines sich selbst reflektierenden Subjekts aufgelöst. Das Subjekt gilt nicht länger als autonomes Zentrum der Initiative, sondern wird in seiner jeweiligen sozialen Identität als Diskurseffekt oder Produkt sozialer Praktiken analysiert. Dieser Zugang hat sich als außerordentlich produktiv für kritische Kultur- und Gesellschaftsanalysen erwiesen. Der analytische Wert der Kategorie der Subjektivierung besteht darin, verwandte Konzepte der Individuierung, Disziplinierung oder der Habitualisierung zu ergänzen, indem sie andere Momente der Selbst-Bildung in den Blick in den Blick rückt. So verstehen sich die Analysen des DFG-Graduiertenkollegs »Selbst-Bildungen. Praktiken der Subjektivierung in historischer und interdisziplinärer Perspektive« als Beiträge zur Entwicklung eines revidierten Subjektverständnisses. Sie tragen zentralen Dimensionen der Subjektivität wie Handlungsfähigkeit und Reflexionsvermögen Rechnung, ohne hinter die Einsicht in die Geschichtlichkeit und die Gesellschaftlichkeit des Subjekts zurückzufallen. Auf diese Weise soll ein vertieftes Verständnis des Wechselspiels von *doing subject* und *doing culture* in verschiedenen Zeit-Räumen entstehen.

Die Reihe wird herausgegeben von

Prof. Dr. Thomas Alkemeyer, Institut für Sportwissenschaft der Universität Oldenburg, Fachrichtung Soziologie und Sportsoziologie

Prof. Dr. Thomas Etzemüller, Institut für Geschichte der Universität Oldenburg, Fachrichtung Neuere und Neueste Geschichte

Prof. Dr. Dagmar Freist, Institut für Geschichte der Universität Oldenburg, Fachrichtung Geschichte der Frühen Neuzeit

Prof. Dr. Gunilla Budde, Institut für Geschichte der Universität Oldenburg, Fachrichtung Deutsche und Europäische Geschichte des 19. und 20. Jahrhunderts

Prof. Dr. Rudolf Holbach, Institut für Geschichte der Universität Oldenburg, Fachrichtung Geschichte des Mittelalters

Prof. Dr. Johann Kreuzer, Institut für Philosophie der Universität Oldenburg, Fachrichtung Geschichte der Philosophie

Thomas Pille lehrt an der Carl von Ossietzky Universität Oldenburg in den Bereichen Sport- und Kulturwissenschaft sowie am Albert-Schweitzer-Gymnasium in Neukölln. Seine Arbeitsschwerpunkte sind Kulturanalysen, die Soziologie der Praktiken, des Körpers und des Sports sowie bildungs-, subjektivierungs- und anerkennungstheoretische Fragen.

Thomas Pille

Das Referendariat

Eine ethnographische Studie zu den Praktiken der Lehrerbildung

[transcript]

Die vorliegende Arbeit wurde als Dissertation an der Carl von Ossietzky Universität Oldenburg angenommen.

Bibliografische Information der Deutschen Nationalbibliothek
Die Deutsche Nationalbibliothek verzeichnet diese Publikation in der Deutschen Nationalbibliografie; detaillierte bibliografische Daten sind im Internet über http://dnb.d-nb.de abrufbar.

Umschlaggestaltung: Kordula Röckenhaus, Bielefeld
Lektorat & Satz: Thomas Pille
Druck: Majuskel Medienproduktion GmbH, Wetzlar
ISBN 978-3-8376-2289-8

Gedruckt auf alterungsbeständigem Papier mit chlorfrei gebleichtem Zellstoff.
Besuchen Sie uns im Internet: *http://www.transcript-verlag.de*
Bitte fordern Sie unser Gesamtverzeichnis und andere Broschüren an unter: *info@transcript-verlag.de*

Inhalt

TEIL 2: EMPIRISCHE ERGEBNISSE

Vorwort

Am Anfang meiner Untersuchungen stand die Frage nach der Reproduktion sozialer Ungleichheit im Klassenzimmer einer Grundschule. Der in vielen statistischen Studien belegten Selektivität des Schulsystems galt mein Interesse. Ausgangspunkt war der Befund, dass die soziale Selektivität des Schulsystems zwar statistisch belegt werden kann, aus der bildungssoziologischen Makroperspektive jedoch weitgehend unsichtbar bleibt, wie gesellschaftliche Unterschiede im Unterricht von Schülern und Lehrern praktisch (re-)produziert werden (vgl. Alkemeyer/Pille 2008: 137). Es sollte in Ergänzung zu zahlreichen statistischen Studien nicht erforscht werden, *was* das Schulsystem produziert, sondern *wie* die Selektion in der Praxis tatsächlich vollzogen wird. Es war mein Vorhaben, den Fokus auf die Mikropraktiken des Unterrichts zu lenken.

In ersten Gesprächen mit Lehrern[1] im Rahmen einer dreiwöchigen Hospitationsphase im Unterricht einer 2. Klasse ging es darum, die Forschungsfragen zu schärfen und die Möglichkeiten, Bedingungen und organisatorischen Probleme für eine langfristige Studie auszuloten. Meine Beobachtungen waren zunächst auf die Interaktionen der Schüler gerichtet, auf die kleinen Kämpfe, in denen die besten Plätze erstritten wurden, auf das unterschiedliche Meldeverhalten oder den je spezifischen Umgang mit der Viel-

1 Mit Nennung der männlichen bzw. der weiblichen Funktionsbezeichnung – insbesondere bei den häufig auftretenden Bezeichnungen von Referendaren, Lehrern und Schülern – ist in diesem Buch das jeweils andere Geschlecht mitgemeint, sofern es nicht eindeutig anders gekennzeichnet ist.

falt von Stiften, Mappen und Zetteln. Bereits anhand der ersten Beobachtungen wurde deutlich, dass es für eine umfassende Analyse der Unterrichtskulturen weiterer Instrumente bedurfte, die die Flüchtigkeit und Vielschichtigkeit des Geschehens zu erfassen vermochten. Es war unmöglich, die feinen Bewegungen der Akteure nur auf der Grundlage von Beobachtungen differenziert zu beschreiben. Der besondere Fokus auf die Mikropraktiken im Klassenraum erforderte den Einsatz einer Videokamera. Sie wurde neben den umfangreichen teilnehmenden Beobachtungen und Befragungen zum zentralen Instrument meiner Untersuchung.

Am Filmmaterial wurde deutlich, dass ich mein Erkenntnisinteresse zunehmend auf die Interaktionen zwischen Lehrern und Schülern richtete. Wie deuten Schüler die kaum wahrnehmbaren Gesten und Bewegungen des Lehrers? Welche Schülerinnen können die Zeichen des Lehrers erkennen und deuten und wer wird immer wieder ‚abgehängt', sitzt ratlos auf seinem Platz und beginnt sich zu langweilen (vgl. Pille 2007)? Auch wenn ich die Praktiken im Klassenraum als kollektives Geschehen betrachtete, das von keinem Einzelnen bestimmt und determiniert wurde, so war es doch die Lehrperson, die immer wieder Impulse setzte und die bei der Betrachtung meiner Aufnahmen zumeist im ‚Fluchtpunkt' stand – also dem Punkt, auf den nicht nur die meisten Blicke gerichtet waren, sondern auf den sowohl der Raum als auch das gesamte Mobiliar ausgerichtet zu sein schien. Zwar gab es viele Szenen, in denen der Lehrer nicht mitbekommen sollte, was die Schüler treiben – während meiner Beobachtungen wurde hinter vorgehaltener Hand ‚getuschelt', kleine Briefchen wurden verfasst und herumgereicht und die Tische wurden mit Bild und Text ‚verziert' – jedoch zeigte sich, dass der Lehrkörper[2] auch für diese Aktivitäten von zentraler Bedeutung war. Blicke folgten ihm, die Haltung der Schüler änderte sich, wenn er sei-

2 Ich spreche vom Lehrkörper in seiner zweifachen Bedeutung: Zentral ist der physische, in seinen Praktiken beobachtbare Körper der einzelnen Lehrkräfte gemeint, der sich jedoch – und dies versuche ich im Rahmen dieser Arbeit zu plausibilisieren – in Auseinandersetzung mit den Körpern und Gegenständen der Schule geformt und entwickelt hat und somit ebenso als Kollektivkörper beschrieben werden kann. Der für diese Arbeit zentrale Begriff des Körpers ist in Anlehnung an Bourdieu individuell und privat gestaltet, doch immer schon sozial geprägt und somit Ausdruck eines Kollektivs.

ne Position im Klassenraum wechselte und einige der informellen Schriftstücke und Zeichnungen bezogen sich auf ihn. Es wurde deutlich, dass der Lehrkörper für die Durchsetzung einer bestimmten Unterrichtsordnung eine wichtige Rolle spielt; eine Ordnung[3], die einige Verhaltensweisen legitimiert und andere ausschließt, die eine bestimmte Haltung erfordert und zugleich diejenigen benachteiligt, die diese Haltungen nicht einzunehmen in der Lage sind.

Die Frage nach der Reproduktion sozialer Differenz im Unterricht war für meine Forschung weiterhin richtungsweisend, jedoch verschob sich der Schwerpunkt allmählich auf den Lehrkörper. Die Komplexität der Anforderungen an den Lehrer im Unterricht scheint enorm zu sein: Die permanente Disziplinierung der Schüler, das Einhalten des Zeitplans, das Korrigieren der zahlreichen Aufgaben und vor allem der sensible Umgang mit den unterschiedlichen Schülern waren nur wenige der Aufgaben, die der Lehrer parallel zu meistern hatte. Die Vielzahl der im Unterricht zu treffenden Entscheidungen scheint nur auf der Grundlage eines praktischen Erfahrungswissens (vgl. Combe/Kolbe 2004; Kolbe/Combe 2004) bewältigt werden zu können. Wie aber erwerben Lehrerinnen und Lehrer ein solches Wissen bzw. wie gewährleistet die Organisation Schule, dass ihre ‚Agenten'[4] bestimmte Ordnungen und Ziele in den Praktiken des Unterrichts etablieren?

3 Mit dem Begriff der Ordnung beziehe ich mich mit Bourdieu auf Pascal: „Übrigens bemerkt schon Pascal, daß die ‚Gewohnheit die ganze Ordnung macht' und ruft immer wieder in Erinnerung, daß die soziale Ordnung nichts anderes ist als die Ordnung der Körper." (Pascal zitiert nach Bourdieu 2001: 215) Ordnungen sind in diesem Sinne verkörperte Gewohnheiten, eingespielte körperliche, wie dingliche Formationen, die immer wieder von Neuem hervorgebracht werden müssen. Die Gewöhnung an solche wiederkehrenden Ordnungen führt zu deren Anerkennung und zur Verkennung ihrer Beliebigkeit (vgl. Bourdieu 2001: 215).

4 Die Verwendung des Begriffs „Agent" geht, wie Gebauer und Krais bemerken, auf Bourdieu zurück. Mit der Verwendung dieses Begriffs wendet Bourdieu sich gegen die üblichen Bezeichnungen „acteur" und „sujet". Mit dem Begriff des „Agenten" verweist Bourdieu auf die Bedeutung subtil wirkender Kräfte eines ‚Geheimagenten' im Sinne eines „für eine Organisation oder (fremde) Macht Handelnden" (Krais/Gebauer 2002: 84).

Der Fokus meiner Forschung hat sich im Verlauf dieser ersten Vorstudie verschoben: Mich interessiert im Rahmen dieser Arbeit folgend, wie angehende Lehrer in ihrer zweiten Ausbildungsphase, dem Referendariat, zu Agenten der Schule gemacht werden bzw. wie sie sich selbsttätig in diesen Zustand bringen. In Verbindung damit soll die Bedeutung einer verkörperten praktischen Mitspielkompetenz für das Organisieren feinjustierter sozialer Abläufe im Unterricht in den Blick gebracht werden, die eher den Charakter einer feldspezifisch sozialisierten Intuition denn den Status eines bewussten (propositionalen) Wissens hat. In diesem Sinne betrachte ich die Prozesse schulischer Sozialisation im Rahmen dieser Arbeit als körperliches Training. Das Referendariat als Trainingsprozess wurde vor diesem Hintergrund der zentrale Gegenstand meiner Forschung; ein Prozess, in dem es für die Novizen darum geht, allmählich an den tradierten ‚Spielen' der etablierten Akteure zu partizipieren, um zu (an-)erkannten Mitgliedern einer im Setting der Schule agierenden Praxisgemeinschaft zu werden.[5] Auf der Grundlage praxistheoretischer Annahmen werden folgend Prozesse der Subjektivierung im Referendariat mit den Mitteln ethnographischer Forschungsstrategien untersucht. Die vorliegende Arbeit ist mithin ein Beitrag zur organisationssoziologisch orientierten Novizenforschung sowie zur Professionalisierungsdebatte; speziell zum Bereich der Lehrerbildung.

---

5 Einzelne Passagen dieses Buches wurden bereits in Alkemeyer/Pille 2006, Pille 2007, Alkemeyer/Pille 2008 und Pille 2009 publiziert.

Einleitung

Woher wissen Lehrer, was in den komplexen Situationen des Unterrichts zu tun ist? Wie eignen sie sich Haltungen[6] und Bewegungstechniken an, die im Rahmen der Schule als Zeichen erkannt und somit wirkungsmächtig werden können? Wie erfassen sie die feldspezifischen Normativitäten bzw. woher wissen sie überhaupt etwas über die oftmals impliziten Ordnungen der Schule? Das Referendariat bietet ein umfassendes Training, in dem die Novizen lernen, sich der spezifischen Materialität der Schule zu bedienen und in dessen Rahmen sie sich bestimmte Gesten, Haltungen und Bewegungen aneignen, die hier als ein wesentliches Element von Unterricht beschrieben werden sollen. Der Umgang mit Tafel, Kreide, Overheadprojektor, mit Pult und Zeigestock muss beherrscht werden und trägt eine Vielzahl an Bedeutungen mit sich. Erinnert man sich seiner eigenen Schulzeit, wird eventuell deutlich, welchen Stellenwert der Körper des Lehrers für

6 Im Anschluss an Bourdieu gehe ich davon aus, dass mittels der mimetischen Bewegungsaneignung von Mensch zu Mensch nicht nur Bewegungen und Haltungen, sondern ebenfalls hiermit verbundene Vorstellungen, Ansichten, Gefühle und Weltbilder transportiert werden. Eine Veränderung körperlicher Bewegungen und Haltungen ist aus dieser Perspektive unmittelbar an die Bewegung innerer Haltungen und Weltbilder geknüpft. Pascal bemerkt diesbezüglich, dass der Körper die Gedanken und Gefühle automatisch mit sich zieht. Im Folgenden beziehe ich mich mit dem Begriff der Haltung sowohl auf ‚innere' Einstellungen und Ideale, im Sinne einer Haltung zur Welt, als auch auf beobachtbare Haltungen im Sinne körperlicher Gesten oder Bewegungen.

den Unterricht hat: So sind es häufig seine typischen Gesten, an die man sich erinnert. Die Art und Weise, wie er die Tafel nach oben oder unten geschoben hat oder der Klang seiner Stimme, mit dem er die Ernsthaftigkeit der Lage unterstreichen wollte, wenn die Hausaufgaben nicht gemacht wurden. Die Schüler entwickeln ein Gespür für die typischen Stimmlagen ihres Lehrers, lesen ihre Höhen und Tiefen, wissen die Legatos, Stakkatos und Allegros seiner Stimme zu deuten. Hierbei scheint nicht nur das, *was* gesagt wird, wichtig zu sein, sondern die Art und Weise, *wie* es intoniert wird. Mit Bourdieu gehe ich davon aus, dass es sich hier um ein in die Tiefenschichten des Habitus eingelassenes körperpraktisches Wissen handelt, das den Lehrer befähigt, in den komplexen Situationen des Unterrichts handlungsfähig zu sein und das in besonderer Weise an die Bedingungen des Feldes[7] angepasst ist. Um sich der Materialität des Klassenzimmers bedienen zu können, bedarf es eines entsprechenden Habitus, einer relativen Passung von Habitus und Habitat, die es den Akteuren erlaubt, sich hier zu bewegen, ohne anzuecken. In dieser Arbeit werde ich mich der zweiten Phase der Lehrerbildung, dem Referendariat, widmen und mir die Praktiken ansehen, in denen sich die Akteure zu anerkannten Mitgliedern der Schule machen. Im Blickpunkt steht zunächst der Körper der Novizen. Dieser ist weder nur ein passives Objekt von Disziplinarprozeduren noch ist er bloßes Instrument eines autonom planenden Geists; er selber fungiert als ein „Agens“ (vgl. Alkemeyer/Schmidt 2003). Wie ein Sportler in mühevollen Jahren des Trainings einen für seine Sportart tüchtigen Körper erwirbt, der nicht nur in der Lage ist, einmal eingeschliffene Bewegungen zu reproduzieren, sondern darüber hinaus in den zahllosen Situationen bspw. eines Fußballspiels Entscheidungen zu treffen, die in besonderer Weise zu den Bedingungen des Spiels passen, so erwerben auch Lehrer einen spezifischen „Umgangskörper“ (Gebauer 2009: 95 ff.), der sie befähigt, in den komplexen Verflechtungszusammenhängen des Unterrichts und ebenso in anderen schulischen Bereichen zu agieren. Es müssen feldadäquate Wahrnehmungsweisen ausgebildet und passende Blickwinkel eingenommen werden, bevor die Akteure sich im Setting der Schule orientieren können. Der Blick auf den Trainingsplatz eines Sportseminars zur Bewegungslehre

---

7 Mit dem Begriff des Feldes beziehe ich mich folgend auf den ethnographischen Feldbegriff (vgl. Malinowski 1979).

und Didaktik des Fußballs verdeutlicht, wo die Probleme liegen: Die Novizen finden keinen Anschluss an das Spiel der Etablierten.[8] Sie sind nicht in der Lage, die eingespielten Laufwege zu erkennen, verstehen es nicht, die Bewegungen von Mit- und Gegenspielern gleichsam als Zeichen zu deuten und sorgen somit immer wieder für das Abreißen des Spielflusses. Ihre Bewegungen greifen noch nicht mit den Bewegungen der Etablierten ineinander, so dass es regelmäßig Unstimmigkeiten zwischen Novizen und Etablierten gibt. Hinzu kommt, dass Novizen auch dann nicht in der Lage sind zu partizipieren, wenn sie beginnen, solche Situationen sehen zu lernen; ihnen fehlen die hierfür notwendigen Körpertechniken im Umgang mit dem Ball. Im Rahmen dieser Arbeit habe ich das soziale Geschehen in den Klassen- und Lehrerzimmern, in Prüfungen oder Ausbildungsseminaren so ähnlich zu betrachten versucht, wie ein Trainer das sportliche Geschehen auf dem Fußballplatz und die körperliche Ausbildung der Spieler in den Blick nimmt: Er konzentriert sich auf Körpertechniken und Abstimmungsprozesse, fordert Antizipationsfähigkeit und betreibt explizit Wahrnehmungsschulung, damit die Spieler die Laufwege der anderen lesen lernen. So stehen nicht abstrakte Lernstoffe, didaktische Leitideen oder der sprachlich artikulierte Sinn des Unterrichtsgeschehens im Zentrum der Aufmerksamkeit; vielmehr interessiere ich mich für das sinnlich wahrnehmbare Verhalten, das heißt für das, was beobachtet werden kann und in diesem Sinne ganz und gar öffentlich ist. Es treten mithin Körper, Bewegungen, Haltungen, Gesten, Blicke und Stimmen der beobachteten Personen in den Fokus und somit das, was sich im Unterricht gleichsam unterhalb der Schwelle von Sprache, Bewusstsein, Sinn, offiziellen Lehrplänen und didaktischen Zielsetzungen als stummer, größtenteils unaussprechlicher Prozess vollzieht.

---

8 Die Beobachtungen, die ich in den von mir geleiteten Seminaren zur Bewegungslehre und Didaktik des Fußballs machen konnte, waren aufgrund der heterogenen Zusammensetzung der Teilnehmerschaft besonders geeignet, Einspielungsprozesse und das spezifische Zusammentreffen von erfahrenen Spielerinnen und Novizen in den Blick zu nehmen. Die zahlreichen Videoaufnahmen, die ich hier im Laufe der Jahre gesammelt habe, lieferten wichtige Anregungen und Forschungsperspektiven, die auch für meine Untersuchung der Lehrerbildung wegweisend waren.

Mit dem körperlichen Verhalten der schulischen Akteure tritt unweigerlich das gesamte materielle wie symbolische Setting des Unterrichtsgeschehens in den Blick. Hierzu gehören die Architektur, die räumlichen Arrangements z.B. der Sitzordnung, Zeitstrukturen, Möbel und technischen Geräte. Alle schulischen Praktiken des Unterrichtens und des Unterrichtet-Werdens entfalten sich im Rahmen dieses Settings, das heißt zwischen den unterschiedlichen menschlichen und materiellen „Partizipanden des Tuns" (Hirschauer 2004). Lehrer handeln aus dieser Perspektive weder als vollkommen autonome, körperlose Subjekte, wie es klassische Handlungstheorien in der Nachfolge Max Webers nahe legen, noch aus der ,Mitte ihres Leibes' heraus, wie es phänomenologische Ansätze darstellen, sondern ihre Praxis entfaltet sich im Zwischenraum der menschlichen wie nichtmenschlichen Handlungsträger.[9] Ein Akteur konstituiert sich bspw. erst dadurch als Lehrer im Sinne eines Agenten der Organisation, dass er das Setting auf eine erwart- und erkennbare Weise nutzt. Ähnlich wie ein Trainingsraum des Sports bildet auch das Klassenzimmer ein pluri-sensorielles Umfeld für die Lern- und Bildungspraktiken.[10] Mit einem am Sport geschulten Blick möchte ich deutlich machen, dass die berufsspezifische Sozialisation von Lehrern mit einem geregelten Einschleifen von Haltungen und dem Vollziehen bestimmter Gesten einhergehen. Wissens- und Kompetenzerwerb gehen Hand in Hand mit einer Formung der Physis – und damit einer Inkorporierung jener Weltbilder, Werte und Schemata, die in den materiell-symbolischen Anordnungen der Schule objektiviert sind. Dies bedeutet, dass die Körper der Akteure keine bloßen Behälter für einen vorgefertigten, scheinbar abstrakten Wissensstoff sind (vgl. Krais/Gebauer 2002: 64); vielmehr tragen alle Lern- und Bildungsprozesse Züge einer physischen Trainingsarbeit und gehen mit einer Umwandlung des Körpers einher (vgl. Alkemeyer 2006). Die Professionalität des Lehrers setzt somit nicht nur ein Wissen über etablierte Werte, Normen oder Einstellungen vo-

9 Zum Begriff der verteilten Handlungsträgerschaft siehe Rammert/Schulz-Schaeffer 2002.

10 Loic Wacquant (2003) beschreibt in „Leben für den Ring" das pluri-sensorielle Umfeld eines Boxgyms und die hier vollzogene Übernahme eines Boxerhabitus. Diese autoethnographische Arbeit war für die vorliegende Forschung in mehreren Aspekten leitend.

raus, sondern es bedarf eines im Setting der Schule sozialisierten „Umgangskörpers“ (Gebauer 2009: 95 ff.), der die Stimuli, Angebote und Appelle der Umgebung zu erkennen vermag. Es müssen Resonanzen zwischen der in den Subjekten inkorporierten Geschichte und der in der Umgebung objektivierten Geschichte entstehen, damit Lehrer in den komplexen Situationen des Unterrichts handeln können. Die Bildung eines solchen „Umgangskörpers“ ist ein zentraler Aspekt dieser Arbeit.

Herangehensweisen

Die Prozesse einer feldspezifischen körperlichen Sozialisation im Referendariat stellen sich bei näherem Hinsehen als überaus vielschichtig und komplex dar. Einerseits scheinen die begleitenden Seminare die Orte zu sein, an denen die angehenden Lehrer lernen, was es bedeutet, professionell in pädagogischen Kontexten zu handeln. Andererseits liegt es nahe, dass ihnen insbesondere die praktischen Erfahrungen im Unterricht ein Gefühl dafür vermitteln, was es bedeutet, Lehrer zu sein. Darüber hinaus sind es oft einzelne Personen, Kolleginnen, Mentoren oder Seminarleiter, die einen starken Einfluss auf die Referendare ausüben. Und nicht zuletzt scheinen Flurgespräche, Elternabende oder die regelmäßigen Aufenthalte im Lehrerzimmer kaum weniger bedeutend für die Entwicklung der Novizen zu sein, als andere Bereiche dieser Ausbildung. Kurz: Es ist schwierig, sich im Voraus auf einen dieser Bereiche festzulegen und andere außer Acht zu lassen. Um herauszufinden, was für die berufsspezifische Sozialisation der Referendare relevant ist, schien es mir ein sinnvoller Weg zu sein, den Novizen auf ihrem Weg durch diese zweite Phase der Ausbildung von Beginn an zu folgen, sie bei ihren Aufgaben, Krisen und Erfolgen zu begleiten, sie systematisch zu beobachten und zu befragen. Im Sinne ethnographischer Forschungsstrategien (vgl. Kapitel 1.3.2) erhielt ich auf diese Weise Einblicke in viele Bereiche dieser zweiten Phase der Lehrerbildung. Informellen Zusammenkünften, der Arbeit in Lerngruppen, den gemeinsamen Fahrten zu den Seminarschulen oder den zahlreichen Pausengesprächen konnten vor dem Hintergrund meiner Forschungsfrage nur dank dieses methodischen Vorgehens eine besondere Bedeutung beigemessen werden.

Die ‚Organisation Schule‘ erwies sich als offen für eine Forschung im Rahmen einer kurzen Vorstudie – einzelne Lehrer waren sehr kooperativ – für eine langfristig angelegte offizielle Studie im Rahmen eines Dissertationsprojektes hingegen galt es, zahlreiche Hürden zu überwinden. Ein komplexer bürokratischer Verwaltungsapparat musste in Bewegung gesetzt werden, um den Zutritt zum Feld zu erhalten. Mit Genehmigungen der Landesschulbehörde, mit der Zustimmung des Seminarstandortes und aller beteiligten Seminarleiter, Schulleiter, Mentoren sowie aller Eltern der in diese Forschung verwickelten Schüler und nicht zuletzt mit der freundlichen Bereitschaft der beobachteten Referendarinnen und Referendare, konnte nach einer halbjährigen Organisationsphase mit diesem Projekt schließlich begonnen werden. Ich wurde in eines der begleitenden Seminare eingeladen und habe dort mein Forschungsvorhaben vorgestellt. Mein Anliegen, einige der angehenden Lehrer im Unterricht begleiten zu wollen, stieß zunächst auf Ablehnung. Vor allem die ohnehin schon hohe Belastung der Referendare wurde als Begründung für die vorherrschende skeptische Haltung meinem Projekt gegenüber herangezogen. Das Referendariat ist aus mehreren Gründen ein relativ schwer zu erforschendes Feld: Erstens hat man es mit Novizen zu tun, denen das Feld ebenfalls unbekannt ist und für die die Anwesenheit eines Forscherteams im Unterricht eine zusätzliche Belastung bedeutet.[11] Zweitens begibt man sich in ein Feld, in dem gewöhnlicher Weise sehr unabhängig von äußeren Einflüssen gearbeitet wird. Die Idee, den Unterricht einzelner Lehrer mit Videokameras zu begleiten, stieß schnell an ihre Grenzen; es waren nur wenige der etablierten Lehrer dazu bereit, ihren Unterricht für ein solches Projekt zu öffnen. Erst nach dreiwöchiger Teilnahme an diesem Seminar willigte eine Referendarin ein, mich probeweise in ihre Schule und in ihren Unterricht mitzunehmen. Fortan partizipierte ich an Veranstaltungen ihrer Schule, nahm an ihren Unterrichtsbesuchen[12] teil und wurde allmählich zu einem ‚bekannten Gesicht'

---

11 Der erste Impuls war in den meisten Fällen die Ablehnung zusätzlicher Belastungen, da die Referendarinnen noch nicht einschätzen konnten, was auf sie zukommen würde. Dies stellte ein Problem dar, weil insbesondere die ersten Wochen der Ausbildung für meine Fragen besonders wichtig waren.

12 Jede Referendarin ist in ein pädagogisches Seminar sowie in drei Fachseminare eingebunden. Alle Seminarleiterinnen hospitieren in regelmäßigen Abständen im Unterricht der Novizen. Diese Unterrichtsbesuche sollen zunächst einen beratenden Charakter aufweisen; da die Beratungen und Prüfungen im Rahmen dieser Ausbildung jedoch von denselben Personen übernommen werden, können

im Lehrerzimmer. Ich begleitete sie darüber hinaus in Fachseminare, war bei Beratungsgesprächen mit ihrer Mentorin zugegen und bildete mit ihr und anderen Referendaren eine Fahrgemeinschaft zu den unterschiedlichen Orten ihrer Ausbildung. Dies gab mir die Gelegenheit, viele Gespräche mit unterschiedlichen Referendaren zu führen und eine Vielzahl an Informationen zu erhalten. Erst im weiteren Verlauf der Forschung gewann ich in den Gesprächen einen Überblick über die Strukturen der Ausbildung und legte meinen Fokus fest: Die von mir untersuchten Orte der Ausbildung waren von nun an die drei *begleitenden Fachseminare* und ein *Pädagogikseminar*, in denen fachliche, pädagogische und didaktische Inhalte diskutiert und erarbeitet wurden. Die zahlreichen *Beratungsgespräche*, in denen das Unterrichtsverhalten der Referendare von Seminarleitern oder Mentoren analysiert und reflektiert wurde, waren ebenso interessant wie das *Lehrerzimmer*, das u.a. deshalb bedeutsam war, weil hier die ‚Neuen' auf gemeinsame Leitwerte ‚eingeschworen' wurden. Darüber hinaus gewannen *private Zusammenkünfte* – ein Mittagessen, das ‚Bergfest'[13] oder die gemeinsamen Fahrten – gerade wegen ihres informellen Charakters an Gewicht für mein Vorhaben. In diesen Situationen hatten die Novizen Gelegenheit, sich unbefangen auszutauschen, sich im Fall von Unsicherheiten der ähnlichen Erfahrungen anderer zu vergewissern und sich gegenseitig aufzubauen. Schließlich beschreibe ich das *Klassenzimmer* als wichtigsten Ort der Ausbildung, auf den sich ein Großteil meiner Beobachtungen und Analysen konzentriert.

In jedem Semester stoßen neue Referendare zu den bereits laufenden Fachseminaren hinzu, so dass hier regelmäßig Referendare aus unterschiedlichen Semestern gemeinsam ausgebildet werden. Als nach dem ersten Semester meiner Forschung demnach ‚die Neuen' kamen, gehörte ich bereits dazu und die Alteingesessenen verwiesen sie direkt auf die Möglichkeit, von mir begleitet zu werden. Es hatte sich der Eindruck etabliert, dass die stetige Begleitung im Unterricht durch ein Forscherteam insofern förderlich sein kann, als dass die beobachteten Referendare sich auf diese Weise an

die Unterrichtsbesuche auch zu Beginn der Ausbildung als anstrengende und belastende Situationen für die Novizen beschrieben werden.

13 Die Referendare feierten hier, dass sie die Hälfte ihrer Ausbildung absolviert hatten.

die ihnen ohnehin bevorstehenden ‚Prüfungssituationen' gewöhnen und darüber hinaus Ausschnitte aus dem Filmmaterial in Einzelfällen zur Evaluation des eigenen Unterrichts verwenden können. Der Rahmen meiner Forschung wurde nun konkret: Ich begleitete neben der von mir bereits im ersten Semester gefilmten Referendarin fortan drei weitere Referendarinnen und einen Referendar und nahm an den unterschiedlichen Phasen und Ereignissen ihrer Ausbildung in regelmäßigen Abständen teil. Dabei folgte ich keinen festgelegten Beobachtungsrhythmen, sondern orientierte meine Besuche zum einen flexibel an den für meine Forschung spannenden Phasen oder Ereignissen der Ausbildung einzelner Referendare – häufig besuchte ich bspw. nur eine der Referendarinnen über mehrere Wochen täglich in ihrem Unterricht, um langfristige Prozesse in den Blick bekommen zu können. Ich stand im ständigen Austausch mit allen fünf Personen und konnte auf diese Weise flexibel auf Ereignisse, wie die häufig spontan vereinbarten Beratungsgespräche, reagieren. Zum anderen waren es die Umstände an den Schulen und die Wünsche der Referendare, an denen ich meine Besuche orientieren musste. Einige waren immer bereit, sich im Unterricht begleiten zu lassen, anderen wurde es in einzelnen Phasen zu viel. Auch die Seminarleiter erlaubten nicht in allen Fällen, dass ich an Seminaren oder Beratungsgesprächen teilnahm. Oft durfte ich zwar beobachten, aber nicht filmen.[14]

Diese fünf Personen bilden den Kern meiner ethnographischen Forschung; Schüler, Lehrer, Mentoren, Schul- oder Seminarleiter sowie weitere Referendare kommen in zahlreichen Passagen immer dann ins Spiel, wenn sie für die Ausbildung dieser fünf Akteure von Bedeutung sind.[15] Das Referendariat dauert hier insgesamt 18 Monate, so dass der zeitliche Rahmen meiner Forschung, bedingt durch den zeitversetzten Ausbildungsbeginn der fünf Referendare, insgesamt zwei Jahre umfasst. Die Forschung wurde regelmäßig durch die üblichen Schulferien unterbrochen, was mir immer wieder die Möglichkeit eröffnete, Forschungsinstrumente und

14 Zu den Konsequenzen dieses methodologischen Vorgehens siehe Kapitel 1.3.2.

15 Mein großer Dank gilt den Referendarinnen und Referendaren, die sich in einer für sie schwierigen Zeit bereit erklärt haben, mich in diesem Projekt zu unterstützen.

Blickwinkel zu justieren, neue Fragen zu generieren und den eigenen Blick für die Bedingungen des Feldes zu schärfen.

Während der Phase der Datenerhebung gab ich Seminare zu qualitativen Forschungsmethoden und bildete zusammen mit einer Gruppe von sechs Studierenden eine ,Forschungswerkstatt', in deren Rahmen wir regelmäßig Videomaterial der unterschiedlichen Projekte gemeinsam sichteten und analysierten.[16] Dies bot darüber hinaus die Gelegenheit, für einzelne Phasen, in denen bestimmte Fragestellungen den Einsatz einer zweiten Kamera erforderten, mit zwei Personen ins Feld zu gehen. Weiterhin fand ein wöchentliches Kolloquium statt, in dessen Rahmen theoretische Werkzeuge geschärft und kritisch hinterfragt wurden.[17] Auch hier gab es die Möglichkeit, die eigenen Projekte, damit zusammenhängende Schwierigkeiten oder ,Sackgassen' vorzustellen und gemeinsam zu diskutieren.

Die Grundschule als Forschungsfeld

Im Gegensatz zum Lehramt an Gymnasien, ist die Ausbildung der Grundschullehrer[18] tendenziell nicht im gleichen Maß fachspezifisch ausgerichtet,

---

16 Vier Studienprojekte und zwei Abschlussarbeiten sind aus diesem Projekt hervorgegangen. Der Titel der hier entstandenen Examensarbeit lautet „Einspielungen". Hier wird mithilfe von Videoanalysen detailliert gezeigt, wie sich Referendare und die von ihnen unterrichteten Schüler im Verlauf der ersten gemeinsamen Wochen aufeinander einspielen und wie das sich in diesem Prozess formierende Kollektiv allmählich wiedererkennbare Unterrichtspraktiken etabliert. Die Bachelorarbeit trägt den Titel „Vom Kind zum Schüler – Über die Einpassung in scholastische Welten." Mit den Mitteln der videogestützten ethnographischen Forschung werden hier die Praktiken des schulischen Alltags untersucht, in denen Schüler typische Haltungen, Gesten und Arbeitsweisen von Schule in einer Art körperlichen Trainings erlernen, das heißt in denen Kinder zu Subjekten der Schule werden.

17 Ich möchte mich herzlich bei den Teilnehmern des Kolloquiums von Thomas Alkemeyer für die zahlreichen Diskussionen und die geduldige Auseinandersetzung mit meinem Projekt bedanken.

18 Alle im Rahmen dieser Forschung begleiteten Referendarinnen unterrichteten hauptsächlich an Grundschulen und wurden lediglich für zwei oder drei Unterrichtsstunden wöchentlich in anderen Schulformen eingesetzt.

sondern hat einen stärkeren pädagogisch-didaktischen Schwerpunkt. Die Aspekte der Erziehung, das Einüben bestimmter Ordnungen und der Erwerb grundlegender Arbeitstechniken sind hier zumindest ebenso bedeutsam wie die fachlichen Inhalte. Zumindest an Grundschulen müssen die Lehrkräfte so viele verschiedene Fächer unterrichten, dass eine fächerspezifische Untersuchung von Lehrerhabitus hier vernachlässigt werden kann.

So wie das Schreiben an der Tafel in der Grundschule eine sehr saubere und deutliche Schrift erfordert, da die Schüler diese nur entziffern können, wenn die ihnen bekannte vereinfachte Ausgangsschrift verwendet wird, so bedürfen sämtliche Performanzen des Lehrers im Unterricht einer Grundschulklasse einer gewissen Präzision und Eindeutigkeit. Die Arbeit mit Grundschülern erfordert ein eindeutiges Auftreten, das es den Schülern ermöglicht, bestimmte Gesten, Haltungen oder Intonationen als Zeichen wahrzunehmen. Bspw. müssen Fragen an die Schüler auf bestimmte Weise intoniert werden, damit diese von ihnen als Fragen erkannt werden können. Es scheint, als würden Intonationen, Gesten und Haltungen zur Kenntlichkeit überzeichnet werden: Verkörperte Gesten werden so lange eingehalten, bis sie für die Schüler kenntlich werden; der für den Lehrer sinnbildgebende erhobene Zeigefinger lässt sich als eine solche Überzeichnung zur Kenntlichkeit beschreiben. Die Grundschule stellt somit ein Feld dar, das in besonderer Weise geeignet ist, die hier anerkannte Subjektform des Lehrers zu untersuchen. Es ergibt sich eine besondere Konstellation: Die Grundschule präsentiert sich als ein Feld, in dem Lehrer soziale Ordnungen auf besondere Weise hervorheben und akzentuieren müssen, damit diese von den Schülern als solche erkannt werden können. Zugleich gilt meine Forschung Novizen, angehenden Lehrerinnen und Lehrern, die selbst noch nicht mit den Ordnungen der Schule vertraut sind, sich aber zu Subjekten machen müssen, die diese Ordnungen in besonderer Weise verkörpern. Zuletzt ist es der Forscher selbst, der sich ebenfalls als Novize auf den Weg macht, die Praktiken der Übernahme dieser Ordnungen zu untersuchen.

Das Referendariat als Forschungsfeld

Die Ausbildung von Lehrern in Deutschland erfolgt zurzeit in zwei Phasen: Nach einem Lehramtsstudium folgt in einer zweiten Phase das Referendariat. Beide Phasen werden jeweils mit dem ersten bzw. mit dem zweiten Staatsexamen abgeschlossen. Während in der ersten Phase fachliche Inhalte und ein theoriegeleiteter Blick auf die Prozesse der Bildung und Erziehung vermittelt werden sollen, werden die angehenden Lehrer in der zweiten Phase mit der Praxis des Unterrichtens konfrontiert. Obgleich auch im Studium Praktika vorgesehen sind, in denen die Studenten einzelne Stunden unterrichten sollen, lässt sich doch insgesamt eine gewisse Praxisferne dieser ersten Ausbildungsphase konstatieren. Viele der Absolventen fühlen sich Studien zufolge (vgl. Müller-Fohrbrodt et al. 1978) ungenügend auf die hohen Anforderungen vorbereitet, die in den Schulen auf sie zukommen. Der sog. Praxisschock (ebd.) beschreibt einen Zustand des Erstarrens, in dem sich die Novizen hilflos und von dem komplexen Geschehen in der Schule überfordert fühlen. Im Referendariat muss plötzlich das zuvor erworbene fachliche und pädagogisch-didaktische Wissen zum Einsatz gebracht werden, was viele der Akteure als nicht realisierbar beschreiben. Zu groß scheinen die Unterschiede zwischen den im Rahmen des Studiums vermittelten Theorien und den Ansprüchen der Praxis. Gespräche, die im Rahmen der dreiwöchigen Vorstudie mit Lehrkräften geführt wurden, spiegeln dieses Bild und verdeutlichen, dass es hier keine wesentlichen Veränderungen gegeben hat: Es wird betont, dass das Studium zwar eine schöne Zeit gewesen sei, dass man jedoch für den Lehrerjob nicht besonders viel gelernt habe. Man könne nicht viele der hier bearbeiteten Themen in der konkreten Unterrichtspraxis gebrauchen. Es werden die Praktika hervorgehoben, die erste Einblicke vermittelt hätten, jedoch wird unterstrichen, dass das Referendariat die prägendste und wichtigste Zeit für die Ausübung des Lehrerhandwerks gewesen sei.[19]

Auch auf der Ebene wissenschaftlicher Diskurse wird über die Abstimmung der beiden Phasen verhandelt: Es wird festgestellt, dass „[b]erufliches Können als eigenes Moment professioneller Handlungsbasis [...] erst in der Auseinandersetzung mit und der Wissensverwendung in der Praxis [entsteht]" (Kolbe/Combe 2004: 866). Die praktische Auseinandersetzung mit den „Konventionen und Organisationsregeln der Lehrerzunft" (ebd.) sind für die Ausübung des Lehrerberufs grundlegend und können im Rahmen der ersten Ausbildungsphase nicht vermittelt werden. Es lassen sich hier zwei Positionen herausarbeiten: Einerseits erscheinen die in der Praxis oft formulierten Kritiken an dem bestehenden zweiphasigen System

19 Zum Aspekt des fehlenden Praxisbezugs im Lehramtsstudium siehe auch Mürmann 1996.

durchaus plausibel. Eine angemessene Vorbereitung auf den Lehrerberuf wäre gegeben, wenn die gesamte Ausbildung einen starken Praxisbezug aufweisen würde. Die Referendare würden dann vermutlich nicht in dem Maß mit dem Praxisschock konfrontiert werden und bekämen bereits am Anfang ihrer Ausbildung die Gelegenheit, auszutesten, ob der Beruf des Lehrers für sie geeignet ist oder nicht. Andererseits erscheint das bestehende System, das eine weitreichende Trennung beider Ausbildungsphasen vorsieht, überaus sinnvoll zu sein: Es wird hier plausibel gemacht, dass es für die Entwicklung eines „professionellen Selbst" (Bauer et al. 1996; Gecks 1990; Kolbe/Combe 2004) unbedingt wichtig ist, gerade nicht mit dem Druck und den Zwängen der Praxis konfrontiert zu werden. Ist der professionelle Blick auf die Prozesse der Bildung noch nicht gefestigt, erscheinen ein reflektierter Umgang mit den Ordnungen der Schule und ein selbstbestimmtes Handeln kaum möglich.

„Erlebt wird ein Belastungs- und Anpassungsdruck, der als wirksam und die eigene Haltung verändernd beschrieben wird (Gecks 1990; Ulich 1996). Die Betroffenen nehmen Verletzungen und Ohnmachtserfahrungen wahr und beschreiben die Erfahrung totaler Kontrolle (Pres 2001). Möglicherweise unvermeidliche Belastungserfahrungen scheinen nach ersten Befunden destruktiv für das professionelle Selbst zu sein, und Verdrängung statt Reflexion und Verarbeitung auszulösen (so etwa Gecks 1990)." (Kolbe/Combe 2004: 866)

Kolbe und Combe fordern, dass die „entsubjektivierende[n] Qualifizierungsformen durch die Organisation und die Methoden des Referendariats näher geprüft werden" (ebd.: 873) sollten. Die Trennung beider Phasen und somit ein Studium, das zunächst nicht in unmittelbarer Auseinandersetzung mit der Praxis erfolgt, bieten aus dieser Sicht also die Möglichkeit, aus der Distanz ein professionelles Selbst zu entwickeln und gleichsam einen theoriegeleiteten Blick auf die Prozesse der Bildung zu gewinnen. Die Idee ist demnach, zuvor gefestigte Lehrerpersönlichkeiten auszubilden, die ggf. in der Lage sind, Innovationen und Ideen einzubringen und sich gegen tradierte Ordnungen durchzusetzen. Somit geht es aus dieser Perspektive auch nicht nur um die Ausbildung der Novizen, sondern ebenso um die Frage danach, wie Schule erneuert und stetig reformiert werden kann.

Die Entscheidung, mich im Rahmen meiner Forschung zur ‚Lehrerwerdung' auf das Referendariat zu beschränken, ist also zum einen der Bedeutung geschuldet, die dieser Phase von den Akteuren des Feldes zugesprochen wird. Zum anderen wird auch in entsprechender Fachliteratur darauf verwiesen, dass das „berufliche Können als eigenes Moment professioneller Handlungsbasis [...] erst in der Auseinandersetzung mit und der Wissensverwendung in der Praxis“ (ebd.: 866) und somit maßgeblich im Referendariat erworben wird. Drittens werden deutliche Forschungsdesiderate im Hinblick auf die zweite Phase der Lehrerbildung konstatiert (vgl. ebd.: 869). „Die zweite Phase der Lehrerausbildung wird nicht nur kaum erforscht, darüber hinaus erscheinen die wenigen vorhandenen Ergebnisse aus forschungsmethodischer Perspektive äußerst defizitär.“ (Schaefers 2002: 80) „Eine theoriegeleitete, systematisch empirische Forschung zur Lehrerausbildung existiert nicht.“ (Ebd.)[20]

Stand der Forschung

Auch wenn die vorliegenden Forschungen zur zweiten Phase der Lehrerbildung als „äußerst defizitär“ (ebd.: 80) beschrieben werden[21], gibt es doch mehrere Ansätze, die das Referendariat aus unterschiedlichen Perspektiven in den Blick nehmen. Bereits Frech und Reichwein (1977) geben in ihrer Forschung zum „vergessenen Teil der Lehrerbildung“ einen Überblick über Struktur, Organisation und inhaltliche Gestaltung des Vorbereitungsdienstes für Gymnasiallehrer. Ihr Fokus liegt auf den institutionellen Bedingungen und den inhaltlichen Tendenzen einer fachspezifischen Sozialisation. Auf diese Studien bezieht sich auch Giesbrecht (1983), der Berufsschulreferendare für Maschinenbau und Metalltechnik untersucht und das Referendariat als Ort der beruflichen Sozialisation beschreibt. Des Weiteren beschreibt Manthey (1982) das Referendariat als institutionalisiertes vermittelndes System (vgl. auch Terhart 2001 und Tillmann 2002). Auch die Autoren Müller-Fohrbrodt/Cloetta/Dann (1978) thematisieren die Sozialisation junger Lehrer. Sie fokussieren in erster Linie den Begriff des Pra-

20 Für einen Überblick über die Forschungen zur Lehrerausbildung in Deutschland ab 1990 siehe auch Schaefers 2002.

21 Zu den Ambivalenzen und Defiziten der zweiten Ausbildungsphase siehe auch die Ergebnisse der „Kommission zu Perspektiven der Lehrerbildung in Deutschland“ (vgl. Terhart 2000) sowie die Arbeiten von Schubarth/Speck/Seidel 2007 und Lenhard 2006.

xisschocks. Insbesondere die durch den hohen Druck bedingte schrittweise Übernahme konservativer Haltungen ist für diese Arbeit interessant. Wie Uwe Herricks (2006) bemerkt, geht es ihnen jedoch sehr einseitig um die „Korrumpierung des Lehrers durch die Institution Schule" (Herricks, 2006: 37). Gecks (1990) thematisiert schließlich die Wirkung der objektiven Strukturen auf die Psyche der Referendare in der Sozialisationsphase. Es werden auch bei Tanner (1993) Einstellungs- und Persönlichkeitsänderungen in der Berufseinführungsphase der Schweizer Primarlehrerinnenausbildung untersucht, jedoch wird in keiner der aufgeführten Forschungen der Frage nachgegangen, in welchen konkreten Praktiken diese Transformationen vollzogen werden. Es wird bspw. mithilfe von Interviews festgehalten, was sich im Prozess der beruflichen Sozialisation verändert (vgl. ebd.), aber es wird nur oberflächlich beleuchtet, in welchen konkreten Situationen bzw. in welchen ‚Spannungsfeldern' diese Veränderungen durchlaufen werden. Bezüglich der Sozialisation von Lehrern beziehen sich andere Arbeiten erstens auf die soziale Herkunft bzw. auf (Berufs-)Biographien von Lehrern (z.B. Kunze/Stelmaszky 2004; Reinartz/Schierz 2007; Terhart 2001, 1991; Giesbrecht 1980; Sikes et al. 1985; Messmer/Reusser 2000); auf die Einteilung von Entwicklungsphasen der Sozialisation (Fuller/Brown 1975); die Ausbildung von „Lehreridentitäten" (Hirsch 1990; Klee 2005), „innovativen Lehrerpersönlichkeiten" (Schönknecht 1997) oder eines „professionellen Selbsts" im Alltag der Schule werden ebenfalls aus dieser Perspektive in den Blick gerückt (vgl. Alkemeyer/Pille 2008: 139). Zweitens fokussieren verschiedene Arbeiten die Entwicklung von Expertise im Sinne eines für die Ausübung des Lehrerberufs unabdingbaren, normalerweise impliziten Handlungs- und Erfahrungswissens (vgl. Combe/Kolbe 2004; Kolbe/Combe 2004). Aus dieser Perspektive rückt schließlich die Arbeit am konkreten Fall ins Blickfeld derer, die über den Erwerb eines solchen Erfahrungswissens forschen (vgl. Ohlhaver/Wernet 1999; Wernet 2003) und Handlungshinweise herausarbeiten.

Hericks (2006) stellt aus habitustheoretischer Perspektive die Frage „Wie lernen Lehrer?" Er interpretiert und rekonstruiert mit den Mitteln der Sequenzanalyse berufsbiographische Fortsetzungsinterviews mit Lehrern und rekonstruiert die Veränderung der jeweiligen Perspektiven. Aus einer den Körper in den Mittelpunkt rückenden habitustheoretischen Sicht setzen sich Pilarcyk und Mietzner (2005) mit dem Habitus in der Schule auseinander und gehen auf die Frage ein, inwiefern der Körper des Lehrers als Vorbild für die Schüler bei der Ausbildung eines institutsadäquaten Körpers fungiert. „In der Bildungsforschung sind solche körpergebundenen Praxis- und Wissensformen des Schulunterrichts vor allem von Wulf et. al. (2001, 2004, 2007), daneben z.B. auch von Kalthoff (2004), [Langer (2008)] und Alkemeyer (2006) beleuchtet worden.“ (Alkemeyer/Pille 2008: 139) (vgl. hierzu auch Rumpf 1994). Praktisch-körperliche Wissensformen (*embodied skills*) werden insbesondere in der pädagogischen und psychologischen Expertiseforschung (z.B. Schön 2005, Kolbe/Combe 2004, Dreyfus/Dreyfus 1988, Bromme 1992, Sudnow 1978), in der Arbeits- und Techniksoziologie (Moldaschl/Voß 2002, Böhle et al. 2004; Bauer et al. 2006; Volpert 2003) oder in den anglo-amerikanischen *Studies of Work* thematisiert.[22] Im Hinblick auf die Bedeutung eines impliziten Wissens (Polanyi) für das Handeln in pädagogischen Situationen liefert Neuweg (2002; 2000) wegweisende Arbeiten. Helsper beschäftigt sich mit den Antinomien des Lehrerhandelns (Helsper 1996; vgl. auch Schütze 2000) und den unterschiedlichen Wissens- und Könnensformen, die Lehrkräfte zur Bewältigung der vielschichtigen Anforderungen im Alltag der Schule benötigen (vgl. Helsper 2002; 2003). Jedoch wird in diesen Ansätzen allenfalls am Rande auf die Genese eines Spielsinns in situierten Körperpraktiken eingegangen. Entsprechend werden in der empirischen Forschung auch weniger die schweigsamen Dimensionen des Unterrichtsgeschehens fokussiert als verbal-sprachliche Aspekte.[23] „Vollkommen unbeantwortet ist bislang die Frage nach der Bedeutung eines organisationsadäquat trainierten Lehrer-Körpers für das Organisieren von Unterricht. Entsprechend fehlt eine empirische Erforschung der Praktiken, in deren Vollzug die Referendare allmählich zu Trägern etablierter schulischer Ordnungen werden.“ (Alkemeyer/Pille 2008: 140) Insbesondere fehlen Forschungen zum Referendariat, die in der Lage sind, die verschiedenen, aufeinander bezugnehmenden Bereiche dieser zweiten Phase der Lehrerbildung in den Blick zu rücken. Dies erfordert langfristige teilnehmende Beobachtungen im Sinne ethnographischer Forschungsstrate-

22 Einen Überblick liefert hierzu Bergmann 2005.

23 Ähnliches gilt für die unterrichtsbezogene Interaktionsforschung, die vor allem nach Zusammenhängen zwischen den Unterrichtsstilen und dem ‚Führungsverhalten' der Lehrer auf der einen und den Leistungen der Schüler auf der anderen Seite fragt (vgl. z.B. Naujok/Brandt/ Krummheuer 2004; Lüders/Rauin 2004).

gien an den unterschiedlichen Orten der Lehrer-Werdung. Auf diese Weise können Zusammenhänge offengelegt und Einblicke in diesen komplexen Prozess geliefert werden, die man nicht erhält, wenn man nur einen dieser Bereiche – etwa eines der Seminare oder nur den Unterricht – erforscht.[24]

Aufbau der Arbeit

Die vorliegende Arbeit ist in zwei Teile gegliedert. Im ersten Teil – „*Werkzeuge und Verfahrenstechniken*" – werden zunächst grundlegende Überlegungen zu den Voraussetzungen dieser Forschung angestellt und ein theoretischer Bezugsrahmen eingeführt, der die in dieser Arbeit eingenommene spezifische Perspektive offenlegt. Mit der Überschrift des ersten Teils beziehe ich mich auf Bourdieu, der das Verhältnis von theoretischen Optiken (Werkzeugen) und methodologischen Verfahrensweisen in den Blick rückt. Der Aufbau des theoretischen Bezugsrahmens erfolgt wesentlich in zwei Schritten: Während der subjektivierungstheoretische Rahmen mit den Ansätzen Foucaults hergeleitet wird, sollen mit Bourdieus Ausführungen zu einer Theorie der sozialen Praxis die Praktiken der Subjektivierung genauer in den Blick genommen werden. In seinem Habituskonzept werden zum einen die Prozesse der wechselseitigen Verstrickung von Habitus und Feld, von inneren Dispositionen und den objektivierten Positionen des Feldes ausgeleuchtet. Zum anderen wird in Bourdieus Arbeiten der soziale Körper in besonderer Weise in den Blick gerückt.

Der zweite Teil – „*Empirische Ergebnisse*" – stellt den Kern dieser Arbeit dar. Sein Aufbau folgt in der Anordnung seiner Kapitel einer chronologischen Ordnung. Als ein Ergebnis dieser Forschung werden hier partiell ineinandergreifende Phasen der Lehrerwerdung im Rahmen des Referenda-

24 Im Bereich der ethnographischen Schulforschung werden von Breidenstein (2006) und Breidenstein/Kelle (1998) interessante Einblicke in den Alltag des Klassenzimmers geboten. Sie geben Hinweise zum methodischen Einsatz ethnographischer und videographischer Instrumente in der Schule, jedoch fokussieren diese Arbeiten den „Schülerjob" bzw. den „Geschlechteralltag" in der Schule und konzentrieren sich nur am Rande auf den Lehrkörper. Dieser wird hingegen bei Langer (2008) diskursanalytisch und ethnographisch näher untersucht.

riats als Überschriften gewählt.[25] Mit der Vereidigung beginnt die zweite Ausbildungsphase und sie endet mit dem zweiten Staatsexamen. Diese im Feld deutlich markierten Grenzen legen auch den zeitlichen Rahmen für diese Forschung fest. Während ich den Akt der Vereidigung mit Bourdieu als *„Einsetzung"* verstehe, wird die darauf folgende Zeit der Orientierungen und Irritationen als Prozess der umfassenden *„Entkopplung"* der Novizen beschrieben. Das Kapitel *„Ankopplung"* folgt in der Anordnung der hier vorgestellten Aspekte keinem chronologischen Aufbau, sondern hier werden wirkende Kräfte im Setting der Schule vorgestellt, von denen die Novizen zeitgleich erfasst werden bzw. derer sich die Novizen parallel bedienen, um an den schulischen Praktiken teilhaben zu können. Der Prozess der Ankopplung wird hier als vielschichtige Praxis beschrieben, in der sich die Novizen sukzessive in die Spiele der Etablierten verstricken. Während die Phasen der Entkopplung und der Ankopplung als Prozesse dargestellt werden, die keineswegs festgelegt sind, sondern die bei den einzelnen Referendaren unterschiedlich lang andauern und auch ineinandergreifen können, wird im Kapitel *„Kopplung"* der Zustand des ‚Angekommen-Seins' im Setting der Schule beschrieben. Was bedeutet es, im Spiel zu sein und sich der hier etablierten Ordnungen bedienen zu können? Ebenso wird konkret auf die spezifische Subjektform der hier ausgebildeten Lehrer eingegangen. Es wird insbesondere hinterfragt, wie die relationalen Subjektpositionen des Lehrers und des Schülers praktisch hergestellt werden bzw. konkreter, wie durch die Positionierung und Formung von Körpern pädagogische Verhältnisse zwischen Schülern und Lehrern etabliert werden und welche Ideale

25 In Anlehnung an van Genneps Ausführungen zu Übergangsritualen konnten im Prozess der Lehrerwerdung ebenfalls unterschiedliche Phasen beobachtet werden. Van Gennep entwickelte 1908 auf Grundlage seiner ethnologischen Studien das Modell der Initiationsrituale, mittels derer zeitliche und soziale Übergänge gestaltet wurden. Er unterscheidet zwischen Trennungs-, Schwellen- und Angliederungsphase, die in seiner Konzeption deutlich voneinander getrennt sind. (vgl. van Gennep 2005) Die in dieser Arbeit vorgeschlagene Einteilung in die Phasen *Einsetzung, Entkopplung, Ankopplung* und *Kopplung* sind keine zeitlich voneinander getrennten Phasen, sondern vielmehr aufeinander aufbauende, einander bedingende und sich zeitlich überschneidende Prozesse, die die Novizen auf ihrem Weg zur Lehrer-Werdung durchlaufen müssen.

die beschriebenen Praktiken transportieren. Darüber hinaus werden an dieser Stelle die individuellen Unterschiede der untersuchten Referendare im Umgang mit den etablierten Ordnungen des Feldes diskutiert: Wem gelingt es recht schnell, an den schulischen Praktiken zu partizipieren und zu anerkannten Kräften der Organisation zu werden und wer scheint dem Geschehen auch nach Monaten noch fremd gegenüberzustehen?

Teil 1:
Werkzeuge und Verfahrenstechniken

1.1 Zum Verhältnis von theoretischem Entwurf (Werkzeugen) und empirischen Methoden (Verfahrenstechniken)

Am Anfang eines Forschungsprozesses steht eine Frage, das Interesse an einem Gegenstand, der zwar erste Konturen aufweist, sich aber noch keineswegs in all seinen Facetten definieren lässt. Es gibt vage Vorannahmen über seine Beschaffenheit und erste Forschungsfragen, die dazu geeignet scheinen, die geplante Untersuchung zu strukturieren. Doch kaum wendet man sich diesem Gegenstand zu und versucht, ihn mit den ‚üblichen' methodischen Mitteln zu greifen, verschiebt sich alles. Der Gegenstand erscheint in neuem Licht und schließlich ändern sich die Fragen, Blickwinkel, eventuell das Forschungsinteresse und der Forscher selbst.

Die Schule ist den meisten Erwachsenen ein bekannter Ort. Jeder hat ihn besucht und konnte hier eigene Erfahrungen sammeln. Viele der sich hier abspielenden Szenen scheinen vertraut und eine Fülle von Alltagstheorien prägt die Vorstellungen derer, die hier täglich ein und aus gingen. Dies gilt auch für Forscher, die Schulkulturen zu erforschen gedenken und somit für dieses Projekt. Ereignisse werden als bedeutungslos oder aber als für den Forschungsprozess wegweisend eingestuft, wobei nicht immer (auch nicht sich selbst gegenüber) expliziert wird, auf welcher Grundlage bzw. mithilfe welcher Wahrnehmung diese Einstufung geschieht. Kurz: Es fehlen in vielen Fällen die Kriterien, nach denen entschieden werden könnte, ob bestimmte Beobachtungen, Wahrnehmungen oder Erfahrungen für den Forschungsprozess bedeutsam sind oder nicht. Bourdieu betont, dass „unser

Kopf und unsere Sprache […] voll von prä-konstruierten Objekten" (Bourdieu et al. 1991: 271) seien. Alltagstheoretische Annahmen und der individuelle theoretische Hintergrund des Ethnographen oder Soziologen konstruieren seine Welt und somit auch sein Interesse an dem Feld und an der konkreten Forschungsfrage. Vor diesem Hintergrund beschreibt Bourdieu den „Bruch mit den Präkonstruktionen, den Vorbegriffen und der Spontantheorie in der Soziologie" (ebd.) als unerlässlich.

> „Von entscheidender Bedeutung für die Konstruktion des wissenschaftlichen Objekts ist es, sich von den Ordnungsvorstellungen, Fragestellungen und Problemformulierungen des Alltagsverständnisses zu lösen […] und statt dessen einen eigenständigen, systematisch begründeten Gegenstandsbereich mit eigenen Fragestellungen zu entwickeln." (Bourdieu et al. 1991: VIII)

Aus dieser Perspektive bilden „bestimmte wissenschaftliche Verwendungsweisen von Alltagsbegriffen das hauptsächliche Transportmittel von allgemein herrschenden Vorstellungen über die Gesellschaft" (Bourdieu et al. 1991: 16). Es gilt, die epistemologischen Hindernisse zu erkennen, die eine systematische wissenschaftliche Erkenntnis behindern. Als Vorreiter dieses Denkens benennt Beate Krais Alexandre Koyre´, Gaston Bachelard und Georges Canguilhem, die auf die Gefahr hinweisen, dass die in den Evidenzen des Alltags verborgenen mentalen und sozialen Konzepte unwillkürlich in die Konstruktion des eigenständigen wissenschaftlichen Objekts eingreifen (vgl. Bourdieu et al. 1991: IX).

Die systematische Konstruktion des Forschungsgegenstandes ist der erste wichtige Schritt, der nur ausgehend von einer theoretisch fundierten Fragestellung und einer im Vorhinein explizit gemachten Theorie erfolgen kann (vgl. ebd. 40). Auf der Grundlage theoretischer, systematisch entwickelter Vorannahmen wird die zu erforschende Welt auf bestimmte Weise konstruiert. Ihre einzelnen Aspekte werden nach einer bestimmten Logik zueinander in Beziehung gesetzt und der auf diese Weise entwickelte Blick auf das zu erforschende Feld bringt neue Fragen, Probleme und Interessen hervor, die es zu Beginn der Forschung zu konkretisieren gilt. Es geht darum, systematisch eine theoretisch begründete Beobachterperspektive zu erarbeiten, die nicht nur den Forschern im Prozess der Forschung das Sehen ermöglicht, sondern auch dem Leser Orientierung bietet. Die im Bereich der Ethnographie vehement proklamierte Offenheit gegenüber dem Gegenstand der Forschung (vgl. Amann/Hirschauer 1997: 20) sollte also nicht mit einer Art ‚geistiger Jungfräulichkeit' verwechselt werden, die voraussetzen würde, dass der Forscher nahezu ‚unvoreingenommenen und ahnungslos' in das zu erforschende Feld hineingerät.

„Das elementarste Verfahren, die Beobachtung, die der Positivismus als umso korrektere Bestandsaufnahme beschreibt, je weniger theoretische Prämissen darin eingehen, ist vielmehr umso wissenschaftlicher, je bewußteren und systematischeren Charakter die theoretischen Grundsätze aufweisen, von denen sich die Beobachtung leiten läßt." (Bourdieu et al. 1991: 42/67)

Jede der zahlreichen im Rahmen des Forschungsprozesses zu treffenden Entscheidungen (Mit welchem Auftreten wende ich mich dem zu untersuchenden Feld zu? Welche Forschungsinstrumente verwende ich? Welchen Zeitraum wähle ich? Welche Fragen werden in einen Fragebogen aufgenommen? Wie positioniere ich die Kameras?) muss auf der Grundlage bewusster oder nicht bewusster Annahmen getroffen werden. Daher geht es darum, transparent zu machen, mit welchen Interessen, Ideen und Vorstellungen man sich gerade diesem Feld zuwendet und keinem anderen. Dies lässt sich deutlich schärfer formulieren: Bourdieu betont,

„[...] daß der wesentliche Unterschied nicht zwischen einer Wissenschaft, die eine Konstruktion vollzieht, und einer, die das nicht tut, besteht, sondern zwischen einer, die es tut, ohne es zu wissen, und einer, die darum weiß und sich deshalb bemüht, ihre unvermeidbaren Konstruktionsakte und die Effekte, die diese ebenso unvermeidlich hervorbringen, möglichst umfassend zu kennen und zu kontrollieren." (Bourdieu 1998: 781)

Erst wenn die eigenen theoretischen Vorannahmen systematisch ausgearbeitet und expliziert wurden und sich erste Fragestellungen konkretisieren, gilt es, sich und seine Annahmen immer wieder gezielt zu irritieren, um Fragestellungen zu schärfen oder zu ändern, um sich neuen Perspektiven zu eröffnen und eventuell zuvor nicht sichtbare Zusammenhänge erkennen zu können. Offenheit gegenüber dem Unvorhersehbaren, Unpassenden und Unbequemen im Prozess der Forschung bedeutet, Mittel und Wege zu finden, um sich in seinen Annahmen und Gedanken systematisch irritieren zu lassen. Zur Erforschung des konstruierten Gegenstandes und zur Beantwortung der entwickelten Forschungsfragen müssen in einem zweiten Schritt Forschungsinstrumente gewählt und – wenn notwendig – entwickelt werden, die eine Passung zu den theoretischen Voranannahmen aufweisen, die im Hinblick auf die zu beantwortenden Fragen geeignet sind. Die Diskussion um den legitimen Gebrauch methodischer Instrumente fernab konkreter Anwendungen kommentiert Bourdieu wie folgt:

„Angesichts gewisser, bloß um der Logik oder der Methodologie wegen konzipierter Forschungen wird man unwillkürlich an das Verhalten jenes von Abraham Kaplan erwähnten Betrunkenen gemahnt, der seinen verlorenen Schlüssel hartnäckig unter der Laterne sucht, weil es dort heller ist." (Bourdieu et al. 1991: 11)

Jeder ethnographische Forschungsakt ist empirisch und zugleich theoretisch, da er sich immer auf konkrete, beobachtbare Phänomene des Feldes bezieht, die im oben geschilderten Sinne jedoch nur existieren, weil sie auf der Grundlage theoretischer Konstruktionen in Erscheinung treten. „Theorien sind [somit] keine wörtlichen Übersetzungen gesellschaftlicher Wirklichkeit, sondern Vorschläge, diese mit der theoretischen Begrifflichkeit zu sehen und zu begreifen." (Kalthoff 2008: 15) Wir stehen somit vor dem Problem, Aussagen über Phänomene treffen zu müssen, die nicht neutral beschrieben werden können. Hiermit ist auch „eine Umstellung der Forschung hin zu einer Mischung aus erkenntnistheoretischem Relativismus und Skeptizismus, der mit den eigenen blinden Flecken der empirischen Forschung im Wechsel von Dokumentarismus und Reflexivität umzugehen weiß" (ebd.: 19), verbunden.

„Die qualitative Forschung arbeitet nicht mit der Annahme der Möglichkeit einer theoretischen Neutralität. Ihr Naturalismus der 1960er und 1970er Jahre ist inzwischen einer erkenntnistheoretischen Haltung gewichen, die in der Rekonstruktion des sozialen Geschehens die Konstruktion des wissenschaftlichen Objekts reflexiv mitführt." (Ebd.: 20)

Die Alltagskonstruktionen der Akteure des Feldes werden erfasst und vor dem Hintergrund der angelegten Theorien in ein neues Licht gerückt. In diesem nicht immer konfliktfreien Prozess, in dem Konstruktionen zweiter Ordnung erzeugt werden, müssen theoretische Voranannahmen und die im Feld erhobenen Daten zusammengebracht werden: Die hier auftretenden

Disharmonien und Unebenheiten, Brüche usw. äußern sich oftmals in Formulierungsschwierigkeiten oder nicht zu vereinbarenden Argumentationslinien im Akt des Schreibens (vgl. Kapitel 1.3.4). Im Prozess der Entwicklung einer Passung irritieren sich Empirie und Theorie wechselseitig. „In diesen Akten der Auseinandersetzung mit dem Material, des Probierens und Verwerfens wird die Praxis der intellektuellen Arbeit sichtbar.“ (Ebd.: 25)

Auf dieser Grundlage wird für eine Wissenschaft plädiert, die sich an der Empirie stößt und an ihr wächst. Theoretische Konzeptionen ohne konkreten Praxisbezug werden ebenso abgelehnt wie die praxisfernen Diskussionen über spezielle Methoden. Theorien sind „Werkzeuge“ und Methoden „Verfahrenstechniken“, deren Eignung sich maßgeblich am zu erforschenden Gegenstand bemisst (vgl. Bourdieu 2000: 120). Dieser Begriffe möchte ich mich bedienen und zu Beginn meiner Arbeit „theoretische Werkzeuge“ und „methodische Verfahrenstechniken“ vorstellen, die für die Konstruktion und die Erfassung meines Forschungsgegenstandes von Bedeutung sind. Der erste Teil dieser Arbeit dient dem Leser in diesem Sinn als Orientierungshilfe, die es ermöglicht, den in dieser Arbeit eingenommenen Beobachterstandpunkt zu verorten. Es soll zunächst eine spezifische Optik entwickelt werden, mit der ich die Praktiken betrachte, in denen sich Referendare im Rahmen ihrer Ausbildung eine im Setting der Schule geeignete und erkennbare Form geben. Anschließend werde ich die methodischen „Verfahrenstechniken“ vorstellen, die ich auf Grundlage meiner theoretischen Vorannahmen zum Einsatz bringen möchte.

1.2 Werkzeuge

1.2.1 Zum Begriff der Subjektivierung bei Michel Foucault

Michel Foucault ist der erste Autor, dessen theoretische Werkzeuge ich verwenden möchte. Zentrale Begriffe dieser Arbeit sowie grundlegende Perspektiven auf die Prozesse der Subjektivierung sind eng an seine Arbeiten geknüpft. Insbesondere der Blick auf die unterschiedlichen Verfahrensweisen, mit denen Menschen zu Subjekten einer spezifischen Ordnung gemacht werden bzw. sich selber zu solchen machen, ist für viele Aspekte meiner Arbeit richtungweisend. Seine Subjektanalysen können als radikale Dekonstruktionen heutiger Subjektformen gelesen werden, als eine „Rückverfolgung durch die Geschichte." (DeCerteau 1984: 47) Er zeichnet in seinen Arbeiten die Genese der modernen Subjekte nach und ist bestrebt, ihre Konstitutionsprozesse offenzulegen. Hierbei gilt seine Aufmerksamkeit vor allem „den spezifischen historischen Kontexten, in denen eine bestimmte Subjektform [...] erstmals definiert und umgesetzt wird" (Reckwitz 2008: 25). Mit seinem genealogischen Vorgehen führt er den Leser systematisch zu den historischen Orten und Ereignissen, an denen und durch die sich bestimmte Diskurse und ihre Subjekte konstituieren konnten. „Die Erforschung der Herkunft liefert kein Fundament: sie beunruhigt, was man für unbeweglich hielt; sie zeigt die Heterogenität dessen, was man für kohärent hielt." (Foucault 1974: 74) Die Offenlegung der Prozesse der Subjektkonstitution schafft die Bedingungen für die Befreiung des Subjekts von allen naturalistischen Ansprüchen. Der Blick auf das Subjekt als immer schon gewordenes, sich stets umformendes und veränderndes Wesen ist in Foucaults gesamtem Werk angelegt, wird jedoch vor allem in seiner letzten

Phase geschärft. Die Menschen haben aus seiner Sicht niemals aufgehört, „sich selbst zu konstruieren, das heißt, ihre Subjektivität beständig zu verschieben [...]“ (Foucault 1980: 85). Im Folgenden werde ich mich mit unterschiedlichen Perspektiven auseinandersetzen, aus denen Foucault das Subjekt in den Blick nimmt: Aus einer ersten Perspektive erscheint das Subjekt zugleich „als Subjekt und Objekt von Diskursen“ (Hark 1996: 39), das sich im Prozess der Wissensformierung selbst hervorbringt. In „Überwachen und Strafen“ thematisiert er zweitens die Erzeugung von Subjekten in den Mikropraktiken der Disziplinierung, während er aus einer dritten Perspektive mit dem Begriff der Gouvernementalität die Führung von Subjekten über den Zugriff auf die Techniken der Selbstführung in den Blick nimmt. Aus einer vierten, zunehmend ethischen Perspektive untersucht er Selbstverhältnisse, in denen die Individuen sich selbst als Subjekte einer spezifischen Ordnung erkennen und konstituieren (vgl. ebd.). Ihn interessiert hier die Frage nach den Bedingungen der Möglichkeit eines selbstbestimmten bzw. mündigen Umgangs mit den Prozessen der eigenen Subjektwerdung.

Foucault fokussiert in der ersten Phase seines Schaffens primär Diskurse. Diese bringen bestimmte Wissensformen hervor, legen fest, was in den anerkannten Bereichen des Normalen liegt und was hingegen als Problem wahrgenommen wird bzw. in den Bereich des Wahnsinns fällt (vgl. Foucault 1961).[26] Auf diese Weise sind Diskurse genuin mit dem Aspekt der Macht verknüpft: Die sich verfestigenden diskursiven Ordnungen begünstigen diejenigen, die in den Bereich des Normalen passen bzw. die dazu in der Lage sind, sich zu Subjekten dieser Ordnungen zu machen und schließen diejenigen aus, die die hierfür notwendigen Voraussetzungen nicht erfüllen. Diskursive Ordnungen konstituieren somit Ungleichheitsverhältnisse und sind daher stets umkämpft. Die Konstitution der Diskurse

26 Ganze Wissenschaften entwickeln sich zur kollektiven Konstituierung solcher Grenzen: Medizin, Psychiatrie, Recht und Pädagogik sind nur wenige der Apparate, die die Grenzen des Normalen stetig ausloten, bestehende Differenzen reproduzieren und neue Dichotomien konstruieren; fettleibig/nicht-fettleibig, depressiv/nicht-depressiv, dement/nicht-dement, aufmerksamkeitsdefizitär/nicht-aufmerksamkeitsdefizitär sind einige der jüngsten Diskurse, die ihre Subjekte in Analyseverfahren und klassifizierenden Standardisierungen hervorbringen.

und die Erzeugung entsprechend passender Subjekte erfolgen im selben Prozess. Die Subjekte bringen sich quasi im Akt der Konstitution diskursiver Ordnungen selbst hervor; machen sich zu Subjekten ihrer eigenen Narrationen. Jedoch sind Diskurse und zugehörige Subjektpositionen zumeist „schon vor der Subjektivierung der Menschen da und [...] überspannen ihr Tun als sedimentierte Vergangenheit und als Verweis in die Zukunft" (Villa 2010: 260). Es geht mithin auch um die Frage, wie sich Akteure mit bestehenden Diskursen auseinandersetzen, wie sie von diesen ergriffen werden bzw. wie sie sich selbst zu Subjekten diskursiver Ordnungen machen. Im Hinblick auf die Forschungsfrage dieser Arbeit treten Praktiken in den Blick, in denen Referendare „sich mit dem [schulischen] Diskurs ‚vernähen' [bzw. in denen sie] von anderen in diesen mehr oder minder herrschaftsförmig vernäht werden" (ebd.: 259).

Die Erzeugung von Subjekten institutioneller Ordnungen bzw. die Einschreibungspraktiken institutionsspezifischer Ordnungen in die Körper der Akteure untersucht Foucault in „Überwachen und Strafen" (1976). Hier zeigt er, wie der menschliche Körper mittels räumlicher Abschließung, Parzellierung und Verteilung, Kontrolle und Konditionierung maschinellen Prinzipien unterworfen und so als ein reibungslos funktionierender, produktiver Körper neu erzeugt wird, der sich nahtlos in größere, vielgliedrige Maschinen, wie das Heer oder die schulische „Lernmaschine" (ebd.: 189) einfügt. Es geht ihm hierbei zu gleichen Teilen um den Aspekt der Unterwerfung im Zuge des Regierens wie auch um die produktive Seite dieses Prozesses: Die Disziplinierung bündelt die Kräfte und richtet sie auf gemeinsame Ziele. Die Ökonomisierung der Bewegungen durch die Disziplinierung der Körper führt zur Steigerung der Effizienz und Produktivität. Aus der Perspektive des Subjekts bleibt festzustellen, dass es gerade durch die Unterwerfung unter die herrschenden Ordnungen befähigt wird, an den sozialen Praktiken zu partizipieren, innerhalb dieser Ordnungen zu agieren und somit handlungsfähig zu werden. Partizipation im Setting der Schule ist aus dieser Perspektive nur möglich, wenn die Disziplinierung und Ausformung eines anerkannten „Umgangskörpers" gelingt. Die Frage nach dem Verhältnis von äußerer Formung bzw. Disziplinierung einerseits und selbsttätiger Anpassung andererseits wird bei Foucault im Prinzip der umfassenden Sichtbarkeit aufgelöst: Dieses Prinzip lässt sich am Beispiel des Benthamschen Panopticon beschreiben, das Foucault in „Überwachen und Strafen" als Symbol für das Ordnungsprinzip in westlicher Gesellschaft erfasst. Er verwendet das Panopticon als Sinnbild für die Entwicklung einer Gesellschaft, die schrittweise Strukturen der Sichtbarkeit etabliert. In der Mitte der kreisförmig angeordneten Gefängniszellen ist in Benthams Entwurf ein Wachturm vorgesehen, von dem aus ein einziger Wächter sämtliche lichtdurchfluteten Zellen einsehen kann; eine Person zur Überwachung Hunderter. Foucault verdeutlicht am Beispiel des Gefängnisses das Prinzip der Sichtbarkeit, das er jedoch auf alle gesellschaftlichen Bereiche bezieht:

> „Es genügt demnach, einen Aufseher im Turm aufzustellen und in jeder Zelle einen Irren, einen Kranken, einen Sträfling, einen Arbeiter oder einen Schüler unterzubringen. […] Das Prinzip des Kerkers wird umgekehrt, genauer gesagt: von seinen drei Funktionen – einsperren, verdunkeln, verbergen – wird nur die erste aufrechterhalten, die beiden anderen fallen weg. Das volle Licht und der Blick des Aufsehers erfassen besser als das Dunkel, das auch schützte. Die Sichtbarkeit ist eine Falle." (Ebd.: 257)

In einem weiteren Schritt wird die Bedeutung panoptischer Strukturen deutlich: Zur Durchsetzung der lückenlosen Sichtbarkeit, zur Etablierung des Gefühls ständiger Beobachtung müssen der Aufseher und die mit ihm verbundenen menschlichen Schwächen verschwinden. Bentham konstruiert den Wachturm als von außen nicht einsehbaren Raum, der die An- oder Abwesenheit der Beobachter nicht preisgibt. Kein Türschlagen verrät den Schichtwechsel, in dem die Beobachtung für kurze Zeit unterbrochen werden könnte, kein schlafender oder lesender Wärter zeigt sich den Insassen. Die Macht wirkt sichtbar, ist aber uneinsehbar (vgl. ebd.: 258/259). „Diese Anlage ist deswegen so bedeutend, weil sie die Macht automatisiert und entindividualisiert. Das Prinzip der Macht liegt weniger in einer Person als vielmehr in einer konzentrierten Anordnung von Körpern, Oberflächen, Lichtern und Blicken." (Ebd.: 259) Insgesamt etablieren die Disziplinen eine „politische Ökonomie der Körper" (ebd.: 37), die deshalb so stabil und effizient ist, weil die Individuen die zunächst von den Disziplinarinstitutionen ausgeübten Überwachungsfunktionen nach und nach übernehmen, auf sich selbst richten und damit zu Subjekten der Ordnung im Sinne ‚freiwillig' sich Unterwerfender werden. Aus dem Panoptismus wird ein Panoptismus des Selbst, in dem sich Selbsterkenntnis und Selbstüberwachung verschränken. Die moderne Macht verteilt sich über den ganzen Körper und wirkt bis in seine feinsten Verästelungen hinein. Sie dringt nach und nach bis in die Lebensvollzüge des Alltags ein und berührt die Individuen über solche „Mikropraktiken“ grundlegender als alle Systeme von Überzeugungen und Ideologien. Die lückenlose Überwachung der Subjekte und die Kontrolle ihres Verhaltens werden in den beschriebenen panoptischen materiellen Ordnungen schließlich von den Subjekten selbst übernommen. „Derjenige, welcher der Sichtbarkeit unterworfen ist und dies weiß, übernimmt die Zwangsmittel der Macht und spielt sie gegen sich selber aus; er internalisiert das Machtverhältnis, in welchem er gleichzeitig beide Rollen spielt; er wird zum Prinzip seiner eigenen Unterwerfung.“ (Ebd.: 260) Zur Durchsetzung der herrschenden Ordnungen bedarf es auf diese Weise keiner sichtbaren Gewalt. Zur Züchtigung der Gefangenen werden keine Ketten gebraucht und die Formierung passender Schülersubjekte erfordert keinen Rohrstock. Die Disziplinierung etabliert Normen und greift auf konkrete Modelle zurück, nach denen die Subjekte geformt werden. Foucault beschreibt in „Überwachen und Strafen“ die Transformation des Strafdiskurses, der unterschiedliche Institutionen hervorgebracht hat: Von der öffentlichen Marter auf dem Marktplatz über die Erfindung der Guillotine, die eine schnellere (‚humanere‘) Hinrichtung ermöglichte, bis zur Entwicklung der modernen Disziplinierungsinstitutionen wie die Schule und das Gefängnis. Die so erzeugten materiell-räumlichen Arrangements wie bspw. das Klassenzimmer mit seinen Angeboten und Aufforderungen, die es an Schüler und Lehrer in je unterschiedlicher Weise richtet, setzen die in ihnen agierenden Subjekte zueinander in bestimmte Relationen.[27] Auf diese Weise

27 So setzt auch das Setting der öffentlichen Marter mit all seinen Instrumenten den Delinquenten in ein anderes Verhältnis zum Scharfrichter, zum Gerichtsschreiber, zum Pfarrer, zum Souverän und letztlich zu Gott als bspw. das Gefängnis. „Im Fest der Marter erhält der als Sünder eingesetzte Täter die Gelegenheit, Reue zu zeigen und die von ihm erschütterte Ordnung für alle sichtbar zu restaurieren. Die durch das Verbrechen aufgedeckten Grenzen der Macht des Souveräns werden im Akt der Vergeltung erneuert, die Ohnmacht des Staates durch Grausamkeit kompensiert.“ (Alkemeyer/Pille 2006: 433) Die Materialität des Gefängnisses etabliert hingegen andere Relationen: Der Verbrecher wird hier als verantwortliches, besserungsfähiges und damit potenziell resozialisierbares Subjekt entworfen. Richter, Wärter und Sozialpädagogen werden zu Organisatoren des Resozialisationsprozesses.

strukturieren Diskurse Alltagspraktiken und werden wirkungsmächtig (vgl. Jäger 2001: 72).

Foucault beschreibt diese in Diskursen hervorgebrachten Komplexe auch als Dispositive (vgl. Foucault 1978). Er hebt die unmittelbare Verstrickung von Diskursen, Wissensformen, entsprechenden Instrumenten und Technologien sowie die hiervon nicht zu trennenden Körpertechniken hervor und zeigt, wie sich diese unterschiedlich materialisierten Aspekte ein und desselben Diskurses wechselseitig hervorbringen und reproduzieren. Aus diesem Blickwinkel lässt sich Schule als Komplex diskursiv erzeugter, aufeinander abgestimmter, materieller Arrangements und eingespielter Praktiken beschreiben, in deren Kräftefeld spezifisch trainierte Körper hervorgebracht werden, die ihrerseits wiederum die hier eingespielten Ordnungen in ihrem Handeln perpetuieren. Subjektivierungsprozesse lassen sich auf diese Weise als Einschreibung etablierter Ordnungen in die Körper der Akteure beschreiben. „Es sind bestimmte scheinbar profane Techniken, in denen eine bestimmte Subjektform immer wieder neu hervorgebracht wird – Techniken wie die des Schreibens von Manualen und der Teilnahme an Beichten [...].“ (Reckwitz 2008: 24) Subjektivierung erscheint hier weniger als rationale Überzeugung denn als Training der Körper.

Während Foucault die Erzeugung institutionsadäquater Subjekte in *„Überwachen und Strafen“* maßgeblich vor dem Hintergrund „disziplinierter“, „gelehriger Körper“ betrachtet, verschiebt sich sein Interessenschwerpunkt in späteren Werken zu der Frage danach, *wie* sich Subjekte selbst konstituieren. Mit dem Begriff der „Gouvernementalität“ verdeutlicht Foucault die zunehmende Ökonomisierung der Regierung. Er beschreibt die Kopplung von Selbsttechniken und Herrschaftstechniken und verdeutlicht, dass diese Form der Regierung dort ansetzt, wo die Individuen auf sich selbst zugreifen. „Man muß die Punkte analysieren, an denen die Herrschaftstechniken über Individuen sich der Prozesse bedienen, in denen das Individuum auf sich selbst einwirkt.“ (Foucault 1993 zitiert nach Lemke 2001: 119) Das im Zuge ökonomischer Interessen sich durchsetzende Modell des Neoliberalismus fördert augenscheinlich die Selbstregulierung der Märkte ebenso wie die Selbststeuerung der in diesem System agierenden Subjekte. „Anders als in der klassisch-liberalen Rationalität definiert und überwacht der Staat nicht länger die Marktfreiheit, sondern der Markt wird selbst zum organisierenden und regulierenden Prinzip des Staates. Der Neoliberalismus ersetzt ein begrenzendes und äußerliches durch ein regulatorisches und inneres Prinzip [...].“ (Ebd.: 115) Während die Disziplinierung viel Energie zur Durchsetzung konkreter Normen aufwenden musste, wirken gouvernementale Führungsstrukturen flexibler und wesentlich ökonomischer: Sie geben keine konkreten Formen und Ordnungen vor, vielmehr legen die Subjekte selbst im Vollzug der Praxis den Bereich des Normalen und den des Nicht-Normalen fest; innerhalb dieser Grenzen stehen den Subjekten Spielräume zur Verfügung. Die moderne Form der Regierung setzt an den Praktiken an, in denen Subjekte sich formen, auf sich selbst zugreifen und sich auf bestimmte Weise führen lernen. Das Subjekt ist aus der hier eingenommenen Perspektive ein „Produkt von Machtprozessen, die es zu einem Unterworfenen (und einem sich selbst Unterwerfenden) machen“ (Horn 2001: 137).

Die Aspekte der Subjektivierung, die Foucault in seinen Spätwerken *„Der Gebrauch der Lüste“* und *„Die Sorge um sich“* skizziert, beziehen sich unter anderem auf die Frage nach einem selbstbestimmten Umgang mit den eigenen Konstitutionsbedingungen. Es geht Foucault in diesen Werken darum, „zu sehen, wie sich in den modernen abendländischen Gesellschaften eine ‚Erfahrung‘ konstituiert hat, die die Individuen dazu brachte, sich als Subjekte einer ‚Sexualität‘ anzuerkennen, und die in sehr viele Erkenntnisbereiche mündet und sich an ein System von Regeln und Zwängen anschließt“ (Foucault 1986: 10). Er stellt zu diesem Zweck einen umfangreichen Vergleich zwischen der antiken Diätetik und der christlichen Pastoralmacht an und hinterfragt die je unterschiedlichen charakteristischen Haltungen zum Umgang mit den eigenen Lüsten. Im selben Prozess arbeitet er die unterschiedlichen Subjektformen heraus, die sich in den verschiedenen Diskursen hervorbringen. Der Begriff der Diätetik bezieht sich nicht nur auf maßvolle Ernährung und auf körperliche Betätigung, sondern vor allem auch auf das Seelenwohl, das eng mit dem moralischen maßvollen Handeln verknüpft ist (vgl. ebd.: 133). Die Mäßigung des Leibes und der Seele erfolgen ausdrücklich nicht um ihrer selbst willen, sondern um die Seele im Sinne der Selbstsorge in der Balance zu halten. Der wesentliche Unterschied besteht nicht zwischen den konkreten Formen der Mäßigung, der Enthaltsamkeit und Selbstbeherrschung, sondern in den je unterschiedlichen Kontexten, in denen die Praktiken vollzogen wurden. Während die antike Diätetik umfassende medizinische wie auch philosophische Wissenskomplexe entwickelte, um zur Steigerung des eigenen Wohls das individuell passende Maß zu finden, werden im Zuge der christlichen Pastoralmacht solche Macht-Wissens-Komplexe benutzt, um sich einen Zugriff auf die privatesten Bereiche der Untertanen-Subjekte zu verschaffen. „Die pagane Antike interessiert sich für Aspekte der Mäßigung, Selbstbeherrschung und der Selbststilisierung aus der individuellen Perspektive, während die christliche Reflexion an den Aspekten der gefallenen Natur sowie an universell gültigen Gesetzen interessiert ist." (Horn 2001: 148) Das Primat der Selbstsorge, dessen Werkzeug unter anderem die Selbsterkenntnis ist, wird durch das Primat der Selbsterkenntnis abgelöst, die nun eine eigenständige Funktion erhält und zur vollständigen Durchleuchtung der Subjekte führt. Das Ziel der Diät besteht darin, „[...] das Individuum für die Vielfalt der möglichen Umstände zu rüsten" (vgl. Foucault 1986: 137).

„Die Diätetik ist eine strategische Kunst, insofern sie erlauben soll, auf die Umstände in einer ständigen, also nützlichen Weise zu antworten. [...] Die Leibordnung ist nicht als ein Korpus allgemeiner und einförmiger Regeln zu betrachten, sondern eher als eine Anleitung, um auf die mannigfachen Situationen, in die man geraten kann, zu reagieren; eine Orientierung, um sein Verhalten den Umständen anzupassen." (Foucault 1986: 138 f.)

Darüber hinaus ist die Diätetik nicht als „nackter Gehorsam gegenüber dem Wissen des anderen konzipiert [...]; sie mußte auf Seiten des Individuums eine reflektierte Praxis seiner selber und seine[s] Körpers sein" (vgl. ebd.: 138). Das sich des Wissens der Diätetik bedienende Individuum behält stets die Oberhand und bekommt quasi Angebote unterbreitet, sich selbst führen zu lernen. Am Beispiel der „Diät der Lüste" (vgl. ebd.: 141 ff.) wird der Unterschied zur christlichen Pastoralmacht[28] besonders deutlich. Sowohl in der antiken Diätetik als auch in der Ermahnung zur Enthaltsamkeit im Christentum geht es um die Einschränkung der Sexualität. Aber im Christentum werden die entsprechenden Kriterien nicht nur präziser oder normativer, sondern sie funktionieren ganz anders: „[S]ie werden Momente festsetzen, in denen die Praktik erlaubt ist, und andere, in denen sie verboten ist." (Ebd.: 150) Die Kirche setzt Bereiche des Erlaubten fest, während die Diäten andere Ziele verfolgen: Die Diäten sehen ein immerwährendes Ausloten zwischen dem ‚Mehr' und dem ‚Weniger' vor, nicht das Befolgen

28 Zum Begriff der Pastoralmacht vgl. Foucault 1988.

vorgeschriebener Regeln wird angestrebt, sondern die Suche nach dem je individuellen Maß.[29] Den Umständen entsprechend kann das Mehr oder das Weniger mal heilvoll, mal unheilvoll sein; der gemäßigte Einsatz der Lüste ist somit äußerst voraussetzungsvoll: „Es handelt sich um eine Praktik, die Reflexion und Klugheit erfordert. Also geht es nicht darum, einförmig und ein für allemal die ,Werktage' der sexuellen Lust festzusetzen, sondern darum, die günstigen Momente und die geeigneten Häufigkeiten möglichst gut zu kalkulieren." (Ebd.) Mithilfe von Selbsttechniken sollte die souveräne Führung des Selbst durchgesetzt werden.

„,Jeder beobachte sich selber und notiere, welche Nahrung, welches Getränk, welche Übung ihm guttun und wie er sie nehmen muß, um die Gesundheit am besten zu erhalten.' Die gute Führung des Körpers muss, um zur Existenzkunst zu werden, in schriftlicher Form ausgeübt werden, eine Arbeit, die das Subjekt an sich selber zu vollziehen hat; dadurch wird er seine Autonomie erlangen können und mit Vorbedacht wählen können, was gut und was schlecht ist. ,Wenn ihr euch so beobachtet', sagt Sokrates, ,werdet ihr schwerlich einen Arzt finden, der besser als ihr entscheidet, was euch für eure Gesundheit nützt.'" (Ebd.: 140).

Die Diätetik ist also keine Lehre im Sinne eines normativen Verhaltenskatalogs, sondern stellt gewissermaßen eine Anleitung zum souveränen Umgang mit den eigenen Konstitutionsbedingungen dar. Foucault versteht die Diätetik – die somit gleichsam zur Lebenskunst avanciert – als Anleitung zum sorgsamen Umgang mit sich, dem eigenen Körper und der eigenen Seele (vgl. ebd.).[30]

---

29 Im Zentrum der Diätetik steht die Mäßigung, deren Ziel Foucault am Beispiel der Knabenliebe verdeutlicht. Er beschreibt die Diskurse um eine Entsagung der Knabenliebe und verdeutlicht, dass Enthaltsamkeit und „Asketismus" die Knabenliebe nicht „disqualifizieren", sondern ihr im Gegenteil „Form" und „Gestalt" verleihen sollen (vgl. Foucault 1986: 320). Der gemäßigte Umgang mit der Knabenliebe soll diese aufwerten und ihr ein heilvolles Format verschaffen. Es gilt, das individuell heilvolle Maß in sämtlichen Lebensbereichen systematisch zu erkennen.

30 Die Selbstführung war in der Antike der Weg zum souveränen und selbstbestimmten Umgang mit dem eigenen Leben, der als Voraussetzung für die Füh-

Foucault betont mehrfach, dass es ihm keineswegs um eine Bewertung bzw. um eine Privilegierung der antiken Lebenskunst gegenüber den christlichen Moralgeboten geht, sondern dass sein Ziel immer gewesen sei, „eine Geschichte der verschiedenen Verfahren zu entwerfen, durch die in unserer Kultur Menschen zu Subjekten gemacht werden" (Foucault 1987 zitiert nach Schneider 2004: 202). Er beschreibt Subjektivierungsformen, die sich in unterschiedlichen historischen Kontexten entwickelt haben und skizziert vor allem die, in diesen Prozessen ineinander wirkenden, diskursiven und nicht-diskursiven Praktiken. Aus dieser subjekttheoretischen Perspektive schließen sich für meine Arbeit mehrere Fragen an: Mit welchen Mitteln und Strategien gelingt es Organisationen, das Subjekt an bestimmte eingespielte Ordnungen zu binden (vgl. Reckwitz 2003: 37)? In welchen konkreten Praktiken geben sich Referendare eine (an-)erkannte Form als wirkende Kräfte der Organisation Schule? Welche Rolle spielt die permanente Sichtbarkeit im Rahmen der Schule und der Seminare für die Ausbildung der Novizen? Wie beeinflussen tradierte materielle und räumliche Arrangements ihr Handeln? Schließlich drängt sich aus der eingenommenen Perspektive die Frage danach auf, wie die Mechanismen der Fremd- und Selbststeuerung im Rahmen dieser Ausbildung ineinandergreifen und welche Möglichkeiten den Novizen bleiben, die eigenen Konstitutionsprozesse mündig mitzubestimmen. Die von Foucault angebotene Optik auf die Prozesse der Subjektivierung bietet einen geeigneten theoretischen Rahmen für diese Arbeit, jedoch bleiben seine Ausführungen in vielen Bereichen unscharf. Zwar bieten seine Ausführungen geeignete Sehhilfen und Wegweiser, jedoch bleibt unklar, wie er die Unterschiede zwischen den Akteuren konzipiert. Welche Akteure sind geeignet bspw. sich den Ordnungen der Schule zu unterwerfen und sich hier als handlungsfähiges Subjekt hervorzubringen und wer wird systematisch ausgeschlossen? Für einen detaillierten Blick auf die konkreten Praktiken, in denen die Bildung und Formung der Subjekte erfolgt, möchte ich mich eines zweiten theoretischen Werkzeugs bedienen. Die Praxeologie Pierre Bourdieus eröffnet einen Blick auf die körperlichen Praktiken, in denen sich Lehrersubjekte formen. Seine kritische Sicht auf die Evidenzen des Alltäglichen bringt das Implizite des So-

rung von anderen (sei es im Bereich der Familie oder dem des Militärs) galt und die den Individuen zu Autorität und Reflexivität verhelfen sollte.

zialen zum Vorschein; das Verhältnis zwischen den habituellen Dispositionen der Akteure und den Positionen des Feldes, in dem sie wirken, stehen im Zentrum seiner Theorie der sozialen Praxis. Seine detaillierten Ausführungen zur Dialektik von Habitus und Feld sowie sein besonderer Fokus auf die Bedeutung des Körpers für das soziale Geschehen bieten geeignete Werkzeuge, um die Prozesse der Subjektivierung genauer zu betrachten.

1.2.2 PIERRE BOURDIEUS PRAXEOLOGIE

Der Begriff des Habitus – der bereits in den Arbeiten Erwin Panofskis und Marcel Mauss' eine zentrale Rolle spielt, aber nicht in dieser Form ausgearbeitet wurde – ist ein grundlegendes Element der Sozialtheorie Bourdieus und liegt seiner Feld- und Klassentheorie zugrunde. Er definiert Habitusformen unter anderem als „Systeme dauerhafter Dispositionen, strukturierte Strukturen, die geeignet sind, als strukturierende Strukturen zu wirken [...]" (Bourdieu 1976: 165). Durch die Internalisierung eines klassen- und kulturspezifisch geprägten Äußeren, lässt sich der Habitus als ebenso klassen- und kulturspezifisches System innerer Dispositionen beschreiben, dessen Wahrnehmungs-, Denk- und Handlungsschemata das Alltagshandeln der Akteure hervorbringen. Bourdieus Konstitutionstheorie sozialer Praxis wendet sich gegen den gängigen handlungstheoretischen Intellektualismus, welcher den Akteuren in der sozialen Praxis ein durchgehend reflektierendes, rational abwägendes Handeln im Umgang mit der sozialen Welt unterstellt. Es wird im Gegensatz zu mentalistischen und textualistischen Ansätzen auch die Vorbewusstheit, Instinkthaftigkeit, die Spontaneität und Unreflektiertheit der Wahrnehmungs-, Denk- und Handlungsstrukturen hervorgehoben. Bourdieu macht darauf aufmerksam, dass der Habitus nur den einen Teil eines komplexen Gewebes darstellt, welcher ausschließlich im Zusammenhang mit dem sozialen Feld betrachtet werden kann. Habitus und Feld sind dergestalt miteinander verwoben, dass nur eine gemeinsame Betrachtung, eine Betrachtung der Verflechtungen und Abhängigkeiten, in der Lage ist, die Komplexität sozialer Praxis in den Blick zu bekommen. Mit der dialektischen Beziehung zwischen Habitus und Feld beschreibt Bourdieu zum einen die Abhängigkeit der Ausbildung habitueller Strukturen von den äußeren Sozialstrukturen des Feldes, welche durch mimetische Einverleibung[31] Teil des Habitus werden, und zum anderen die Auswirkungen des Habitus auf die Strukturen des sozialen Feldes; Strukturen, die in habitusgeprägten Praktiken geformt werden.

Die Verinnerlichung der äußeren, materiellen und kulturellen Existenzbedingungen, der objektiven Strukturen eines Feldes, erfolgt unter anderem auf der impliziten Ebene körperlicher Anpassung, weshalb Bourdieu in diesem Zusammenhang auch von der „Inkorporierung" sozialer Praxis spricht. Er stellt fest, dass sowohl der Leib als auch die Sprache speichernde Funktionen haben und darüber hinaus Medium und Agens für die Inkorporierung und die Konstituierung gesellschaftlicher Ordnungen darstellen (vgl. Bourdieu 1999: 127). „[…] Leib und Sprache [können] wie Speicher für bereitgehaltene Gedanken fungieren […], die [...] schon dadurch abgerufen werden können, dass der Leib wieder in eine Gesamthaltung gebracht wird, welche die mit dieser Haltung assoziierten Gefühle und Gedanken heraufbeschwören kann [...]." (Bourdieu 1999: 127/128) Die sozialen Akteure erfassen die soziale Welt nicht durch reflexives, erkennendes Bewusstsein, nicht durch wissenschaftlich objektivierende Distanz zu den Objekten der Erkenntnis, sondern sie begreifen sie als etwas Selbstverständliches. Sie sind eins mit der Welt, die sie bewohnen und die ebenso in ihnen wohnt. Das Erfassen der sozialen Welt erfolgt über die praktische Mimesis, welche nicht mit einer bewussten Nachahmung gleichzusetzen ist, bei der es um das Bemühen geht, ein Modell zu reproduzieren, sondern die sich vielmehr vorbewusst vollzieht. Der Agierende ‚schlüpft in die Haut' eines anderen, nicht in der Art eines

> „[…] Schauspielers, der eine Rolle übernimmt, sondern eher so, wie ein Kind sich mit dem Vater identifiziert und, ohne im geringsten so tun zu müssen, als ob, beim Sprechen eine bestimmte Mundstellung oder beim Gehen eine Schulterbewegung übernimmt, die ihm für das soziale Sein des vollkommenen Erwachsenen grundlegend scheinen." (Bourdieu 2001: 197)

Der Mensch übernimmt in der sozialen Praxis vorbewusst Körperhaltungen, Elemente der Motorik und Mimik und verinnerlicht sie allmählich in

31 Zum Begriff der Mimesis siehe auch Gebauer/Wulf 1992.

seinem Habitus. „Der Leib glaubt, was er spielt: er weint, wenn er Traurigkeit mimt. Er stellt sich nicht vor, was er spielt, er ruft sich nicht die Vergangenheit ins Gedächtnis, sondern agiert die Vergangenheit aus, die damit als solche aufgehoben wird, erlebt sie wieder." (Bourdieu 1999: 135) Gebauer und Wulf (1998) bemerken, dass es bei der Mimesis nicht um eine vollständige Kopie eines Modells gehen kann, sondern dass hier eine körperliche Auseinandersetzung zwischen dem eigenen Habitus und dem Modell im Fokus steht; die Synthese von bestehenden und neuen Strukturen.

„Im Nachahmungsprozeß nimmt das Kind das Modell in sich hinein, passt diesem seine Motorik an und führt es schließlich als eigene, dem Vorbild angeglichene Bewegung aus. Dabei produziert es keine detailgenaue Kopie des Vorbildes, sondern ein Äquivalent, das mit diesem eine gewisse Ähnlichkeit hat und das sich an die Stelle des Modells setzen kann." (Gebauer/Wulf 1998: 25/26)

Das mimetische Handeln folgt also weder einem rationalen intellektuellen Plan noch einer rein mechanischen Reproduktion von Bewegung und Haltung. Es ist das Produkt einer intelligenten Körperlichkeit. Die dergestalt vollzogene Inkorporierung des Sozialen ermöglicht eine ‚instinktähnliche' Anpassung des Habitus an das soziale Feld. „Wem die Strukturen der Welt (oder eines besonderen Spiels) einverleibt sind, der ist hier unmittelbar, spontan zu Hause und schafft, was zu schaffen ist [...], ohne überhaupt nachdenken zu müssen, was und wie [...]." (Bourdieu 2001: 183) Bourdieu verankert die beschriebene Anpassung der Akteure an die soziale Praxis, die sie im Vollzug der Praxis *in actu* erwerben, im *sens pratique* oder auch im *sens du jeu*, dem praktischen Sinn bzw. dem Spielsinn. Ein solcher Sinn leitet Entscheidungen,

„[...] die zwar nicht überlegt, doch durchaus systematisch und zwar nicht zweckgerichtet sind, aber rückblickend durchaus zweckmäßig erscheinen. Als besonders exemplarische Form des praktischen Sinns, als vorweggenommene Anpassung an die Erfordernisse eines Feldes, vermittelt das, was in der Sprache des Sports als Sinn für das Spiel (wie Sinn für Einsatz; Kunst der Vorwegnahme) bezeichnet wird, eine recht genaue Vorstellung von dem fast wundersamen Zusammentreffen von Habitus und Feld, von einverleibter und objektiver Geschichte, das die fast perfekte Vorwegnahme der Zukunft in allen konkreten Spielsituationen ermöglicht." (Bourdieu 1999: 122)

Bourdieu entwickelt das Konzept des praktischen Sinns in enger Auseinandersetzung mit Chomskys Ausführungen zur generativen Grammatik und bezieht diesen auf die Generierung von Sprache ausgelegten Ansatz auf die Frage nach den Bedingungen der Möglichkeit für die Hervorbringung sozialer Praktiken. Die grundlegende Idee ist der Erwerb einer Grammatik, auf deren Basis die Akteure befähigt werden, eine unendliche Variation von Praktiken hervorzubringen, die eine Passung zu den Ordnungen der Kultur aufweisen, in der diese Grammatik erworben wurde.

„Hierin Chomsky nahestehend [...], bei dem ich das gleiche Bemühen spürte, der Praxis eine aktive schöpferische Dimension zuzuschreiben [...], wollte ich nachdrücklich auf die generativen Fähigkeiten der Dispositionen verweisen – immer eingedenk der Tatsache natürlich, daß es sich um erworbene, gesellschaftlich konstituierte Dispositionen handelt." (Bourdieu 1992: 30/31)

Derartig antizipierende Fähigkeiten innerhalb eines Spiels erlangen dessen Spieler im Zuge ihrer praktischen Einbindung, die an das sukzessive (An-)Erkennen der objektiven Strukturen des Spiels gekoppelt ist. Der praktische Sinn ermöglicht es den Individuen, am Spiel zu partizipieren und gibt den „objektiven Strukturen einen subjektiven Sinn, das heißt Bedeutung und Daseinsgrund" (Bourdieu 1999: 122). Der praktische Sinn befähigt einen Spieler nicht nur, antizipierend am Spiel teilzunehmen und dieses für sich subjektiv sinnvoll zu machen, sondern der Spieler stellt darüber hinaus durch sein Handeln seinerseits eine konstitutive Instanz für das Spiel dar. Die mit den antizipierenden Handlungen vorbewusst einhergehende Zustimmung zu den Regeln, Werten und Zielen des Spiels, also der Glaube an das Spiel, bildet die Grundlage dafür, dass die Individuen die objektiven Strukturen des Spiels auch weiterhin als sinnerfüllt und zielgerichtet erfahren. Besonders die körperliche Aneignung sozialer Praxis erschwert die Bewusstwerdung der Spielregeln und der objektiven Strukturen, denn „[...] was der Leib gelernt hat, das hat man nicht, wie ein wiederbetrachtbares Wissen, sondern das ist man" (Bourdieu 1999: 135). Das soziale Wissen der Akteure wird von ihnen in der Praxis erworben. Sie inkorporieren die Strukturen des sozialen Feldes, eine Form der Erkenntnis, die sich mit den bestehenden phänomenologischen und strukturalistischen Erkenntnistheorien nicht erfassen lässt.

Bourdieu wendet sich mit seiner Praxeologie gegen die bestehende Antinomie des Objektivismus und des Subjektivismus (vgl. Bourdieu 1976: 146ff.), also gegen Theorien, die die Entstehung sozialer Praxis aus seiner Perspektive nur reduzierend wiedergeben. Wo der Objektivismus Praxisformen als Resultate der Konstellation bestehender materieller Gegebenheiten sieht und die Strukturen sozialer Tatbestände fernab der Individuen zu beschreiben sucht, tragen im Subjektivismus lediglich die subjektiven Logiken der Primärerfahrungen einzelner Akteure zu neuen Handlungsabsichten bei. In Anlehnung an Merleau-Ponty, der sich gegen die Dichotomie von Subjekt und Umwelt ausspricht – „Innen und Außen sind überhaupt nicht voneinander zu trennen. Die Welt ist ganz innen in mir und ich bin ganz außen von mir [...]" (Merleau-Ponty 1949 zitiert nach Wacquant 1996: 41) – wendet sich Bourdieu ebenfalls gegen das Bild eines autonomen Subjekts, das seiner Umwelt gegenübersteht.

„Insbesondere stützt er sich auf Merleau-Pontys Lieblingsgedanken von der intrinsischen Körperlichkeit des präobjektiven Kontakts zwischen Subjekt und Objekt, um so dem Körper als dem Ursprung einer praktischen Intentionalität, dem Prinzip einer auf der präobjektiven Stufe der Erfahrung ansetzenden, intersubjektiven Bedeutung wieder zu seinem Recht zu verhelfen." (Ebd.: 41)

Er entwickelt einen dritten Modus, in dem er die Verschränkung zwischen Subjekt und Umwelt hervorhebt. Durch die Einverleibung der Umwelt wird diese zu einem Teil des Subjekts, wie auch das Subjekt die Umwelt auf der Grundlage habitueller Dispositionen konstituiert und sich so zu einem Teil der Umwelt macht. Als Element der sie umgebenden Welt agieren die körperlich sozialisierten Subjekte in ihr und statuieren sie im selben Akt. Das autonome Individuum wird in Bourdieus theoretischen Konzeptionen durch ein soziales Ich abgelöst, das seiner Umwelt nicht gegenübersteht, sondern das diese inkorporiert und sich untrennbar mit ihr verstrickt. Bourdieu unterstellt den strukturalistischen Ansätzen einen Determinismus, der die Akteure zu passiven Trägern objektiver Strukturen macht. Es scheint jedoch so, als würde dieser Determinismus in seiner Habitustheorie nicht aufgehoben, sondern lediglich in die Akteure selbst verlagert, wo er in den Strukturen des Habitus wieder auftritt. Jedoch werden in seiner Konzeption die Praxisformen der Akteure durch den Habitus nicht vollständig determiniert. Der Habitus legt lediglich die Grenzen möglicher und unmöglicher Praxisformen fest, nicht aber die Praktiken an sich. Der Habitus gewährt den Akteuren innerhalb bestimmter Grenzen eine Vielzahl von Variationen.

> „Eine Handlung, das ist kein bloßer Vollzug einer Regel, ist nicht: Befolgen einer Regel. In den archaischen ebensowenig wie in unseren Gesellschaften sind die sozialen Akteure keine nach mechanischen Gesetzen, die sich ihrem Bewußtsein entziehen, geregelten Automaten […]. Noch in den kompliziertesten Handlungsverläufen […] setzen sie inkorporierte Prinzipien eines generativen Habitus ein. […] Dieser Spielsinn […] ermöglicht nun die Erzeugung unendlich vieler Züge entsprechend der unendlichen Vielfalt möglicher Situationen, die durch keine Regel, wie komplex sie auch sei, vorhergesagt werden können." (Bourdieu 1992: 28 f.)

Mit dem Ausdruck der „Liebe zum Schicksal" (*amor fati*) verdeutlicht Bourdieu, dass diese habituellen Grenzen von den Akteuren nicht zwangsläufig als einengend wahrgenommen werden, sondern dass sie vielmehr etwas Vertrautes, etwas Heimisches darstellen (vgl. Bourdieu 2001: 183). Die Akteure fühlen sich innerhalb dieser gesellschaftlichen Grenzen zu Hause, weil eben dieser abgegrenzte Raum, ihre Welt, in Form des Habitus gleichermaßen in ihnen zu Hause ist.

So wie Entwicklungen der sozialen Praktiken zu beobachten sind, so sind auch die habituellen Dispositionen einer ständigen Revision unterworfen (vgl. ebd.: 207). Stets im Zwiespalt zwischen Wechsel und Beharren wird der Habitus immer wieder mit ihm Unbekanntem und Unpassendem konfrontiert. Obgleich er als System dauerhafter Dispositionen beschrieben wird, steht er doch immer in konfliktreicher Kommunikation mit den ihm entgegentretenden gesellschaftlichen Veränderungen.[32] Mit dem Begriff der Hysteresis beschreibt Bourdieu die Trägheit des Habitus, die mit dem Wunsch verglichen werden kann, in den ‚heimischen', bestehenden Dispositionen verharren zu dürfen und die einen Zustand des Missklangs zwischen Habitus und Feld zur Folge haben kann. So lässt sich feststellen, dass die Habitus verschiedener Individuen unterschiedlich flexibel sind. Der Grad seiner Flexibilität ist bereits im Habitus verankert und tendenziell

32 Den Aspekt der Transformation des Habitus hebt Bourdieu besonders in seinem letzten Werk, den pascalinschen Meditationen hervor (vgl. Bourdieu 2001: 204 ff.).

klassenspezifisch ausgeprägt. Eine hohe Flexibilität ermöglicht die stete Anpassung der Dispositionen an die Bedingungen des Feldes, während unflexible Habitus verstärkt dem Hysteresiseffekt unterliegen. „Ihre Dispositionen werden dysfunktional, und je mehr Mühe sie sich geben, sie am Leben zu halten, um so gründlicher wird ihr Mißlingen.“ (Ebd.) Weiterhin hängt die Wahrscheinlichkeit auftretender Habitusirritationen in hohem Maß davon ab, wie adäquat die Positionen der Akteure im sozialen Raum zum jeweiligen Habitus sind. Steht die Position eines Akteurs im starken Widerspruch zu seinem Habitus, so unterliegt er Doppelzwängen, die Bourdieu als gespaltenen Habitus bezeichnet.

„Wahrscheinlich können die, die sich in der Gesellschaft am ‚rechten Platz‘ befinden, sich ihren Dispositionen mehr und vollständiger überlassen oder ihnen vertrauen [...] als die, die – etwa als soziale Auf- oder Absteiger – Zwischenpositionen einnehmen; diese haben wiederum mehr Chancen, sich dessen bewusst zu werden, was sich für andere von selbst versteht, sind sie doch gezwungen, auf sich achtzugeben und schon die ersten Regungen eines Habitus bewusst zu korrigieren, der wenig angemessene oder ganz deplatzierte Verhaltensformen hervorbringen kann.“ (Ebd.: 209)

Der Habitus ist also ein System von Dispositionen, die ständig erweitert werden und aufeinander aufbauen. Bourdieu bezeichnet sie als dauerhafte Dispositionen, weil in der Regel neuerworbene Dispositionen die alten nicht ersetzen, sondern sie ergänzen und eventuell unbemerkt umformen. Der Habitus ist geneigt, die Bedingungen des Feldes nur selektiv aufzunehmen. Er ist bestrebt, sich eine Welt zu konstruieren, in der er sich, in seiner bestehenden Form, realisieren kann. So bilden besonders die im Kreis der Familie und der Peergroups erworbenen Dispositionen die Basis für das ‚Empfänglichkeitsspektrum‘ möglicher folgender Dispositionen. Wie oben beschrieben, gibt es jedoch Situationen, in denen der Missklang zwischen dem Habitus und den Bedingungen des Feldes so gravierend ist, dass bestimmte Dispositionen nicht mehr haltbar sind. Hier spricht auch Bourdieu von Habitusveränderungen (vgl. ebd.). Während eine unbemerkte Entwicklung des Habitus über eine Form des praktischen Reflektierens verläuft, spricht Bourdieu in seinen Ausführungen zur körperlichen Erkenntnis in Situationen starker Habitusirritationen von der Möglichkeit einer bewussten Einflussnahme auf den Habitus (vgl. ebd.). Die inkorporierten, im

Habitus verankerten Dispositionen sind der Ebene rationalen Verständnisses in der Praxis nicht zugänglich. Dieses ‚Körperwissen' lässt sich nicht wie eine Erinnerung abrufen, sondern wird in Bewegungen, Haltungen, beim Sprechen oder Beobachten aktualisiert. Die im Vollzug der Praxis vorgenommene Aktualisierung des in der Vergangenheit Erworbenen erscheint als wundersames Zusammentreffen von habituellen Dispositionen und den Positionen des Feldes. Die Akteure scheinen auch in komplexen Situationen unmittelbar zu wissen, was zu tun ist, als ahnten sie den Verlauf der Dinge. Die Wahrnehmungs-, Denk- und Handlungsstrukturen der involvierten Akteure weisen Passungen zu den Ordnungen des Feldes auf. „Anders gesagt, wenn der Akteur die ihm vertraute Welt unmittelbar erfasst, so deswegen, weil die dabei verwendeten kognitiven Strukturen der Welt resultieren, in der er handelt; weil die Konstruktionselemente, die er verwendet, um die Welt zu erkennen, von der Welt konstruiert wurden." (Bourdieu 2001: 174) Während Bourdieu solche Momente des Gelingens bzw. des reibungslosen Ineinandergreifens von Habitus und Feld als häufig auftretende Sonderfälle beschreibt (vgl. ebd.: 204), betont er, dass er den Begriff des Habitus als Instrument entwickelt habe, „um Mißverhältnissen zwischen objektiven Strukturen und einverleibten Strukturen [...] gerecht zu werden" (ebd.).

Wie aber führen Missklänge zwischen Habitus und Feld zu einer Veränderung des Habitus? Bourdieu bemerkt, dass

> „[...] ein Augenblick des Zögerns eine Form von Nachdenken hervorrufen kann, die nichts mit dem eines scholastischen Denkers zu tun hat und die über angedeutete Körperbewegungen (etwa die, mit der ein Tennisspieler einen misslungenen Schlag wiederholt, um einen Blick oder eine Geste, den Effekt dieser Bewegung oder den Unterschied zwischen ihr und derjenigen zu prüfen, die es auszuführen galt) der Praxis zugewandt bleibt und nicht demjenigen, der sie vollführt." (Ebd.: 208)

Es ist eine Form ‚körperlichen Ausprobierens', ein praktisches Reflektieren, das, stets der Praxis zugewandt, im wiederholenden Vollzug entsprechender Körpertechniken, darauf abzielt, Passungen zwischen den eigenen Bewegungen und den Ansprüchen der zu bewältigenden Praktik herzustellen – ein ‚sechster Sinn', der beurteilend und korrigierend jeder Bewegung beiwohnt und letztendlich eine sukzessive Anpassung des Habitus an die Bedingungen des Feldes begründet (vgl. ebd.: 209). Es fehlt

> „[...] den Improvisationen des Pianisten oder der sogenannten Kür des Turners nie an einer gewissen Geistesgegenwart, wie man so sagt, nämlich an einer gewissen Form von Denken oder sogar praktischem Reflektieren, einem situativen, in die Handlung eingebundenen Nachdenken, das erforderlich ist, auf der Stelle die vollführte Handlung oder Geste zu beurteilen und eine schlechte Körperhaltung zu korrigieren, eine unvollkommene Bewegung zurückzunehmen." (Ebd.)

Auf körperlicher Ebene scheint ein Gefühl für die Harmonie in der Bewegung, für das ‚Zusammenklingen' der eigenen habituellen Strukturen mit den Strukturen des Feldes vorhanden zu sein. Dysfunktionale Bewegungen führen zu Habitusirritationen, die durch die ‚körperliche Reflexivität' fernab der Bewusstwerdung dieser Dysfunktion behoben werden, wobei praktische Reflexivität hier als eine Korrektur der Bewegung in der Bewegung zu verstehen ist, die auf ein erlerntes Körpergefühl, einen praktischen Sinn für die Angemessenheit einer Bewegung angewiesen ist. Die Entwicklung des Habitus geht mit einem ständigen Wechsel von Harmonie und Disharmonie einher. Wo Bourdieu in Fällen großer Disharmonie zwischen Habitus und Feld eine bewusste Korrektur erster Regungen unvereinbarer, habitueller Strukturen für möglich hält (vgl. ebd.: 208), sieht er demnach auf körperlicher Ebene in der ständigen Präsenz körperlicher Reflexivität eine wesentlich sensiblere, kontinuierliche Korrektur möglicher Disharmonien. Am Beispiel des Sports und des Tanzens lässt sich die Natur des praktischen Reflektierens leichter erfassen, denn jedes Bewegungslernen geht mit der Veränderung bestehender Bewegungsmuster in Richtung eines harmonischeren, passenderen Bewegungsgefühls einher. Optimale körperliche Anpassungen werden hier häufig als Verschmelzen mit der Welt, dem rauschhaften Verweilen in unmittelbarer Harmonie oder einem Flow-Erleben (vgl. Csikszentmihalyi 1999) beschrieben. Im Fußball, Tennis, Ballett oder beim Trampolinspringen lässt sich beobachten, wie die Akteure sich mit den Bedingungen ihrer Umwelt praktisch auseinandersetzen, anecken und sich über die Wiederholung bestimmter Bewegungen allmählich in die tradierten körperlichen wie materiellen Ordnungen hineinspielen. In Situationen starker Disharmonie jedoch, bspw. zwischen den etablierten Akteuren eines Fußballteams und neu hinzukommenden Akteuren, werden die nicht auf das Feld eingestimmten Dispositionen der Novizen für alle Beteiligten sichtbar und es kommt zu Situationen eines kollektiven Innehaltens, in denen der Fluss der aufeinander abgestimmten Praktiken kurzfristig unterbrochen wird. In diesen Situationen offenbaren sich den Novizen die sonst in die Evidenzen der Praxis eingelassenen Ordnungen des Feldes; kollektiv werden sie dann oftmals explizit aufgefordert, sich auf bestimmte Weise zu verhalten.

Bourdieus Praxeologie vereint mithin mehrere Perspektiven auf die soziale Praxis und ihre Akteure: In einer ersten Perspektive fokussiert Bourdieu die Hervorbringung sozialer Praktiken durch ihre Akteure. Wie gelingt es den Akteuren in konkreten sozialen Feldern zu partizipieren und hier in anerkannten Formen zu agieren? In einer zweiten Perspektive interessieren ihn Prozesse, in denen die Akteure einen feldadäquaten Habitus erwerben. Wie erlernen sie entsprechende Körpertechniken und in welchen Praktiken erwerben sie einen feldspezifischen praktischen Sinn? Drittens arbeitet er heraus, auf welche Weise im Vollzug dieser Praktiken auch ein Sinn für die eigene Position im sozialen Raum ausgebildet wird. Als *sense of one's place* (Goffman) wirkt der praktische Sinn auch als Gefühl für die feinen Unterschiede (vgl. Bourdieu 1982), für Distinktion und die in der Praxis vollzogenen sozialen Grenzen. Der Habitus ist also nicht nur Erzeugungsprinzip sozialer Praxis, sondern wirkt ebenso als Klassifikationsprinzip.[33] Die Übernahme gesellschaftlicher Ordnungen verläuft aus dieser Perspektive weitgehend implizit im Prozess der körperlichen Auseinandersetzung mit den Bewegungen, Ordnungen und den Artefakten des Feldes. Die Bildung eines feldadäquaten Körpers gleicht einem sportlichen Training; der Sportler erwirbt einen Sinn für die Ordnungen des Feldes durch praktische Teilhabe und erwirbt im selben Akt einen der Praxis zugewandten Glauben an die hier etablierten Vorstellungen, Denkweisen, Hierarchien usw.. Der mündige Umgang mit den gesellschaftlichen Aufforderungen bedarf daher des Erkennens der in den Alltag eingelassenen Selbstverständlichkeiten sowie der Wahrnehmung der eigenen habituellen Grenzen. Die von Bourdieu angestrebte Offenlegung der impliziten Reproduktionsmechanismen gesellschaftlicher Ordnungen und hiermit verbunden das Erkennen der eigenen Konstitutionsbedingungen stellen für ihn die Grundlage für die Etablierung von Freiheitsspielräumen gegenüber den gesellschaftlichen Zwängen dar, die als unhinterfragte Naturalismen in den sozialen Gebilden und Denkschemata wirken. Nur das Erkennen gesellschaftlicher Ordnungen

33 Vgl. hierzu auch Alkemeyer/Brümmer/Pille 2010.

lässt den Akteuren die Wahl, diese anzuerkennen, „während das Nichterkennen der Notwendigkeit deren Anerkennung in uneingeschränkter Form impliziert: Solange das Gesetz unerkannt ist, erscheint das Resultat des *laisser-faire*, des Komplizen des Wahrscheinlichen, als Schicksal, sobald es erkannt ist, als Gewalt“ (Bourdieu 1997a: 57).

1.2.3 ZUR SCHÄRFUNG DER THEORETISCHEN WERKZEUGE I: PRAKTIKEN UND DISKURSE

Ich habe die für diese Arbeit wichtigen Aspekte zweier unterschiedlicher theoretischer Ansätze skizziert. Insbesondere die vereinheitlichende Lesart beider Ansätze streicht hier Ausschnitte hervor, die in besonderer Weise zusammenklingen. Nichtsdestotrotz handelt es sich um theoretische Konzepte, die sich in ihrem Innersten doch deutlich unterscheiden. Es geht mir folgend darum, in Anlehnung an Reckwitz wesentliche Unterschiede – die sich vor allem auf das den beiden Ansätzen zugrundeliegende, je unterschiedliche ontologische Primat beziehen – dieser beiden Ansätze trennscharf herauszuarbeiten, um anschließend dafür zu plädieren, diese beiden Ansätze als „zwei Seiten des gleichen kulturwissenschaftlichen Analyseprojekts wahrzunehmen“ (Reckwitz 2008: 190).

An Foucault angelehnte Diskurstheorien folgen dem Primat des Diskurses. Aus dieser Perspektive erscheinen nicht nur Schriften, Texte oder Bilder, sondern auch materielle Settings und körperliche Praktiken als diskursiv erzeugte Zeichensysteme und Sinnzusammenhänge (vgl. ebd.). Als bedeutsame Träger des Sozialen tauchen Artefakte, Architekturen oder auch Körpertechniken in Foucaults Arbeiten als materialisierte Produkte von Diskursen auf. Die soziale Praxis ist somit als diskursiv erzeugter, sich allmählich materialisierender Sinnzusammenhang zu betrachten, dessen Bedeutungen den Texten und Konversationen, den räumlichen Ordnungen und dinglichen Arrangements sowie den körperlichen Haltungen und Bewegungen ihrer Subjekte innewohnen. „Diskurse sind Signifikationsregime, die jegliche Form menschlichen Handelns als sinnhaftes Handeln fundieren. Diskurse sind jene kulturellen ‚Sprachen‘, die eine intelligible Sozialwelt in ihrer Produktion, Reproduktion und Identifikation erst möglich machen.“ (Ebd.: 192) Das Primat des Diskurses unterscheidet diskurstheoretische Ansätze zunächst grundlegend von praxistheoretischen Konzepten.

Diese gehen vom Primat der Praxis aus und sehen in den sozialen Praktiken nicht diskursiv erzeugte Sinnzusammenhänge, die die Ordnungen der Praxis determinieren, sondern fokussieren die Materialität der Praktiken und ihre „‚implizite', nicht-rationalistische Logik" (Reckwitz 2003: 290). So wie ein Kleinkind Sprache nicht primär über den rationalen Zugriff auf seine Welt und die Entschlüsselung von Sinnzusammenhängen erlernt, sondern zunächst durch die Übernahme der es umgebenden Melodien und Laute – es spricht die Worte ‚Mama', ‚Opa' oder ‚Auto', bevor es ihnen eine Bedeutung beimisst – eignen sich auch erwachsene Akteure ihnen unbekannte gesellschaftliche Bereiche im Vollzug der hier etablierten Praktiken an. Sie erwerben durch Partizipation und die hiermit verbundenen Prozesse mimetischen Lernens, durch die Übernahme von Haltungen und Gesten einen feldkompatiblen Habitus. Die soziale Praxis gründet aus dieser Perspektive primär auf einer Form „impliziten Wissens" (Polanyi) bzw. eines „praktischen Sinns" (Bourdieu), der fernab von Ratio oder Vernunft die Handlungen der Akteure leitet. Dieser ist als ein erworbenes Gespür für die Ordnungen des Feldes in der Lage, immer wieder neue Wahrnehmungs-, Denk- und Handlungsweisen hervorzubringen, die in besonderer Weise an die Bedingungen des Feldes angepasst sind. Praxistheorien[34] stellen das Implizite der sozialen Praxis aus zumindest drei Perspektiven ins Zentrum ihres Ansatzes: Erstens im Hinblick auf soziale *Abstimmungsprozesse*, zweitens auf der Ebene der praktischen *Anerkennung* von Macht- und Herrschaftsverhältnissen, von Zugehörigkeit und Ausschluss (vgl. Alkemeyer/Brümmer/Pille 2010) und drittens auf der Ebene der *Aneignung* eines praktischen Sinns. Sowohl das Agieren in konkreten Situationen, das den Erwerb einer feldspezifischen Wahrnehmung voraussetzt, als auch das Erlernen dieser Praktiken ist aus praxistheoretischer Perspektive nicht als rationaler Akt des Verstehens und Erfassens konzipiert, sondern als intuitiver und mimetischer Prozess, in dessen Zentrum der Körper als Speicher, Medium und Agens steht (vgl. Alkemeyer/Schmidt 2003). Ebenso ist das Gefühl für die eigene Position im sozialen Raum weniger ein rationales Wissen als ein der Praxis zugewandter Sinn für Distinktion und Zugehörigkeit.

34 Für einen Überblick über die unter dem Dach der Praxistheorien zusammengefassten Ansätze siehe Reckwitz 2008 oder ausführlich Reckwitz 2000; 2003.

Der wesentliche Unterschied zwischen den hier skizzierten diskurstheoretischen und praxistheoretischen Ansätzen liegt somit in der Art und Weise, wie das Zugreifen der Akteure auf ihre Welt jeweils konzipiert wird. Erfassen sie sie über die abstrakte Deutung ihrer Zeichensysteme oder implizit über praktische Teilhabe?

„Die praxeologische Perspektive entwickelt ein Materialitätsargument und ein Argument der Implizitheit des Sinns; die diskurstheoretische Perspektive ein Signifikationsargument, daneben ein modernisierungstheoretisches Argument des technisch-institutionellen Primats der Diskurse in der Sinnproduktion der Moderne.“ (Reckwitz 2008: 191)

Zuletzt bleibt die Frage nach dem Primat des Diskurses oder der Praxis. Leitet der Diskurs die Praxis oder die Praxis den Diskurs? Werden Diskurse als der Praxis enthobene und somit irrelevante Erzählungen gefasst oder wirken sie unmittelbar in die soziale Praxis hinein; konstituieren sie sie womöglich? Verändern sich Praktiken von innen heraus oder werden sie von Diskursen zur Änderung aufgefordert? Oder andersherum: Ändern sich Diskurse erst im Hinblick auf die sich verändernde Praxis?[35]

Bei näherer Betrachtung wird also deutlich, dass die skizzierten Differenzen ins Wanken geraten, sobald man sich ihnen nähert. Dies verdeutlicht Reckwitz durch einen Blick auf die in beiden Ansätzen etablierten methodischen Herangehensweisen (vgl. ebd.: 195 ff.). Da, wo Praxistheoretiker sich historischer Beschreibung und Monumenten widmen, um auf vergangene oder unerreichbare Praktiken zu schließen, stehen sie methodisch unmittelbar neben diskurstheoretisch ausgerichteten Forschern, die bildliche, mediale oder architektonische Diskurswelten und Sinnzusammenhänge zu er-

35 Sowohl am foucaultschen Begriff des Dispositivs wie auch an den Ausführungen Bourdieus zu Sprache und Diskurs (Bourdieu 2005) wird deutlich, dass beide Autoren die unmittelbare Zusammengehörigkeit von Diskurs und Praxis im Blick haben. Die hier vollzogene Zuordnung beider Ansätze in diskurs- und praxistheoretische Denktraditionen bezieht sich auf das je unterschiedliche Primat, das den beiden Ansätzen zugrunde liegt, und dient hier explizit der Generierung eines eigenen systematischen Blicks auf die komplexen Verflechtungszusammenhänge der sozialen Praxis.

fassen versuchen. Diskursanalytiker bedienen sich der Analyse von Praktiken und Praxeologen betrachten Diskurse.

„Wenn man Praxeologie und Diskurstheorie nicht allein als zwei theoretische Optionen mit einander dementierenden Fundierungsansprüchen gegenüberstellt, sondern sie auch als zwei methodische Komplexe behandelt, ergibt sich damit ein Muster, in dem sich die Inkommensurabilität beider Forschungsstrategien auflöst und in dem sich beide in der Forschungspraxis zu überschneiden beginnen." (Ebd.: 200)

Auch der Fokus auf die impliziten und den Akteuren demnach nicht rational zugänglichen Momente sozialer Praxis ist keineswegs ein Alleinstellungsmerkmal der Praxistheorien, sondern letztendlich in beiden Ansätzen zu finden: Das implizite Moment in der Diskursanalyse ist die Annahme, dass Diskurse immer mehr transportieren, als sie preisgeben, dass sie Effekte hervorbringen, die von ihren Subjekten nicht erfasst bzw. zumindest nicht in ihrer Tragweite eingeschätzt und beurteilt werden können. Es ist die Aufgabe des Diskursanalytikers, in der Analyse des Textes den Subtext zu erfassen (vgl. ebd.). Schließlich ist er ebenso darauf angewiesen, aus den expliziten diskursiven Äußerungen implizite Strukturen zu destillieren, wie der Praxistheoretiker mithilfe von teilnehmenden Beobachtungen und ergänzenden Befragungen auf die impliziten Ordnungen des Feldes schließen muss. Der Unterschied besteht nunmehr wesentlich in der Haltung der verschiedenen Forschertypen. Der Diskurs wird, so Reckwitz, zu einer „spezifischen Beobachterkategorie, welche zeichenverwendende Praktiken unter dem Aspekt ihrer Produktion von Repräsentationen betrachtet" (ebd.: 203). Die Frage nach diskursiven oder nicht-diskursiven Praktiken wird ersetzt durch die Frage danach, ob man ein wie auch immer geartetes Geschehen als Diskurs oder als Praktik betrachten möchte. In dem einen Fall werden Repräsentationen und ihre sinnhafte Verstrickung betrachtet, im anderen werden deren praktische Erzeugungsweisen analysiert.

Reckwitz schlägt auf konzeptioneller Ebene vor, diese Differenz produktiv zu nutzen und fortan Praxis/Diskurs-Formationen zu untersuchen. Praktiken und Diskurse wären auf diese Weise als „zwei aneinander gekoppelte Aggregatzustände der materialen Existenz von kulturellen Wissensordnungen zu begreifen" (ebd.: 202). Dieses Verhältnis wäre als prozessuales und keineswegs konfliktfreies Phänomen zu untersuchen. Auf diese Weise würde die Frage nach der Gewichtung von Diskursen und Praktiken hinfällig: Diskurse erscheinen hier als diskursive Praktiken, die sich als „Praktiken der Repräsentation" (ebd.) darstellen. In der Praxis werden permanent Darstellungen der Praxis selbst generiert und reproduziert. Schließlich ist es Bourdieu selbst, der in seinen Ausführungen zur „Macht der Repräsentationen" die genuine Verstrickung von Praktiken und ihren Repräsentationen verdeutlicht und deren wechselseitige Hervorbringung und Beeinflussung erörtert. Für ihn sind soziale Praktiken immer schon „Stätte[n] ständiger Kämpfe um die Definition von ‚Realität'" (Bourdieu 2005: 126). Seine Antwort auf die oben gestellten Fragen zum Verhältnis von Diskursen und Praktiken ist ebenfalls eine die Dichotomie beider Seiten auflösende Konzeption der Praxis: Er schlägt vor, „in der Realität Zusammengehöriges auch zusammenzulassen" (ebd.: 129) und sich gar nicht auf eine solche Trennung einzulassen.

„In Wirklichkeit geht es gar nicht um eine Wahl zwischen einem objektivistischen Schiedsspruch, der die *Repräsentationen* (in allen Bedeutungen dieses Begriffs) an der ‚Realität' misst und dabei vergisst, dass sie durch die Eigenwirkung der Vorstellungskraft das von ihnen Repräsentierte Realität werden lassen können, und einem subjektivistischen Engagement, das der Repräsentation den Vorzug gibt und jene soziologische Urkundenfälschung wissenschaftlich ratifiziert, mit der die Aktivisten von der Repräsentation der Realität zur Realität der Repräsentationen übergehen." (Ebd.: 126)

Es geht ihm also um den radikalen Bruch mit der Idee einer sozialen Praxis, die in irgendeiner Weise getrennt von ihren Repräsentationen existieren kann. Praktiken sind immer schon Diskurs und Diskurse praktisch erzeugt. Jede Praktik weist somit immer auch selbstreflexive Momente auf, in denen die Akteure versuchen, ihr eigenes Tun zu erfassen. Diskurse sind Praktiken, in denen das Soziale repräsentiert und dargestellt wird.[36] Darstellung und Dargestelltes sind somit zwei Seiten einer Medaille und stehen zumeist in einem konfliktiven Verhältnis; sie irritieren sich wechselseitig, sind ei-

36 Ich habe mit Reckwitz Diskurse als Praktiken der Darstellung gefasst und somit mein praxistheoretisches Instrumentarium um diskursive Praktiken erweitert. Folgend werde ich dementsprechend weiterhin von Praktiken und praxistheoretischen Ansätzen sprechen, auch wenn es um Praktiken der Darstellung geht.

nander weder über- noch untergeordnet. Die hier innerhalb von Praxis-/Diskurs-Formationen auftretenden Spannungen und Brüche lassen sich als Motoren für Veränderung und Innovation untersuchen (vgl. Reckwitz 2008: 206).[37] Die Erforschung des Verhältnisses der beiden zusammengehörigen Aspekte der sozialen Praxis, ihres Ineinandergreifens ebenso wie die Aufdeckung auftretender Antagonismen und Irritationen, können hier innerhalb der vorgestellten Praxis-/Diskurs-Formationen ebenso fruchtbar sein, wie die Erforschung der Wechselwirkungen zwischen unterschiedlichen Praxis-/Diskurs-Formationen (vgl. ebd.).

1.2.4 ZUR SCHÄRFUNG DER THEORETISCHEN WERKZEUGE II: PRAKTIKEN DER SUBJEKTIVIERUNG[38]

Für diese Arbeit grundlegend ist die Vorstellung, dass das Subjekt kein naturgegebenes Kontinuum ist, sondern sich im Vollzug der sozialen Praxis formt und stets verändert. Es adaptiert in mimetischen Akten Wahrnehmungs-, Sprech- und Denkweisen, bestimmte Formen des Umgangs, des Handelns und Fühlens; diese sind historisch gewachsen und zum Teil verfestigt, werden jedoch immer wieder umkämpft und innerhalb bestimmter Grenzen transformiert. Die Prozesse der gleichzeitigen Hervorbringung von sozialen Praktiken und ihren Subjekten stehen im Mittelpunkt dieser Arbeit – Prozesse, in denen Individuen zu Subjekten einer Organisation gemacht

37 An dieser Stelle wird deutlich, welchen Gewinn die theoretische Konzeption von Praxis/Diskurs-Formationen gegenüber den von Foucault vorgeschlagenen Dispositiven haben kann: Die analytische Trennung der beiden zusammengehörigen Spielweisen des Sozialen fordert auf, die zwischen ihnen auftretenden Wechselwirkungen und deren kreative wie produktive Aspekte in den Blick zu nehmen.

38 Mit dem Titel „Praktiken der Subjektivierung" beziehe ich mich auf das Graduiertenkolleg „Selbst-Bildungen. Praktiken der Subjektivierung" an der CvO Universität Oldenburg. Viele Anregungen und Ideen dieser Arbeit wurden in diesen Zusammenhängen entwickelt.

werden und sich dieser gleichsam selbsttätig nähern. Der Begriff des Subjekts wird somit zunächst in Anlehnung an Foucault im doppelten Wortsinn als Unterwerfung sich freiwillig Unterwerfender verwendet. Zugleich werden demnach sowohl die disziplinierenden Aspekte der Subjektivierung, die die Führung der „Untertanen-Subjekte" (Foucault 1983: 105) in den Blick rücken, als auch deren produktive Aspekte thematisiert. Diese verweisen nicht nur auf die Steigerung der Produktivität durch die Zusammenschaltung individueller Kräfte mittels Formung der sie vollbringenden Körper, sondern fokussieren darüber hinaus die Prozesse, in denen Individuen zu partizipationsfähigen und (an-)erkannten Subjekten der Gesellschaft avancieren. Somit rücken auch die alltäglichen Kämpfe in den Blick, in denen die Grenzen konkreter Subjektformen und -positionen im Vollzug der Praxis immer wieder neu ausgehandelt werden. Zur Analyse dieser Prozesse dient mir eine an Pierre Bourdieu und Michel Foucault angelehnte praxistheoretische Optik[39]. Bourdieus Arbeiten zur Theorie sozialer Praxis und Foucaults Schriften zu den unterschiedlichen Formen der Subjektivierung – so unterschiedlich ihre Ansätze und Ziele auch sein mögen – weisen Parallelen auf und ergänzen sich in mehrerer Hinsicht: Übereinstimmungen zeigen sich in der Distanzierung vom gängigen Intellektualismus, in der Positionierung der Körper und der Materialität des Sozialen im Zentrum ihrer theoretischen Konzeptionen und in der Idee einer informellen, impliziten Logik des Sozialen (vgl. Reckwitz 2010: 113). Die Reproduktion sozialer Praktiken wird durch ihre materielle Verankerung in den spezifisch trainierten Körpern der Akteure und in den Artefakten, in denen sich Praktiken über Zeit und Raum konservieren lassen, gewährleistet (vgl. ebd.). In Anlehnung an ihre Kritik am Intellektualismus der Sozialwissenschaften betrachten sie auch Denken, Schreiben und andere, üblicherweise dem Geist zugeordnete Kompetenzen als soziale, körperliche und immer auch materiell verankerte Praktiken. Wissen ist aus dieser Perspektive keine theoretische, der Praxis enthobene geistige Tätigkeit, die einer Handlung vorausgeht und diese anleitet, sondern vielmehr wird es in Form eines prakti-

39 Reckwitz fasst unter dem Begriff der Praxistheorien theoretische Konzeptionen mehrerer, in bestimmten Aspekten ähnlich denkender Autoren zusammen. Praxistheorie versteht er ausdrücklich als „programmatische Skizze" (Reckwitz 2010: 112).

schen, verkörperten *know how* in der Praxis selbst ausagiert. Daher gilt ihnen Wissen nicht als Eigenschaft von Personen, sondern wird immer in Zuordnung zu einer Praktik gedacht (vgl. Reckwitz 2003: 292). Es werden folglich im Rahmen dieser Arbeit nicht innere Geisteszustände erforscht, die sich im Prozess der Subjektivierung allmählich entwickeln und das Handeln der Subjekte fortan angemessen leiten, sondern es werden Praktiken und die von ihnen erzeugten, auf angemessene Weise denkenden und handelnden Subjekte untersucht. Somit ist auch auf theoretischer Ebene der Weg dafür bereitet, methodisch nicht nur die Akteure zu befragen oder sich ihre Veränderungen anzusehen, sondern über eine Analyse der wahrnehmbaren Praktiken unmittelbar Auskunft über die Subjekte selbst zu erhalten. Insbesondere Brüche, Disharmonien und das Scheitern von Praktiken sind für diese Arbeit spannende Momente, in denen Ordnungen, welche sonst in den Evidenzen des Alltags verborgen bleiben, zutage treten. Diese Momente sind es, die den sich entwickelnden Subjekten die Unangemessenheit ihres Verhaltens spiegeln. Auch die Frage nach dem zeit- und raumübergreifenden Transport von Ungleichheitsverhältnissen wurde mit Bourdieu gestellt. Wie perpetuieren die informellen und impliziten Strukturen des Sozialen bestehende Herrschaftsverhältnisse und wie konstituieren sich in diesen Verhältnissen bestimmte Subjekte, die diese Ordnungen tragen und durchsetzen?

Es geraten Prozesse der Subjektivierung in den Blick, die aus dieser Sicht auch „als fortlaufende körperliche (Um-)Bildungsprozesse von Habitus" (Schmidt 2008: 122) beschrieben werden können. Die sukzessive Übernahme von Subjektformen[40] erfolgt aus der hier eingenommenen praxistheoretischen Perspektive maßgeblich „durch eine implizite Pädagogik des Alltags, das heißt durch dauerhafte *praktische Mitgliedschaft*" (Alkemeyer et al. 2010). Die Akteure, die sich den etablierten Ordnungen

40 Folgend werde ich zwischen Subjektformen und Subjektpositionen unterscheiden. Während die Subjektform die Konstitution bzw. die charakteristischen Wesenszüge beispielsweise des Lehrersubjekts beschreibt, bezieht sich der Begriff der Subjektposition auf dessen relationale Einbettung im Feld, auf sein spezifisches, institutionell verankertes Verhältnis zu den je anderen Subjektpositionen. „Das heißt, Subjektformen sind mit relationalen Subjektpositionen verknüpft." (Alkemeyer et al. 2010)

annähern, inkorporieren sukzessive die hiermit verbundenen Körpertechniken und -haltungen und bringen die ihnen gleichsam praktisch zugewiesenen Subjektformen immer wieder von Neuem zur Aufführung. Die sie umgebenden Akteure fungieren nicht nur als Ko-Akteure, sondern immer auch als ‚Jury', die die Performanz der Novizen praktisch (an-)erkennt oder sanktioniert, bewertet und in vielen Situation korrigiert. Nicht nur Blicke oder Gesten der menschlichen Akteure dienen hier als Instrumente einer stillen Pädagogik (vgl. Bourdieu 1999: 128), sondern auch Tische und Bänke, Tafel und Kreide justieren die Körper der Novizen im Vollzug der Praxis. Der Gebrauch von Artefakten setzt ein spezifisches Wissen und Können der Akteure im Umgang mit ihnen voraus; zwar determinieren Artefakte nicht automatisch die sozialen Praktiken, jedoch legen sie einen bestimmten Umgang mit ihnen nahe und machen andere Verhaltensweisen eher unwahrscheinlich. „*In actu* wird also durch kontinuierliche praktische Kritiken, Korrekturen und Sanktionen ein geteiltes praktisches Verständnis darüber hergestellt, was eine regelgerechte, der jeweiligen Subjektform adäquate Ausführung der Praktik ist." (Alkemeyer et al. 2010) Ebenso treten vor der hier zugrunde gelegten theoretischen Optik diskursive Praktiken in den Blick, die im Setting der Schule in Form von Narrationen, Dokumenten, pädagogisch-didaktischer Literatur und Ähnlichem kursieren und die Novizen auffordern, sich auf bestimmte Weise zu positionieren. Nicht zuletzt sind es auch narrative Praktiken, in denen die Akteure sich in Form von selbstreferenziellen Erzählungen zu Subjekten schulischer Ordnung machen (Kapitel 2.2.4).

Die im Kollektiv erzeugten Praktiken bemächtigen sich gewissermaßen ihrer Subjekte und verlangen ihnen ein je positionsspezifisches Verhalten ab. Mittels der praktisch erzeugten wechselseitigen Erwartungen wird jeder gefordert, seine Position im Feld zu verkörpern; Schulleiter und Hausmeister, Lehrer und Schüler, sie alle müssen sich auf den in diesem Feld etablierten Kraftlinien in wiedererkennbaren Formen bewegen, um als (an-)erkannte Subjekte partizipieren zu können. Der praktische Sinn der Akteure fungiert auch als Sinn für die je unterschiedlichen, einer Praktik zugehörigen Subjektformen, der sich in entsprechenden wechselseitigen (Erwartungs-)Haltungen äußert. Darüber hinaus wirkt er als Gespür für die Relationen und Formationen, in denen Subjektpositionen, die sich hierarchisch und funktional voneinander absetzen, einander zugeordnet sind. Das subjektformspezifische Verhalten der Akteure – ganz gleich, ob es sich in

Sprache, Tonfall, Körperhaltung oder Distanzwahrung äußert – muss ineinandergreifen und aufeinander abgestimmt sein, damit eine Praktik am Laufen gehalten werden kann.

Die Annäherung an die etablierten Ordnungen erfolgt einerseits implizit durch eine Transformation der Körper in der praktischen Auseinandersetzung mit den Praktiken des Feldes. Aus dieser Perspektive lässt sich dieser Annäherungsprozess als mimetisches Lernen über den Körper (vgl. Gebauer/Wulf 1998) beschreiben, in dem die Akteure Schritt für Schritt typische Gesten und Techniken übernehmen. Andererseits bedienen sich die Akteure konkreter Selbsttechniken (vgl. Foucault 1988), führen akribisch Buch über den Stand ihrer Entwicklung, machen Videoanalysen ihres Unterrichts oder eignen sich die Techniken des Feldes in gesonderten Trainingseinheiten an. Somit treten auch Praktiken in den Blick, die explizit auf den Erwerb eines partizipationsfähigen Körpers ausgerichtet sind; dies betrifft den Gebrauch der Artefakte des Unterrichts ebenso wie den Erwerb einer angemessenen Haltung im Rahmen eines Elterngesprächs.

Wo Foucault die Prozesse der Subjektivierung und die hier wirkenden Mechanismen sehr umfassend und detailliert beschreibt, jedoch kaum auf die klassen-, geschlechts- oder kulturspezifischen Differenzen eingeht, fokussiert Bourdieu im Rahmen seiner Habitustheorie die „feinen Unterschiede" (Bourdieu 1982) zwischen den unterschiedlichen Akteuren und geht der Frage nach, wer an welchen gesellschaftlichen Praktiken partizipieren kann und wem dies vorenthalten bleibt. Die sich in konkreten Settings vollziehenden Praktiken müssen Ankopplungsstellen für die Novizen bereithalten und gewisse Passungen zu den habituellen Dispositionen der je unterschiedlichen Akteure aufweisen, damit sie diese erfassen und in ihren Bann ziehen können (vgl. auch Krais/Gebauer 2002: 61ff.). Es kommt hierbei nicht auf vollständige Passungsverhältnisse an; jedoch lassen sich die Akteure nicht ‚ergreifen', wenn die Praktiken nicht in der Lage sind, sie zu affizieren. Nicht jeder Akteur ist somit geeignet, an einer Praktik zu partizipieren. Das Zusammenkommen von Praktiken und ihren Akteuren setzt aus dieser Sicht – zumindest in Teilen – das Erkennen des Eigenen im Fremden voraus. Die Strebungen der Akteure, sich den praxisspezifischen Ordnungen allmählich ähnlich zu machen, bedürfen habitueller Homologien zu eben diesen Ordnungen.

In beiden Ansätzen lassen sich „Tendenzen, Kultur auf Systematik und Wiederholung festzulegen" (Reckwitz 2008: 206), erkennen. Sowohl in den frühen Arbeiten Foucaults, besonders in *„Überwachen und Strafen“*, als auch in weiten Teilen des bourdieuschen Werks führen die genuine Verstrickung von objektivierten Strukturen und den subjektiven Strebungen der Akteure sowie das hiermit verbundene Bild einer impliziten und weitgehend routinierten sozialen Praxis zu Erklärungsmodellen, die eher den Erhalt bestehender Verhältnisse und die Durchsetzung tradierter Subjektformen akzentuiert als die Brüche, die Veränderung, die Variabilität und die Diskontinuität des Sozialen. Dabei erfassen sowohl die Diskurstheorien als auch Bourdieus Praxeologie diese innovativen und kreativen Aspekte durchaus: Foucault verweist diesbezüglich auf die „offene Prozessualität diskursiver Serien“ (ebd.) und verlegt in seinen letzten Arbeiten sogar seinen Arbeitsschwerpunkt auf die Untersuchung der Möglichkeiten einer reflektierten Mitbestimmung der eigenen Konstitutionsbedingungen und rückt nicht erst in dieser Phase seines Schaffens die Frage nach den Chancen einer grundlegenden Veränderung der bestehenden Verhältnisse ins Licht. Ebenso betont Bourdieu, dass er den Habitus als „aktives, schöpferisches Verhältnis zur Welt und nicht als mechanisch-repetitive Gewohnheit“ (Bourdieu/Wacquant 1996: 155) fasst. Der Habitus determiniert somit nicht das Handeln der Akteure, sondern legt lediglich die Grenzen möglicher und unmöglicher Praxisformen fest; nicht aber die Praktiken an sich. Die Praktiken der Subjektivierung wirken innerhalb gewisser Grenzen determinierend, weisen jedoch gleichsam innovative, irritierende und die Praxis verschiebende Momente auf.[41]

Ich habe versucht, die wichtigsten Aspekte der in dieser Arbeit verwendeten theoretischen Werkzeuge aufzuzeigen und dabei Einzelheiten hervorgehoben und andere, für die jeweiligen theoretischen Ansätze ebenfalls bedeutsame Gesichtspunkte weggelassen. Meine Intention war es, im Sinne Bourdieus die theoretischen Werkzeuge vorzustellen, die für die Konstruktion und die Erfassung des Forschungsgegenstandes von Bedeutung sind. Die Orte der Subjektivierung sind aus der hier eingenommenen Perspektive die beschriebenen Praxis-/Diskurs-Formationen. Die (immer auch diskursiven) Praktiken der Subjektivierung, die komplexen Prozesse der Lehrer-

41 Zur Bedeutung des Mimesis Konzepts (vgl. Gebauer/Wulf 1992) für die kreativen und innovativen Aspekte der Subjektivierung, die eine Veränderung der sozialen Praxis herausfordern können, siehe auch Villa 2010.

werdung im Rahmen des Referendariats sollen aus dieser theoretischen Perspektive im Fokus meiner Arbeit stehen. Meine Forschungsfrage, die gewählte theoretische Optik sowie die spezifischen Bedingungen des Feldes legen ein bestimmtes methodisches Vorgehen nahe, das ich folgend erörtern möchte.

1.3 Verfahrenstechniken

Ich habe die diesem Projekt zugrundeliegenden theoretischen Vorannahmen und Konzeptionen skizziert und die Perspektiven offengelegt, aus denen ich die Praktiken der Subjektivierung im Rahmen des Referendariats in den Blick nehmen möchte. *Erstens* werde ich folgend der Frage nachgehen, wie man die Prozesse der Subjektivierung überhaupt untersuchen kann, wenn sie doch weitgehend implizit und stumm in einer Form körperlichen Trainings verlaufen und darüber hinaus Überlegungen zu der Reichweite der von mir eingenommenen Forschungsperspektive anstellen. *Zweitens* werde ich die Ethnographie als Forschungsstrategie vorstellen, die in besonderem Maß zu meiner Forschungsfrage und den theoretischen Vorannahmen passt. *drittens* werde ich die Möglichkeiten der in diesem Projekt verwendeten audio-visuellen Medien diskutieren, um *viertens* das Schreiben als eine für diesen Forschungsprozess zentrale Praktik vorzustellen.

1.3.1 Zur Beobachtung des Impliziten

Wie lassen sich Prozesse der Subjektivierung untersuchen, wenn sie doch als stumme Vermittlung zwischen den Körpern der Akteure und der beteiligten Co-Akteure verlaufen (vgl. Schmidt 2008). Kurz: Wie soll das implizite, verkörperte und in die Praxis eingeflochtene Soziale methodisch erfasst werden, das im Rahmen praxistheoretischer Konzeptionen immer wieder akzentuiert wird? Spricht hier nicht alles gegen die Möglichkeit der Erfassung dessen, was sich auf den ersten Blick nicht greifen lässt?

Praktiken sind genuin öffentlich und müssen für die Akteure, die sie vollziehen, wahrnehmbar sein, da dies die Voraussetzung dafür ist, dass die

Akteure in der sozialen Praxis aufeinander Bezug nehmen können. Soziale Prozesse der Abstimmung setzen eine wechselseitige Wahrnehmung voraus. So stellt sich der Aspekt der Öffentlichkeit aus praxistheoretischer Perspektive nicht nur als Nebeneffekt dar, sondern wird konstitutiv für die Hervorbringung von und die Partizipation an sozialen Praktiken. Nun beschränkt sich der Begriff der Öffentlichkeit – wie es Schmidt und Volbers (2011) herausarbeiten – nicht auf die unmittelbare Sichtbarkeit[42], sondern wird deutlich weiter gefasst: Es lässt sich plausibilisieren, dass eine praxistheoretisch ausgerichtete Sozialwissenschaft sich keineswegs ausschließlich auf situative, größere Kontexte vernachlässigende Forschungen ‚bescheidener Reichweite' beschränken muss, sondern dass aus dieser Perspektive auch soziologische Makrophänomene als öffentliches Geschehen praxistheoretisch in den Blick genommen werden können (vgl. ebd.: 36).

Im Sinne des hier verwendeten Öffentlichkeitsbegriffs[43] ist die geteilte Aufmerksamkeit der beteiligten Akteure, die sich direkt oder indirekt, explizit oder implizit in ihrem Verhalten aufeinander beziehen, Grundvoraussetzung für das Zustandekommen einer Praktik. Dies geschieht im weitesten Sinne in einem „gemeinsam geteilten Raum, in dem sich situierte Praktiken und ihre Kontexte konstituieren" (vgl. ebd.: 28). Ein solcher Raum wird aus praxistheoretischer Perspektive keineswegs als dreidimensionaler

42 Schmidt und Volbers (2011) machen darauf aufmerksam, dass die federführend von Nassehi formulierte Kritik, dass Praxistheorien sich eine „Selbstbeschränkung auf den engen Kontext des Beobachtbaren" (Nassehi 2006: 459 zitiert nach Schmidt/Volbers 2011: 26) auferlegten und somit nur unzusammenhängende Ausschnitte des Sozialen in den Blick bekämen, „nur auf den ersten Blick eine gewisse Plausibilität" habe. Sie verdeutlichen, dass der hier verwendete Öffentlichkeitsbegriff sich „keiner Seite der Gegensatzpaare von Sichtbarkeit und Unsichtbarkeit, lokaler Mikroebene und gesellschaftlichem Horizont" zuordnen lasse. Somit kommen die Autoren auch zu dem Schluss, dass die „Öffentlichkeitsthese in praxistheoretischer Perspektive [...] quer zur unproduktiven und missverständlichen Mikro-Makro-Dichotomie" (vgl. Schmidt/Volbers 2011: 27) liege.

43 Die Autoren beziehen sich mit dem Begriff der Öffentlichkeit zunächst auf Hannah Arendt, die das Soziale als ein Konglomerat sozialer Praktiken und öffentlicher „Erscheinungen" fasst (vgl. Schmidt/Volbers 201: 25).

Behälter zur Aufbewahrung von Praktiken gedacht, sondern als „prozessualer, relationaler Raum der Praktiken und Beziehungen zwischen verkörperten Teilnehmerinnen, Artefakten, Orten und Umgebungen“ (ebd.). Diese an Löw (2007) angelehnte Definition des Raums erlaubt es den Praxistheorien, sich des Vorwurfs einer unzureichenden Reichweite ihrer Forschungsmöglichkeiten zu entledigen, indem sie verdeutlicht, dass die für die Perpetuierung kollektiver Praktiken notwendige Öffentlichkeit eines solchen Raumes nicht auf die Co-Präsenz ihrer Akteure angewiesen ist, sondern dass eine geteilte Aufmerksamkeit ebenso „medial vermittelt und zeitlich verschoben zur Wirkung kommen kann“ (vgl. Schmidt/Volbers 2011: 28). In dieser Konsequenz stellen die Autoren die These auf, dass Öffentlichkeit immer dann vorliegt, „wenn sich Teilnehmerinnen in ihren Praktiken daran orientieren, dass die ihnen gegebenen Artefakte, Symbole und Praktiken auch anderen Teilnehmern zugänglich sind“ (vgl. ebd.: 29). Eine praxistheoretische Perspektive erfasst Gesellschaft also als einen Prozess, in dem die Partizipanden einer Praktik wechselseitig – direkt oder indirekt über ein ‚Drittes‘ vermittelt – aufeinander Bezug nehmen. Dabei kann sich dies sowohl auf die in konkreten materiellen Settings agierenden Körper der Akteure, wie auch auf deren Repräsentationen beziehen (vgl. Reckwitz 2008: 203).

Formen impliziten Wissens oder der in die Praxis eingelassene praktische Sinn der Akteure lassen sich nicht losgelöst von konkreten Situationen skizzieren, aber sie können in den Praktiken selbst beobachtbar gemacht werden und zeigen sich dann in den von ihnen hervorgebrachten Handlungen, Haltungen, Gesten usw. „Es sind die öffentlichen sozialen Praktiken selbst und nicht hypothetische ‚Struktur‘-Entitäten, die das methodologische und ontologische Fundament [einer praxistheoretischen] Sozialforschung bilden.“ (Schmidt/Volbers 2011: 38) Voraussetzung für den kollektiven Vollzug einer Praktik ist ein gemeinsam geteilter – und somit öffentlicher – Erfahrungsschatz, ein von den Akteuren des Feldes verkörpertes Wissen über den je spezifischen Gebrauch von Artefakten, über angemessene Sprechweisen oder den in einer konkreten Situation anerkannten Einsatz von Körpertechniken. In wiederkehrenden Gesten und Haltungen, tradierten Sprechweisen sowie in den für dieses Feld charakteristischen Artefakten materialisieren sich feldspezifische Ordnungen, die sich auf diese Weise öffentlich zeigen. Praktiken veröffentlichen sich in ihrem Vollzug und stellen ihre je spezifischen Ordnungen zur Schau. Hieraus lässt sich eine „für das Konzept sozialer Praktiken typische Affinität zum Beobachtbaren sowie zu den empirischen Methoden der Beobachtung" (ebd.: 25; siehe auch Reckwitz 2008: 196) ableiten. Hierbei wird Beobachten im Sinne der empirischen Erforschung sozialer Praktiken jedoch nicht als einfache Perzeption visueller oder auditiver Fakten verstanden, sondern als eine Vielzahl von Wahrnehmungen, die ausschließlich vor dem Hintergrund sozial konstruierter Bedeutungszusammenhänge bestimmte Aspekte in den Fokus rücken und andere nicht. Die Wahrnehmung feldspezifischer Praktiken ist somit voraussetzungsvoll und keinesfalls unmittelbar und allgemein zugänglich.[44] Die Akteure sehen nicht „'Dinge', ‚Körper' und ‚Bewegungen', sondern [erkennen] ‚Gebrauchsgegenstände', ‚Personen' und ‚Handlungen'" (Schmidt/Volbers 2011: 33).

Zur Erforschung sozialer Praktiken bieten sich aufgrund ihres genuin öffentlichen Charakters das systematische ‚Beobachten' sowie der Einsatz audio-visueller Medien an. Beide Varianten sind in der Lage, das visuell und auditiv wahrnehmbare Geschehen zu konservieren. Auf diese Weise können Wahrnehmungen systematisch festgehalten werden und es eröffnet sich die Gelegenheit, Regelmäßigkeiten, wiederkehrende Abläufe und nur in der Zusammenschau unterschiedlicher Situationen erkennbare Ordnungen einer Praktik zu skizzieren. In diesem Vorgehen lassen sich typische Bewegungen und „Figurationen" (Elias) ebenso untersuchen wie die spezifische Verwendung von Artefakten oder die Nutzung von Räumen; aber auch Intonationen oder Geräusche können wesentliche Bestandteile einer Praktik darstellen. Nicht zuletzt lassen sich auch die in die Praktik eingebundenen Gespräche der Akteure und Interviews verwenden, um „zumindest indirekt auf das implizite Wissen der Teilnehmer rückzuschließen" (Reckwitz 2008: 196).

Was bedeutet dies für die Möglichkeiten eines empirischen Zugangs zu den komplexen sozialen Praktiken der Subjektivierung? Soziale Praktiken sind öffentlich und somit prinzipiell zugänglich und analysierbar. Es wird jedoch deutlich, dass es einer ‚feldspezifischen Schulung' bedarf, eines Er-

---

44 Schmidt und Volbers beziehen sich in diesem Gedanken auf die Kritik Wittgensteins an der vereinfachten Auffassung von Wahrnehmung als ‚voraussetzungslose Übernahme des Vorliegenden'. Wittgenstein rückt demgegenüber eine sozial konstruierte und der Praxis zugewandte Form der Wahrnehmung ins Bild. (vgl. Schmidt/Volbers 2011: 27).

fahrungswissens, um einen Zugang zu den bzw. einen Blick für die Praktiken eines konkreten Feldes zu erhalten. Der Blick des Außenstehenden, der das Geschehen von außen zu erfassen sucht, bleibt an der Oberfläche und ist nicht in der Lage, die dem Feld inhärenten Ordnungen zu erfassen. Darüber hinaus zeigen sich die spezifischen zumeist impliziten Ordnungen, die bestimmte Praktiken charakterisieren und sie zu wiedererkennbaren sozialen Ereignissen machen, sukzessive in der Zusammenschau vielzähliger Beobachtungen (vgl. Schindler 2009: 62). Das heißt, dass der Forscher gefordert ist, das Geschehen sehen zu lernen und in der Fülle seiner Beobachtungen Strukturähnlichkeiten, Regelmäßigkeiten bzw. wiedererkennbare Muster in den Praktiken aufzuspüren, die ihm Hinweise auf die impliziten Ordnungen der von ihm untersuchten Praxis geben. Dabei wird ihm eine gewisse Beweglichkeit abverlangt: „Es wird nicht einfach ‚das Sichtbare' registriert, sondern mit verschiedenen Distanzen, Perspektiven und Kontrasten gearbeitet: Dies geschieht, um das, was transparent und ständig vor Augen ist, erkennbar zu machen, also zur Kenntlichkeit zu verfremden." (Schmidt/Volbers 2011: 36) Auf diese Weise kommen Aspekte zum Vorschein, die aus der Perspektive der in die Praxis eingebundenen Akteure nicht greifbar sind. Die Wahrnehmung des somit Präsentierten ist jedoch voraussetzungsvoll und bedarf der praktischen Teilhabe des Forschers. Die teilnehmende Beobachtung ist das wesentliche Instrument praxistheoretischer Forschung, der auch ich mich im Rahmen dieser Arbeit bedienen werde. Sie lässt sich ethnographischen Forschungsstrategien zuordnen, die ich im Folgenden erörtern möchte.

1.3.2 ETHNOGRAPHISCHE FORSCHUNGSSTRATEGIEN

Das vor dem bereits skizzierten theoretischen Hintergrund erwachsene Forschungsinteresse zieht bestimmte forschungsmethodologische Konsequenzen nach sich: Interviews werden nicht primär zur Rekonstruktion mentaler Konzepte, von subjektivem Sinn, Motiven oder innerem Befinden geführt, sondern können vor dem Hintergrund der praxistheoretischen Annahmen Hinweise auf das feldspezifische, häufig nur indirekt explizierte Wissen der Akteure liefern; ihnen werden ethnografische Verfahren der Beobachtung und Beschreibung zur Seite gestellt. Diese machen es sich zur paradoxen

Aufgabe, etwas zur Sprache zu bringen, was selbst nicht Sprache ist (vgl. Hirschauer 2001: 6). Hirschauer und Amann vermerken:

„Methodisch wird mit der Adaptation der ethnologischen Leitdifferenz von Fremdheit und Vertrautheit ein Vorgehen etabliert, für das jenes offensive Verhältnis zum Nicht-Wissen charakteristisch ist, das wir eben als Heuristik der Entdeckung des Unbekannten bezeichneten. Für die Ethnologie ist die Unbekanntheit sozialer Welten gleichbedeutend mit ihrer Unvertrautheit, die primäre Aufgabe entsprechend das Vertrautmachen des Fremden." (Hirschauer/Amann, 1997: 11)

Die Ursprünge dieser Forschungsperspektiven liegen in ethnologischen Ansätzen zur Entdeckung kultureller Fremdheit. Als klassisches Gebiet der qualitativen Sozialforschung entwickelte sich die Ethnographie aus der Kulturanthropologie und machte es sich zum Ziel, das Fremde mit den Mitteln des Eigenen zu beschreiben. Seit den Arbeiten der *Chicago School*[45] wurden ethnographische Forschungsstrategien auch vermehrt zur Entdeckung des Unbekannten in der eigenen Kultur verwendet.

„Es gilt vielmehr, auch gewöhnlichste Ereignisse und Felder zu soziologischen Phänomenen zu machen und durch die Entwicklung eines neuen Blicks auf sie eine Fachlichkeit und Professionalität voranzutreiben, die sich im Modus einer falschen Vertrautheit mit der eigenen Kultur nicht weiterentwickeln kann." (Ebd.: 10)

Das Eintauchen in das zu untersuchende Feld, das Partizipieren an der fremden Kultur ist ein wesentliches Element der Ethnographie. Der Forscher lernt die Kontexte und Sinnbezüge ebenso einzuschätzen, wie es ein Fremder in der Fremde macht: Er nimmt am Leben derer teil, die er erforschen will. Der Körper des Ethnographen kann hierbei selbst als Instrument zur Justierung des eigenen Blickes dienen: Habituelle Differenzen nimmt er als spürbares, wesentlich körperliches Unwohlsein, als Scham oder Irritati-

45 Die Chicagoer Schule wurde im frühen 20. Jahrhundert am Institut für Soziologie und Anthropologie der *University of Chicago* maßgeblich von Dewey und Park gegründet. Hervorzuheben sind ihre sozialreformerische Orientierung und ihr besonderer Blick auf Subkulturen und abweichende Milieus, die sie mit den Mitteln qualitativer, zumeist ethnographischer Forschung untersuchten.

on wahr. Im Prozess des *going native* macht er sich allmählich zu einem Teil des Feldes. Er macht sich die Strukturen des Feldes zu eigen, inkorporiert typische, für seine Position als Forscher wichtige, Bewegungen und Haltungen und lernt wiederkehrende und somit typische Ordnungen wahrzunehmen. Das Eintauchen in das zu untersuchende Feld lässt sich als Prozess körperlicher Sozialisation beschreiben, indem der Forscher die Bewegungen des Feldes aufnimmt. Er lernt die Ordnungen des Feldes zu sehen und sich in ihnen zu bewegen.[46] Somit präsentiert sich hier eine besondere Situation: Im Akt der Erforschung von Subjektivierungsprozessen im Setting der Schule befindet sich der Forscher plötzlich selbst in vergleichbaren Situationen; im selben Setting ist er gefordert, die ‚Bewegungen‘ des Feldes sehen zu lernen und am Alltag der Akteure zu partizipieren. Auch er muss lernen, sich im Klassenzimmer zu bewegen, ohne die Aufmerksamkeit der Schüler zu sehr auf sich zu ziehen. Ebenso setzt der Forschungszeitraum von zwei Jahren die Kenntnis der in den unterschiedlichen Grundschulen etablierten Regeln und Ordnungen voraus; die dauerhafte Anwesenheit erfordert die Entwicklung eines Gespürs für die einzelnen schulischen Situationen, eines Wissens darüber, ob es gerade angemessen ist, Fragen zu stellen, ob man sich besser im Hintergrund halten oder sich als Forscher in bestimmten Situationen entfernen sollte. Wann kann die Kamera zum Einsatz gebracht werden bzw. wann stört sie die Schüler oder Lehrer? Welche Beziehungen kann man zu den Schülern aufbauen, ohne dabei die Autorität der Lehrer zu untergraben? Auch der Forscher steht somit vor ‚ähnlichen Problemen‘ wie die von ihm beobachteten Referendare. Er erlebt typische Hemmnisse, Schwierigkeiten und Ängste ‚am eigenen Leib' und stößt ebenso an Grenzen der etablierten Abläufe wie die von ihm begleiteten Referendare. Obgleich er als Forscher – und somit in einer sich

46 Zugleich zeigen sich hier auch die Grenzen und Fallstricke dieser Forschung: Beim Lesen der Arbeit wird deutlich, dass der Forscher das Feld in vielen Situationen aus der Sicht der Referendare betrachtet, dass er maßgeblich *sie* begleitet und *ihre* Probleme, Ängste und Erfolge teilt. Obgleich immer wieder versucht wird, auch die Perspektiven von Seminarleitern, Kollegen oder Schülern in den Fokus zu rücken, muss im Rahmen ethnographischer Forschungen selbstkritisch hinterfragt werden, auf welcher Position, mit welchen Absichten und Ideen man sich kurzfristig zu einem Teil des zu untersuchenden Feldes macht.

stark von der Lage der Referendare absetzenden Position – das Feld betritt, steht er ebenfalls vor der Aufgabe, die komplexen Spiele des Feldes entschlüsseln, etablierte Abläufe und Kommunikationsformen anerkennen und die ihm fremden Regeln interpretieren zu müssen.[47]

Das regelmäßige und systematische Heraustreten aus dem Feld, das *coming home*, ist der für diese Forschung konstitutive Gegenpol zum *going native* und in dieser Konstellation besonders wichtig: Zurück im Feld der Wissenschaft werden die aufgezeichneten Erfahrungen und Eindrücke reflexiv eingeholt. Der systematische Wechsel zwischen den Phasen des Vertrautwerdens und den Phasen distanzierender Befremdung macht den spezifischen Charakter der Ethnographie aus. Ethnographisches Forschen bedeutet, sich stets umzusehen, auf der Suche zu sein, die sich vor dem Hintergrund der eigenen theoretischen Vorannahmen ‚verdichtenden' Situationen zu erkennen und diese mit unterschiedlichen Hilfsmitteln detailliert zu analysieren. Es gilt, das so erfasste Phänomen aus allen theoretisch vorgesehenen und ggf. auch aus neuen theoretischen Perspektiven einzuholen, bis die Beobachtungen keine neuen relevanten Aspekte mehr hergeben und die Auseinandersetzung mit dem Phänomen ‚gesättigt' erscheint; es gilt dann

47 Bspw. die Materialität der Schule, ihre für Erwachsene viel zu kleinen Möbel, die extreme Hellhörigkeit der mit Linoleum ausgestatteten Räume und die Anordnung der Dinge stellen den Forscher in vielen Situationen vor die gleichen Probleme, die auch die Novizen bewältigen müssen. Auf diese Weise erfährt der Forscher etwas über die Situation der Novizen ‚am eigenen Leib'. Insbesondere für den in dieser Arbeit stark gemachten Fokus auf die sich verändernden Körper der Novizen ist dieser methodologische Aspekt wichtig, da viele Fragen zu den konkreten körperlichen Praktiken erst durch den eigenen Vollzug bestimmter Körpertechniken oder -haltungen geschärft werden konnten. Beispiele hierfür sind das Schreiben an der Tafel (Kapitel 2.2.2.1) oder das Sitzen auf den kleinen Stühlen der Grundschüler (Kapitel 2.1.2.2). In mehrerer Hinsicht ist die Position des Forschers selbstverständlich nicht mit der der Referendarinnen vergleichbar: Der starke Druck, der auf ihnen lastet, die oft spannungsreichen Beziehungen zu den Kollegen, Mentoren und Seminarleitern und nicht zuletzt ihr besonderes Verhältnis zu den Schülern, von deren Anerkennung sie in hohem Maß abhängig sind, versetzt die Referendare in extreme Situationen, denen der Forscher nicht ausgesetzt ist.

von Neuem aufzubrechen und sich nach anderen Beobachtungsschwerpunkten ‚umzusehen'. So ist der Forschungsprozess von einem ständigen Verengen und Weiten des Blickwinkels begleitet und in gewisser Weise immer wieder mit einem Neuanfang verbunden. Teilnehmende Beobachtungen, Videoaufnahmen, Interviews oder im Feld kursierende schriftliche Dokumente irritieren die Wahrnehmung des Forschers fortlaufend, justieren seine Blicke und führen immer wieder zu Perspektivwechseln und Fokusänderungen. Diese Beweglichkeit des Forschers im Feld, die einen ständigen Perspektiv- und Fokuswechsel mit sich bringt, ist die methodische Voraussetzung für das oben thematisierte schrittweise ‚Beobachtbar-Machen' der feldspezifischen Ordnungen. Die unterschiedlichen methodischen Instrumente bringen Daten hervor, die sich zum Teil ergänzen oder zur Präzisierung genutzt werden können. Jedoch sind es vor allem die Spannungsverhältnisse, die Widersprüche und Ungereimtheiten, die eine wechselseitige Irritation gewährleisten und zum Umdenken auffordern bzw. eine Neuorientierung im Rahmen der Forschung initiieren. Interviews verweisen bspw. auf die Innensicht der Akteure und können den Forscher anleiten, die für dieses Feld bedeutenden Situationen zu erkennen. Die hier gewonnenen Daten dienen im Sinne der „Triangulation" (Flick 2004) der Kontrastierung mit den eigenen Beobachtungen und den Filmaufnahmen. Die auf diese Weise zusammengetragenen dichten Beschreibungen ermöglichen es, den gewohnten Blick des Forschers zu irritieren und gewährleisten den Bruch mit den alltagstheoretischen Präkonstruktionen (vgl. Kapitel 1.1). Es gilt, die Evidenzen des Alltags durch eine neue Perspektive auf die Praktiken der Akteure zu erschüttern. Audio-visuelle Medien sind in der Lage, diesen Prozess zu unterstützen.

1.3.3 Der Einsatz der Kamera

An dieser Stelle kommt die Kamera mit ihren vielfältigen Möglichkeiten der Verfremdung ins Spiel. Sie ist in besonderer Weise für die Erforschung der schweigsamen Dimensionen des Sozialen (vgl. Hirschauer 2001) geeignet, da sie die Analyse simultaner Ereignisse ermöglicht, die dem Auge, das sich in der Praxis auf das Hauptgeschehen konzentriert, oftmals entgehen. Dabei dient sie nicht als Instrument der Abbildung, sondern als Instrument der theoriegeleiteten Konstruktion des Geschehens.[48] Kameragestützte Forschungen bieten die Möglichkeit, eine Situation allmählich sehen zu lernen und eine detaillierte Analyse der Sequenzialität und Simultanität sozialer Praxis vorzunehmen. Insbesondere die Verwendung zweier Kameras erlaubt es, Interaktionspartner zeitgleich in frontaler Einstellung zu erfassen, Nahaufnahmen mit der Totalen zu vergleichen oder schlicht zwei örtlich auseinanderliegende, jedoch aufeinander bezugnehmende Körperbewegungen im *split screen* nebeneinander zu betrachten und somit die Simultanität sozialer Abstimmungsprozesse analysieren zu können. Während der teilnehmende Akteur fokussiert und reduziert, um handlungsfähig zu sein, bietet das Videomaterial die Möglichkeit, systematisch den Fokus auf dem Bildmaterial zu verschieben und Zusammenhänge zu entdecken, die zwar bedeutend für die jeweilige Situation sind, aber dem Beobachter in der Situation zunächst verborgen bleiben. Obgleich der Forscher durch die Führung der Kamera immer nur bestimmte Ausschnitte wählt, erfasst die Kamera zumeist auch andere Ausschnitte, als er intendiert hat.[49]

Ebenso eröffnet das Videomaterial die Möglichkeit, die Sequenzialität einer Situation in den Blick zu nehmen. *Frame-by-frame*-Analysen ermöglichen das Anfertigen äußerst detaillierter Beschreibungen, die eine Verfremdung der Situation nach sich ziehen und Ordnungen zum Vorschein bringen, die sonst in den Evidenzen des Alltags verborgen bleiben. Erstens kann die Sequenzialität einer zeitlich zusammenhängenden Situation analysiert werden. In *Frame-by-frame*-Analysen werden Bewegungsabfolgen entschlüsselt und zueinander in Beziehung gesetzt. So wird der Situation

---

48 Für eine Übersicht der unterschiedlichen Funktionen der Kamera im Forschungsprozess siehe Mohn 2002.

49 Im Prozess des Filmens fungiert die Kamera nicht als Instrument zur Abbildung des Geschehens, sondern durch den Akt des Filmens wird das Geschehen als solches erst konstruiert. Jede Kameraeinstellung, Fokussierung oder Perspektivierung trägt immer auch (bestenfalls explizierte) Vorannahmen oder Vorstellungen mit sich, die das gewonnene Bildmaterial erst zu dem machen, was es ist (vgl. Mohn 2002: 109f.). Nicht nur das Filmen ist somit ein genuin konstruktiver Akt, sondern auch die Bearbeitung des Materials, die Auswahl der Szenen oder die Art und Weise, wie das Material geschnitten wird.

systematisch ihre alltagsoptische Evidenz entzogen. Man zerlegt die Situation, die Bewegungen der Akteure und ihre komplexen Abstimmungsprozesse in kleine Teile und setzt sie vor dem Hintergrund der dieser Untersuchung zugrunde gelegten theoretischen Optik wieder zusammen. Zweitens werden zeitlich und örtlich auseinanderliegende, jedoch in ihrer typischen Konstellation wiederkehrende Situationen vergleichbar. Dies hat den Vorteil, dass sowohl unterschiedliche Akteure in vergleichbaren Situationen gegenübergestellt und miteinander verglichen, als auch die Veränderungen der Körperpraktiken, Haltungen oder Sprechweisen einzelner Akteure in wiederkehrenden Situationen über einen längeren Zeitraum erfasst werden können. Damit lassen sich zum einen die in einem Feld typischen und wiedererkennbaren Haltungen, Gesten und Sprechweisen entschlüsseln und zum anderen gelingt es auf diese Weise, die körperlichen Veränderungen einzelner Personen über einen längeren Zeitraum in den Blick zu bekommen. Das Potenzial moderner digitaler Bildmedien lässt sich auch als Zeitgewinn beschreiben: Es wird möglich, sich Situationen mehrfach anzusehen, mithilfe der Zeitlupe einzelne Sequenzen wieder und wieder detailliert zu betrachten und Bilder zu extrahieren.

Darüber hinaus dient das Filmmaterial als Erinnerungsstütze: Oftmals kommen Eindrücke, spontane Ideen oder Gefühle im Prozess der Analyse zurück, die man in der Flüchtigkeit des Geschehens nicht richtig ‚greifen' konnte oder die aufgrund anderer Ereignisse überlagert und wegen der knappen Zeit eventuell nicht in den Feldnotizen festgehalten wurden. Das wiederholte Betrachten der Sequenzen zieht den Beobachter nach und nach in seinen Bann. Er vollzieht auffällige Bewegungen praktisch nach und versetzt sich im wahrsten Sinne des Wortes in ihre Lage.

Nicht zuletzt fungiert die Kamera als Provokateurin (vgl. Mohn 2002). Häufig führt das Gewahrwerden der laufenden Kamera zu feldtypischen Aufführungen. In der Pause nutzen Schüler die Gelegenheit für extravagante Performanzen und kurze ‚Modenschauen', schneiden Grimassen oder halten für sie wichtige Gegenstände vor die Kamera. Im Unterricht allerdings provoziert die Kamera andere Verhaltensweisen: Hier nehmen die Schüler typische Denkerposen und aufrechte Haltungen ein, führen den Stift geschäftig über die Zeilen und bringen somit Ideale von Schule zur Aufführung. Immer wieder blicken sie zwischendurch in die Kamera und vergewissern sich der anhaltenden Beobachtung. Die Wirkung der Kamera scheint hier situationsspezifische Phänomene zu destillieren, die das Feld in besonderem Maß charakterisieren.

Nichtsdestotrotz hält der Einsatz der Kamera auch Fallstricke bereit, die es zu erkennen gilt: Das vielfache Betrachten der Szenen kann zur illusionären Identifikation mit den Akteuren der betrachteten Szenen führen. Zeitlupen mystifizieren das Geschehen und verleihen ihm den Anschein des Bedeutungsvollen. Die Möglichkeiten der Kamera verleiten mitunter zur übersteigerten Verengung des Fokus auf Einzelheiten. Der Blick für die Details wird mitunter so sehr geschärft, dass der hieraus resultierende Erkenntnisgewinn hinterfragt werden muss. Das heißt, dass der Forscher im Umgang mit der Kamera und ihren Möglichkeiten der extremen Fokussierung sowie bei der Auswertung der Videodaten vor dem Hintergrund seiner theoretischen Annahmen ein plausibles und nachvollziehbares Maß finden muss. Die durch die Kamera gewonnenen Möglichkeiten der Verfremdung des betrachteten Geschehens sind zugleich als Fallstricke der Forschung zu hinterfragen. Welcher Grad der Dekonstruktion bzw. der technischen Dekontextualisierung lässt sich noch als produktive Irritation, als Verfremdung des eigenen Blicks auf die Praxis einstufen und wo liegen die Grenzen zu einer zusammenhangslosen Zerstückelung des Geschehens, die ihren Bezug zur beobachteten Praxis verlieren und den angelegten theoretischen Rahmen verlassen?

1.3.4 Schreiben im Forschungsprozess

Verschiedene Formen des Schreibens sind für den ethnographischen Forschungsprozess von Bedeutung. Zunächst werden während des Feldaufenthalts Feldnotizen handschriftlich angefertigt. Diese können sehr unterschiedlich aussehen und folgen keinem standardisierten Muster. Während die Feldnotizen zu Beginn der Forschung dem Geschehen unmittelbar folgen, chronologisch aufgebaut sind und eher eine Vielzahl von Phänomenen in den Blick rücken, können in Feldnotizen zu späteren Zeitpunkten der Forschung auch einzelne Phänomene detailliert betrachtet werden. Die im Feld angefertigten handschriftlichen Notizen werden in einem zweiten

Schritt in die Form eines Beobachtungsprotokolls[50] überführt: Stichworte und Randbemerkungen werden ausformuliert, erst im Nachhinein erkannte Zusammenhänge unterschiedlicher Beobachtungen werden expliziert. Vor dem Hintergrund der theoretischen Annahmen werden unterschiedliche Ereignisse neu kontextualisiert und vage Eindrücke verdichten sich erst im Akt des Schreibens zu konkreten Gedanken.[51] Die Verschriftlichung des Beobachteten ist somit nicht als Dokumentation zu verstehen, sondern als Artefakt des Ethnographen, der das Gesehene vor dem Hintergrund seiner theoretischen Vorannahmen konstruiert (vgl. Hirschauer 2001). Die hier angefertigten Texte haben einen beschreibenden Charakter: Zusammenhänge, Situationen, räumliche oder dingliche Aspekte können hier ebenso in den Mittelpunkt gerückt werden, wie Gesprächsausschnitte oder körperliche Phänomene. Das Schreiben ist das wichtigste Werkzeug des Ethnographen und Mittel zur Transformation sozialer Praxis in wissenschaftliche Diskurse. Die verschiedenen Textformen sind somit als Schritte zur Überführung des Beobachteten in den wissenschaftlichen Diskurs zu verstehen; als sukzessive Zusammenführung von Empirie und Theorie (vgl. ebd.: 17).

50 Die Beobachtungsprotokolle wurden im Rahmen meiner Forschung nach Möglichkeit direkt im Anschluss an die Aufenthalte im Feld angefertigt. Die Erinnerungen und Eindrücke sind dann noch präsent; einzelne Stichpunkte oder flüchtige Feldnotizen können zugeordnet werden. Die Beobachtungsprotokolle tragen damit auch den Charakter von Gedächtnisprotokollen. Insbesondere flüchtige Flurgespräche, Situationen bei dem gemeinsamen Mittagessen oder im Lehrerzimmer erfolgen oft spontan und ohne geeignete Aufzeichnungsgeräte. Die hier beobachteten Phänomene, kurze Gesprächssequenzen oder die zahlreichen, hier kursierenden Anekdoten (vgl. Kapitel 2.2.4.1) mussten so schnell, wie möglich rekonstruiert werden, damit Details nicht vergessen wurden. In vielen Fällen konnten Unklarheiten oder Detailfragen später mithilfe der Akteure aufgeklärt werden.

51 Hier diente das Videomaterial oftmals als Ergänzung des Gesehenen und in Bezug auf konkrete Fragen zur Chronologie der Abläufe und zu bestimmten Kontexten hielt das Bildmaterial in vielen Fällen Antworten bereit. Auszüge aus diesen Beobachtungsprotokollen wurden an einigen Stellen zur Plausibilisierung meiner Argumentation direkt in diese Arbeit übernommen.

Im Prozess der Datenerhebung, -aufbereitung und -auswertung werden die beobachteten Geschehnisse sukzessive aus Alltagskontexten in den Kontext soziologischer Argumentation transformiert (vgl. ebd.) „Dabei impliziert die Praxis des Schreibens einen wirksamen Zwang zur Explikation: Was man in der Situation nur intuitiv oder praktisch verstanden hat, trachtet das Protokoll zu verbalisieren." (Ebd.: 24) Die dem Schreiben inhärente Aufforderung, das bis dahin Unbenannte zu benennen, das Evidente zu hinterfragen und Unreflektiertes zu reflektieren, zwingt den Forscher dazu, genau hinzusehen und Details in den Blick zu rücken, die die partizipierenden Akteure oftmals nicht benennen können. Hierbei geht es in der Praxis der Forschung ebenso darum, neue Fragen zu generieren, wie Antworten zu finden. Die Beobachtung ist selektiv und hängt unmittelbar mit den dieser Forschung zugrundeliegenden theoretischen Werkzeugen und Ausgangsfragen zusammen, die das Interesse für dieses Feld und den spezifischen Gegenstand erweckt haben. Die Selektivität ist jedoch nicht als Störfaktor bzw. als ‚unerwünschte private Färbung' der Forschungsergebnisse zu werten, sondern „[…] auch hier gilt es, die Selektivität bewusst zu gestalten und zu nutzen" (ebd.: 24). Es ist die Aufgabe des Forschers, sich die theoretischen Perspektiven seiner Beobachtung, die seinen Fokus justierenden Forschungsfragen und die Wahl seiner Instrumente während des gesamten Forschungsprozesses reflektiert vor Augen zu führen und auf diese Weise immer wieder Veränderungen und Verschiebungen systematisch zu erkennen und zuzulassen. So verschieben sich die Beobachtungsschwerpunkte im Verlauf des Forschungsprozesses und auch theoretische Vorannahmen können ggf. modifiziert oder ergänzt werden.

Es werden einerseits zuvor konstruierte theoretische Optiken, wie etwa die ‚Subjektivierung in Gesten' wiederentdeckt, andererseits drängen sich Beobachtungen auf, die der spezifischen Logik des Feldes entstammen; die ‚Beruhigung der Schüler' oder die ‚Positionierung im Klassenraum' lassen sich mit zuvor gewählten ‚Werkzeugen' zunächst nicht erfassen, sind aber für die beobachteten Situationen zentral. Im somit dreischrittigen Prozess der Verschriftlichung (Feldnotiz – Beobachtungsprotokoll – Paper/Text) werden die im Feld gewonnenen Beobachtungen nach und nach den zuvor gewählten theoretischen Perspektiven und Denkweisen zur Seite gestellt. Obwohl es sich um theoriegeleitete Beobachtungen handelt, lassen sich viele Phänomene nur schwer einordnen oder beschreiben; vieles erscheint aus theoretischer Perspektive zunächst unpassend oder uninteressant, ist jedoch für die Praktiken und Akteure des Feldes von großer Bedeutung. Das ethnographische Schreiben ist somit immer auch ein Akt der Vermittlung zwischen theoretischen Konzepten und den sich oftmals ‚sperrenden' empirischen Daten. Disharmonien äußern sich in den Schwierigkeiten, einen kohärenten, in sich schlüssigen Text zu formulieren. In immer neuen Formulierungsversuchen werden die Unterschiede und Unvereinbarkeiten allmählich sichtbar. Der vielbeschworenen wechselseitigen Irritation von Theorie und Praxis wird im Akt des ethnographischen Schreibens entsprochen; theoretische Sehhilfen ermöglichen dem Forscher, die Praxis aus neuer Perspektive wahrzunehmen und während der Arbeit am empirischen Material ergeben sich Fragen an die theoretischen Konzepte, die diese irritieren, erweitern bzw. präzisieren können. Oft wird auch erst in dieser Phase des Forschungsprozesses deutlich, dass weitere theoretische Ansätze ergänzend hinzugezogen werden müssen.

Teil 2:
Empirische Ergebnisse

2.1 Einsetzung und Entkopplung

2.1.1 DIE VEREIDIGUNG

„Na, das war doch gar nicht so schlimm. Jetzt sind Sie offiziell Lehramtsanwärter und -anwärterinnen!“

Die Referendariatsplätze werden von zentralen Vergabestellen zugeteilt. Bevorzugte Städte oder Landkreise können von den Bewerbern angegeben werden. Die Zusage erhält man schriftlich mit einer entsprechenden Aufforderung, die zugewiesenen Ausbildungsschulen zu kontaktieren und sich zu einem konkreten Zeitpunkt im Studienseminar zur Vereidigung einzufinden. Zu einer Einführungsveranstaltung, in deren Rahmen die Vereidigung stattfinden wird, treffen sich alle Lehramtsanwärter, die gleichzeitig die zweite Ausbildungsphase an diesem Seminar beginnen. In einem Seminarraum nehmen die zukünftigen Referendare auf den bereitgestellten Stühlen Platz, während sich die Seminarleiterin an einem Tisch vor der Tafel positioniert. Ruhig erklärt sie den Aufbau der zweiten Ausbildungsphase und nimmt sich Zeit für die zahlreichen Fragen der Neuen. Lockere Gespräche werden geführt, man erfährt, mit wem man eventuell in benachbarten Schulen unterrichten wird und wer in denselben Fachseminaren sitzen könnte. In der Pause ist deutlich zu sehen, wer sich bereits aus dem Studium kennt oder wer hier noch keine Bekannten hat.

Im Zentrum dieser Einführungsveranstaltung steht die Vereidigung der Anwärter; sie stellt eine Initiationszeremonie dar, deren Stimmung von den frisch initiierten Lehramtsanwärtern im Nachhinein mit den Attributen *„feierlich“*, *„ernsthaft“*, *„unpassend“*, *„unheimlich“*, *„ungewohnt“*, *„au-*

torität", *„beängstigend" und „lächerlich"* beschrieben wurde. Insbesondere der plötzliche Wechsel von einer bis zu diesem Zeitpunkt sehr ungezwungenen und lockeren Stimmung in einen höchst offiziellen und formellen Rahmen, kam für die meisten sehr überraschend:

Unvermittelt steht die Seminarleiterin plötzlich auf und sagt: *„Wir kommen jetzt zur Vereidigung. Bitte stehen Sie auf und erheben Sie ihre rechte Hand. Ich werde jetzt immer Absätze vorlesen, die Sie dann bitte nachsprechen."* Alle stehen auf und sofort beginnt die Seminarleiterin den ersten Absatz vorzulesen. Das kollektive Nachsprechen der angehenden Referendare kommt sehr zögerlich und nicht einmal die Hälfte der Anwesenden scheint mitzusprechen. Die Seminarleiterin nimmt ihre rechte Hand und bewegt diese in kreisförmigen Bewegungen, die an das Dirigieren eines Orchesters erinnern. Während der nächste Abschnitt von ihr vorgelesen wird, gibt es viele Blickkontakte zwischen den Novizen, die vereinzelt leise lachen oder mit dem Kopf schütteln. Als die angehenden Referendare wieder an der Reihe sind, sprechen noch immer nur wenige mit. Es entsteht eine für alle Anwesenden unangenehme Situation und diejenigen, die bereits nachsprechen, stoßen ihre Nachbarn an und fordern weiter entfernt stehende Mitstreiter mit Blicken auf, mitzumachen. Erst im dritten Intervall gewinnt die ‚Antwort' der Novizen deutlich an Klangvolumen. Im Anschluss an den Akt der Vereidigung ist es still im Raum. Die Stille wird erst nach mehreren Sekunden von der Seminarleiterin unterbrochen: *„Na, das war doch gar nicht so schlimm. Jetzt sind Sie offiziell Lehramtsanwärter und -anwärterinnen!"*

Die zu Beginn bedacht ‚freundliche' und ‚warme' Atmosphäre[52] wird durch die Vereidigung schlagartig erschüttert: Die Hauptseminarleiterin verkündet, dass man nun zur Vereidigung käme. Sie liest kurze Passagen des Eides und fordert die Novizen auf, ihr kollektiv nachzusprechen. Das „ungewohnt" und „bedrohlich" wirkende kollektive Nachsprechen wird von einigen Akteuren zu Beginn noch von einem zögernden Lächeln begleitet. Die Novizen schauen sich gegenseitig verunsichert an, stimmen aber allmählich – einer nach dem andern – in den ‚Choral' ein. Jeder steht unter dem kol-

52 In einem Gespräch mit der diese Veranstaltung leitenden Hauptseminarleiterin wies diese darauf hin, dass es ihr vor allem darum ginge, die jungen Lehrer in dieser Veranstaltung erst einmal freundlich zu empfangen und ihnen das Gefühl zu vermitteln, dass sie es hier auch mit netten Leuten zu tun haben würden.

lektiven Druck, ‚über seinen Schatten springen' und ein Teil der ungewohnt sprechenden, sich in diesem Akt konstituierenden Gemeinschaft werden zu müssen. Die wechselseitigen Blicke aller Anwesenden – auch die der Seminarleiterin – machen letztendlich diejenigen zu ‚Nicht-Dazu-Gehörigen', die das Mitsprechen augenscheinlich verweigern. Aus bestimmter Perspektive lassen die ‚Verweigerer' auch diejenigen im Stich, die mit dem Nachsprechen bereits begonnen haben und ihre Mitstreiter mit verzweifelten Blicken auffordern einzustimmen, um nicht länger ‚die Einzigen' sein zu müssen, die den Vereidigungstext nachsprechen. Der ‚Choral' wird lauter, die im Akt des gemeinsamen Sprechens erzeugte Gemeinschaft der Novizen findet nicht zuletzt durch die dirigierende Hand der Seminarleiterin ihren gemeinsamen Einsatz. Ein Zusammenklingen der unterschiedlichen Stimmen und Stimmlagen wird erst im letzten Drittel des Eides erreicht. Anschließend ist es still im Raum. Der Inhalt des Amtseides wird nicht zuvor diskutiert. Stattdessen werden die Novizen in eine Praktik des gemeinsamen Sprechens hineingezogen, in der die beschriebenen Mechanismen den Einzelnen zur Partizipation auffordern. Die Akteure sind im Vollzug der Praxis damit beschäftigt, ihren Einsatz nicht zu verpassen und den Ton des Kollektivs zu treffen; Sinn und Inhalt der gesprochenen Worte können sich den Novizen erst im Nachklang erschließen. Es folgt ein Moment in dem es sehr leise im Raum ist, was die Worte der Seminarleiterin: *„Jetzt sind sie offiziell Lehramtsanwärter und -anwärterinnen!"* sehr bedeutungsvoll wirken lässt.

Der Akt der Vereidigung kann im Sinne Bourdieus als formalisiertes Einsetzungsritual betrachtet werden: Bourdieu setzt sich mit diesem Begriff von den Ritualtheorien van Genneps ab (vgl. Audehm 2001: 116) und betont neben deren Funktion der Markierung und Gestaltung von Übergängen vor allem den Aspekt einer gesellschaftlich anerkannten öffentlichen Grenzziehung (vgl. ebd.). Dabei ist es wichtig, dass Einsetzungsrituale „eine soziale Grenze dergestalt [markieren], dass diese willkürliche Grenzziehung nicht als solche erkannt wird, sondern als natürlich und legitim erscheint und anerkannt wird" (ebd.). Im Akt der Vereidigung werden die Novizen für sich selbst und andere erkennbar öffentlich in den Status des Lehramtsanwärters erhoben. Der gewöhnliche Prozess der Lehrer-Werdung lässt sich in mehrschrittig organisierten formellen Akten grob skizzieren: Schülerin, Inhaberin der Hochschulreife, Studentin des Lehramts, Lehramtsanwärterin, Lehrerin. Mit der Vereidigung avanciert die Absolventin eines Lehramtsstudiums zur Lehramtsanwärterin, ein Status, der eine deutliche Grenzziehung vornimmt, der die Lehramtsanwärterin für andere Akteure des Feldes als solche kenntlich macht. Die nicht nur in formellen Akten, sondern vor allem auch in privaten Bereichen immer wieder eingeforderte Offenbarung des eigenen Status zwingt die Akteure permanent, diesen zu benennen und sich zu allem, was hiermit verbunden ist, zu positionieren. Die beschriebene Vereidigung lässt sich mit Bourdieu als Beginn der sukzessiven Instituierung einer Identität begreifen, die – folgt man seinen Gedanken – wesentlich über die Inkorporierung von Attributionsurteilen verläuft (vgl. ebd.:117).

„Die Ernennung oder Einsetzung wird zum regelrechten Attributionsurteil, das demjenigen, über den es ausgesprochen wird, alles zuschreibt, was zu seiner sozialen Definition gehört. ‚Werde, was du bist' (Bourdieu 1990, 85) ist die Formel, die der performativen Magie aller Einsetzungsakte zugrunde liegt." (Ebd.)

Der Einsetzungsakt „[...] bedeutet jemandem seine Identität, aber in dem Sinne, dass er sie ihm ausspricht und sie ihm zugleich, indem er sie ihm vor allen Augen ausspricht, auferlegt (*kategoristhai* heißt eigentlich ‚öffentlich anprangern') und ihm auf diese Weise mit Autorität mitteilt, was er ist und was er zu sein hat" (Bourdieu 2005:114). Der Referendar, der im Feld auch als Anwärter beschrieben wird, besetzt dort eine auch für die Akteure schwierig einzustufende Position. Folgender Eintrag einer Anwärterin auf einer Austauschplattform für Referendare im Internet verdeutlicht diese Position:

„Wie geht ihr mit dem Status Referendar um? Gestern habe ich meiner 7. Klasse erklärt, dass es mit der Herausgabe der Schulaufgabe wohl etwas länger dauern wird, weil sie noch nachkorrigiert werden muss. Da meinte ein Schüler ganz triumphierend: „Ja, weil Sie noch keine richtige Lehrerin sind, da dürfen Sie nämlich noch nicht richtig allein korrigieren!". Tja, ich wusste nicht so ganz, was ich da jetzt Geschicktes drauf sagen soll, im Prinzip hat er ja Recht. Ich kam mir nur echt blöd vor und hab mich das erste Mal gefragt, ob es vielleicht besser wäre, den Schülern gar nicht so deutlich zu sagen, dass man Referendar ist. Andererseits kommt man dann in Erklärungsnöte, wenn z.B. die Korrektur länger dauert oder öfter jemand hinten

sitzt und den Unterricht anschaut. Wie macht ihr das bzw. wie geht ihr mit solchen Sprüchen um?"[53]

Das Zitat demonstriert die Unsicherheit, die aus dem Interimsstatus einer Referendarin resultiert. Im Zuge der Vereidigung werden die Akteure öffentlich als Lehramtsanwärter eingesetzt und sind zumindest im Rahmen der Schule untrennbar mit diesem Status verbunden. Als ‚Nicht-Mehr-Student' und ‚Noch-Nicht-Lehrer' befinden sich die Akteure in einer prekären Position. Sie partizipieren am Alltagsgeschäft der Lehrer und werden aufgefordert, sich als solche auszutesten, jedoch werden ihnen die Statusunterschiede in der Praxis immer wieder vor Augen geführt. Obgleich die öffentliche Statusübertragung für die Anwärter, wie für die anderen Akteure der Schule auch eine gewisse Verhaltenssicherheit bietet, ist die spezifische Position der Anwärterin doch situativ an Verhaltensunsicherheiten geknüpft. Durch den auferlegten Status kann, so Bourdieu, die eigene Identität ins Wanken geraten, brüchig und konflikthaft werden (vgl. ebd.: 114 f.). Je mehr Unterschiede der eigene Habitus zu den mit diesem Status verbundenen Attributen aufweist, desto deutlicher treten diese Konflikte in den Vordergrund. Von nun an bekleidet man nicht etwa das Amt des Referendars, sondern man ist Referendar – Lehrer auf Probe.

Die Vereidigung wird hier als Einsetzungsritual beschrieben. Im Akt der Einsetzung wird eine Grenze gezogen; die angehenden Lehrer werden offiziell aus ihrem bisherigen Status – und den damit verbundenen Lebensbedingungen – herauslöst und gleichsam in der spezifischen Position des Anwärters an die Organisation Schule gebunden. Die Vereidigung ist somit zugleich ein Akt der *Entkopplung* und *Ankopplung*, der als Übergang in die Organisation Schule einen zweiphasigen Prozess vorwegnimmt, den die Anwärter in den kommenden 18 Monaten durchlaufen werden.

53 (http://www.referendar.de/forum/viewtopic.php?f=7&t=11170 am 10.07.2011).

2.1.2 Zur Entkopplung und Positionierung der Novizen

„Ich war ehrlich gesagt ganz froh,
als die Seminare dann angefangen haben,
weil ich hier ja auch niemanden kannte.“

Bei der Vergabe von Referendariatsplätzen ist es nicht allen Referendaren vergönnt, für die zweite Phase ihrer Ausbildung in ihrem Heimat- bzw. Studienort bleiben zu können. Drei der fünf von mir begleiteten Anwärter mussten ihre gewohnte Umgebung verlassen, um ihre Ausbildung fortsetzen zu können. Ihnen bleiben nur wenige Wochen, um auf die Zuweisung einer Ausbildungsschule und eines entsprechenden Studienseminars reagieren zu können, die mit einem Umzug verbundenen Angelegenheiten zu regeln und ihr Leben neu zu strukturieren. Für viele der angehenden Lehrerinnen und Lehre ist der Beginn des Referendariats nicht nur mit einem Ortswechsel verbunden, sondern mit einer grundlegenden Verschiebung ihrer bisherigen Lebensgewohnheiten und Rhythmen. Für sie ist die Ausbildung nicht nur die zentrale Herausforderung der folgenden 18 Monate, sondern die ihnen in diesem Rahmen entgegentretenden Kollegen aus den Schulen und dem Studienseminar sind oftmals ihre einzigen Bezugspersonen und avancieren zu zentralen Ankerpunkten ihres ‚neuen Lebens‘. Dahingehend äußert sich eine Referendarin zum Thema Studienseminar:

„Ich war ehrlich gesagt ganz froh, als die Seminare dann angefangen haben, weil ich hier ja auch niemanden kannte. Dann hat man jedenfalls erst mal ein paar nette Leute, mit denen man sich dann ja auch mal so treffen kann. Eigentlich war das auch voll praktisch, weil man dann ja auch über die Schule und die Seminare usw. sprechen konnte. […]Dieses Gequatsche ist echt das Wichtigste. Da kriegst du alle Informationen, die du brauchst. Vor allem am Anfang! Die ganzen Anmeldefristen und Seminartermine… Ich meine, einige besorgen sich so alles, immer direkt vom Seminarleiter, aber so Leute wie ich, für uns ist das total wichtig. Zum Beispiel die ganzen Homepages und Netzwerke, wo du dir mal gute Unterrichtsentwürfe angucken kannst. Vor allem – ja das ist vielleicht sogar noch das Allerwichtigste – du kriegst in den Gesprächen schnell einen Eindruck für die ganzen Seminarleiter und Prüfer: Du kriegst so auch ein Gefühl und findest in diesen Gesprächen raus, was die einzelnen Seminarleiter wollen, wer nett ist und so.“

In den ersten Wochen haben die Lehramtsanwärter die Aufgabe, sich in zahlreichen neuen Situationen zurechtfinden zu müssen, Orte zu erkunden, zentrale Personen und organisatorische Abläufe kennenzulernen. Sieht man sich den Stundenplan der Novizen an, so scheint die zeitliche Belastung nicht besonders groß zu sein. Erst wenn man die konkrete Zusammensetzung der Wochenpläne betrachtet, die zu Beginn des Referendariats sehr umfangreichen Vorbereitungszeiten für den Unterricht berücksichtigt und nicht zuletzt die täglich zurückzulegenden Wege auf der Landkarte verfolgt[54], versteht man, warum die Novizen gerade zu Beginn des Referendariats über die starke Belastung klagen.

2.1.2.1 Orientierung I: Die Strukturen der Ausbildung

Es sind nicht nur die Unterrichts- und Hospitationsstunden, die bewältigt werden müssen, sondern Gesamtkonferenzen, Klassenkonferenzen, Fachbesprechungen und Frühaufsichten kommen hinzu. Nicht alle Termine und Aufgaben sind für die Referendare verpflichtend, jedoch sind Engagement, Anteilnahme und Eigeninitiative die Bedingungen für die Aufnahme in die kleinen, eingeschworenen Kollegien der Grundschulen. Dies ist die eine Seite der Ausbildungsphase. Im Rahmen des Studienseminars werden die Referendare ebenso gefordert: Die fünf von mir begleiteten Anwärterinnen müssen an drei Fachseminaren und einem pädagogischen Seminar teilnehmen.[55] Während in den Fachseminaren gemeinsam mit den Seminarleitern über konkrete inhaltliche und fachdidaktische Themen diskutiert wird, wenden sich die Referendare im Rahmen des Hauptseminars allgemein pädagogischen Themen zu, setzen sich mit schulrechtlichen Grundlagen aus-

54 Die Referendare sind an ländlichen Seminarstandorten auf Autos angewiesen, da viele der Ausbildungsschulen mit öffentlichen Verkehrsmitteln nur schwer zu erreichen sind. Vor allem die Wege zwischen den Schulen und den verschiedenen Seminarorten sind ohne Auto in den vorgesehenen Zeitfenstern nicht zu bewältigen.

55 Das pädagogische Seminar hat einen Umfang von acht Stunden im Monat. Für die Seminare zu den sogenannten Langfächern sind sechs Stunden, für die Seminare zu den Kurzfächern jeweils drei Stunden vorgesehen. Insgesamt beträgt die Seminarbelastung der Referendare somit 20 Stunden.

einander und erhalten hier alle organisatorischen Informationen. Darüber hinaus müssen regelmäßig sogenannte Lehrproben gezeigt werden.[56] Diese sind mit einem umfassenden schriftlichen Entwurf und einer anschließenden ausführlichen Besprechung verbunden. Die Konzeption der schriftlichen Entwürfe wird als größte Belastung in der Anfangsphase des Referendariats beschrieben. Nach eigenen Angaben brauchen die noch ungeübten Novizen für die Vorbereitung einer gewöhnlichen Unterrichtsstunde im Schnitt 45-70 Minuten – in Einzelfällen auch wesentlich länger –, bewältigen die Konzeption der ersten schriftlichen Unterrichtsentwürfe[57] für eine Lehrprobe in ca. 16-20 Stunden und verwenden zwar unregelmäßig, aber im Schnitt doch ca. drei bis fünf Stunden pro Woche für die Vorbereitung der Seminare. Eine Referendarin bringt die Anforderungen der ersten Monate auf den Punkt:

„Das, was man so in den ersten Monaten lernt, ist vor allem sich selbst zu organisieren und manche schaffen das auch nie."

---

56 Die Lehrproben stellen eine Schnittstelle zwischen den Seminaren und der Schule dar. Die in den Seminaren thematisierten didaktisch-methodischen Inhalte werden im schriftlichen Unterrichtsentwurf formuliert und in der zu zeigenden Unterrichtsstunde angewendet. Im Laufe ihrer Ausbildung müssen die Anwärter 15 Lehrproben vor den Fachseminarleitern und 6 Lehrproben im Rahmen des pädagogischen Seminars absolvieren.

57 Schriftliche Unterrichtsentwürfe enthalten im Wesentlichen eine „Lerngruppenanalyse", eine Darstellung des „inhaltlichen Stundenschwerpunkts" sowie die „systematische Einbettung der Stunde in die Unterrichtsreihe". Es sollten die „tragenden didaktischen Erwägungen" erläutert werden und es gilt, ausführlich zu beschreiben, welche Kompetenzen mit welchen Methoden gefördert werden sollen. Es muss deutlich werden, auf welche Weise man den Schülerinnen und Schülern nach Leistungsniveaus differenzierte Angebote machen möchte und welche Probleme in der zu zeigenden Stunde antizipiert werden. Wenn dann entsprechende Alternativen genannt und das zu verwendende Material anschaulich dargestellt wird, umfasst ein durchschnittlicher Entwurf ca. 16 DIN A4-Seiten.

Die Konfrontation mit den zahlreichen Pflichtterminen, die zu bewältigende Vorbereitung des Unterrichts und der Vorführstunden lassen die Referendare in den ersten Monaten nicht zur Ruhe kommen. Sie müssen ihr Leben reorganisieren und lernen, die Rhythmen des Referendariats aufzunehmen. Nur wer es schafft, die kurz- und langfristigen Taktungen anzunehmen, ist in der Lage, den vielzähligen Ansprüchen gerecht zu werden: Auf der Ebene einzelner Unterrichtsstunden gilt es, die Phasen des Stundeneinstiegs, der Erarbeitungs- und der Sicherungsphase in angemessenen Intervallen einzuhalten, um den Erwartungen von Mentoren und Schülern zu entsprechen. Unterrichtsinhalte müssen in einer bestimmten Zeit im Unterricht behandelt werden und eine bestimmte Zahl von Klassenarbeiten muss innerhalb eines Halbjahres geschrieben werden. Im Lehrerzimmer gilt es, die arbeitsteilige Organisation des Geschirrwegräumdienstes und des Kaffeekochens im Blick zu behalten. In einigen Seminaren gibt es ein Rotationssystem zur Organisation des Frühstücks. Nicht zuletzt benennen die Referendare die Einstellung auf die neuen Schlafrhythmen als große Herausforderung. Als wichtigste Hürde auf dem Weg zur erfolgreichen Teilnahme am Referendariat wird von einem Seminarleiter jedoch die Herausforderung beschrieben, im Rahmen der Unterrichts- und Seminarvorbereitungen einen Arbeitsrhythmus zu finden, der *„eine angemessene Vorbereitung des Unterrichts und der Seminarsitzungen gewährleistet, jedoch auch noch Zeit für Regeneration und Erholung lässt"*. Sowohl die mangelnde Vorbereitung als auch die völlige Übermüdung würden, so der Seminarleiter, im Alltag der Schule *„enormen Stress"* provozieren, der die Referendare *„oftmals an den Rand ihrer Kräfte"* treibe. Es wird ein spezifisches Selbstmanagement gefordert, das die Novizen befähigt, die unterschiedlichen Bereiche der Ausbildung und ihres privaten Lebens zu organisieren.

Ein weiterer Faktor ist der hohe Grad an Mobilität, der den Referendaren gerade an ländlichen Seminarstandorten abverlangt wird, da die begleitenden Seminare häufig an unterschiedlichen Orten stattfinden bzw. oft zum Zweck der gemeinsamen Hospitation in die weit auseinander liegenden Schulen der einzelnen Referendare verlegt werden. Der Besitz eines Autos ist quasi unumgänglich. Insbesondere im ersten Semester, wenn die Stundenpläne der Referendare noch nicht optimal auf die Seminartermine abgestimmt sind, müssen sie häufig ihren eigenen Unterricht unter Zeitdruck absolvieren, um die unterschiedlichen Seminarorte noch rechtzeitig erreichen zu können. Mit dem Mittagessen auf dem Schoß irren sie durchs

Land und erreichen oft sichtlich gestresst die Schulen, an denen das Seminar stattfindet. Dort angekommen geht die Suche weiter: Lehrerzimmer, Seminarräume, Toiletten usw. müssen gefunden werden. Man erkennt deutlich, wer schon länger dabei ist: Verspätete Neulinge werden mit einem verständnisvollen Lächeln der bereits etablierten Referendare empfangen. Der unpünktliche, noch kauende und hektisch über den Flur rennende Referendar, dessen lose Blätter und Ordner sich laut scheppernd über den Boden verteilen, weil er beim möglichst leisen Öffnen der Tür alles fallen lässt, wurde für mich zum Sinnbild dieser ersten Orientierungsphase. Die Beschreibung meines ersten Besuchs in einem dieser Seminare vermittelt einen recht anschaulichen Eindruck von den Irritationen und Schwierigkeiten, denen die Novizen in den ersten Wochen ihrer Ausbildung ausgesetzt sind. Forscher und Referendare werden als Novizen in diesem Feld häufig mit ähnlichen Problemen konfrontiert.

Der erste Seminarbesuch[58]

Die Mailadresse der Seminarleiterin habe ich von einer Referendarin bekommen. Nachdem ich mein Projekt kurz skizziert hatte und verdeutlichen konnte, wie wichtig die regelmäßige Teilnahme an einem der Seminare für mein Projekt sei, wurde ich von ihr zum heutigen Termin eingeladen. Ich habe mir ein Auto geliehen, weil sich die Schule, in der das Seminar heute stattfindet, mit öffentlichen Verkehrsmitteln kaum erreichen lässt. Obgleich ich sehr pünktlich losgefahren bin, drohe ich mich zu verspäten. Es ist bereits 7.45 Uhr. Den Verkehr auf der Landstraße habe ich falsch eingeschätzt. Ich stelle mich auf einen von zwei freien Parkplätzen und beeile mich, in die Schule zu kommen. Da mir nur eine

58 Die folgenden Beschreibungen beziehen sich auf den ersten Besuch des Forschers in einem der Fachseminare. Die hier geschilderten Situationen verdeutlichen die besonderen hierarchischen Konstellationen, denen nicht nur die Novizen ausgesetzt sind, sondern auch der Forscher und vermitteln einen Eindruck davon, wie der hohe Belastungsdruck und noch mangelndes Zeitmanagement die Novizen immer wieder in unangenehme Situationen bringen.

Raumnummer mitgeteilt wurde und ich daher nur vermuten kann, dass der Raum 103 im ersten Stock liegt, hoffe ich noch jemanden zu treffen, der sich auskennt. Als ich die Schultür erreiche, sehe ich, dass zwei weitere Autos mit relativ hoher Geschwindigkeit den Parkplatz der Schule erreichen. Während ein Auto in die freie Parklücke einparkt, stellt der andere Fahrer sein Fahrzeug seitlich vor die Hecke an die Straße. Die Fahrer stehen sichtlich unter Druck, springen sofort aus ihren Autos und ordnen ihre Sachen während des Gehens. Ich treffe beide im Flur der Schule wieder: Außer Atem fragen sie mich nach dem Raum 103 und als ich angebe, diesen auch zu suchen, scheint für sie die Sache klar: „Ah, du bist also auch ein Neuer. Ich habe dich gar nicht gesehen!" Unsere gemeinsame Verspätung gibt uns etwas mehr Gelassenheit. Ich erkläre ihnen, wer ich bin und was ich vorhabe, bis wir schließlich vor dem Raum 103 stehen. Vorsichtig klopft einer der beiden an, öffnet die Tür und schließt sie augenblicklich wieder. In dem Raum findet Unterricht statt. Von anderen Referendaren ist nichts zu sehen. Zügig laufen wir wieder ins Erdgeschoss und fragen einen Schüler nach dem Lehrerzimmer. Dort angekommen erkundigen wir uns bei der einzigen Person im Zimmer nach dem Seminar. Sie kennt zwar die Seminarleiterin, sagt aber, dass diese immer im Raum 103 sei und dass sie auch nicht wisse, wo das Seminar sonst sein könne. Vielleicht weiß die Schulleiterin etwas. Wir gehen zum Direktorinnenzimmer. Es öffnet eine Frau und einer der Referendare trägt unser Anliegen vor, aber die Dame beteuert, dass sie nur die Mutter von Helene sei und dass die Rektorin selbst sich zurzeit im Lehrerzimmer befinde. Die Schulleiterin hatten wir also soeben gesprochen. Resigniert begeben wir uns wieder in das erste Stockwerk und hatten gerade beschlossen, die Pause abzuwarten, als uns eine Referendarin auf dem Flur entgegen kommt, die meine beiden Mitstreiter bereits kennen. Sie erklärt uns, dass eine der Referendarinnen heute eine 3. Klasse unterrichte und alle anderen Referendare an der Seite säßen und zusähen. Gemeinsam betreten wir den Raum 103, nehmen uns Stühle und setzen uns so leise wie möglich an die Wand zu den anderen. Die bösen Blicke der Seminarleiterin treffen mich ebenso wie meine Mitstreiter – ungünstiger hätte es nicht laufen können!

Nach der Pause begeben sich alle Referendare mit der Seminarleiterin in einen anderen, kleineren Raum. Sie begrüßt mich freundlich und sagt, dass ich bestimmt Herr Pille sei und dass viele Leute die Schule nicht sofort fänden. Vor der Besprechung der Unterrichtsstunde werden die vier neuen Referendare begrüßt und die Seminarleiterin betont, dass man doch zukünftig vor dem Raum warten möge, wenn man verspätet zu einer Vorführstunde erscheine. Dann klopft es an der Tür und eine Frau, die ich sofort als die Schulleiterin wiedererkenne, tritt ein. Jemand habe sein Auto auf der Straße geparkt und wenn es nicht sofort entfernt würde, sehe sie sich gezwungen, den Abschleppdienst zu holen. Außerdem sei es geboten, auf dem Schulgelände Schritttempo zu fahren. Als sich einer der beiden Novizen meldet und sich gleichsam zu seiner Parksünde bekennt, bittet die Rektorin die Seminarleiterin mit ernstem Ton, in Zukunft etwas organisierter vorzugehen und „ihre Leute" besser einzuweisen. Bereits heute Morgen seien ja schon Referendare in der Schule herumgeirrt.

Die ersten Wochen des Referendariats lassen sich auf ganzer Linie als Orientierungsphase beschreiben: Es geht nicht nur darum, Seminarorte und Schulen in der Region zu finden und sich innerhalb dieser Gebäude zu orientieren, sondern vor allem die eigene Ausbildungsschule fordert die Novizen heraus, einen Überblick über die räumlichen, zeitlichen, verfahrenstechnischen, hierarchischen, formellen und informellen Strukturen zu gewinnen. Es gilt, in kurzer Zeit Hierarchien, Netzwerke, etablierte Regeln und Kommunikationswege zu entschlüsseln. Wer schreibt Informationen in die Klassenbücher? Wer notiert die Fehlzeiten der Schülerinnen und Schüler? Welche mehr oder weniger informellen Abmachungen gibt es in Bezug auf das Essen und Trinken im Klassenzimmer? Dürfen die Schüler in den kurzen Pausen im Klassenraum bleiben oder nicht? Darf ich einen Schüler mit Bauchschmerzen nach Hause schicken? Darf er überhaupt alleine zur Toilette gehen? Solche Fragen ließen sich seitenweise notieren. Viele Abläufe sind schulrechtlich festgelegt bzw. sind in der Hausordnung vereinbart worden; andere Abmachungen werden in der Gesamtkonferenz besprochen, in Protokollen vermerkt, tauchen spontan im Mitteilungsbuch[59]

59 Das Mitteilungsbuch liegt im Lehrerzimmer, ist allen Lehrkräften zugänglich und dient der kurzfristigen Kommunikation unter den Kolleginnen und Kollegen. Die Informationen sind zumeist organisatorischer Art, beziehen sich mitun-

auf oder werden gar nicht schriftlich fixiert. Abgesehen von dem Problem, dass kaum einer der Novizen über ausreichende Kenntnis des Schulrechts verfügt noch sich intensiv mit der Hausordnung auseinandergesetzt hat, werden in den zumeist sehr kleinen Kollegien viele Übereinkünfte in den Pausen oder auf den Fluren getroffen und nicht schriftlich fixiert. Bei einer Kollegienstärke von nur 8-12 Lehrkräften erlauben direkte Wege und spontane Absprachemöglichkeiten ein produktives, unbürokratisches Arbeiten. Prozesse können spontan initiiert und ggf. nachgesteuert werden. Kommunikations- und Organisationsformen sowie wiederkehrende Abläufe und Formalitäten laufen zumeist reibungslos, sind effektiv und für Außenstehende kaum entzifferbar. So ist die folgende Ansage einer Schulleiterin im Lehrerzimmer zur Organisation des jährlichen Schulfests mit über 150 Besuchern und Teilnehmern derart voraussetzungsvoll, dass sie von der Referendarin nur dann verstanden werden kann, wenn sie aktiv versucht, die nicht bzw. kaum explizierten Informationen zu entschlüsseln:

Schulleiterin:
„Nächste Woche machen wir alles wie im letzten Jahr, nur [Name der Kollegin gestrichen] hatte darum gebeten, diesmal ihre Sachen wegen der Steckdosen in die Klasse von dir, [Name der Kollegin gestrichen], stellen zu dürfen, weil sonst die Kabel immer im Durchgangsbereich liegen. Gibt es sonst noch irgendetwas, was wir besprechen müssten?"

Lehrerin:
„Nee, eigentlich nicht, nur dass ich vermutlich abends nicht zum Aufräumen bleiben kann, weil mein Mann keine Zeit hat und [Name der Tochter gestrichen] sonst zu lange alleine ist."

Das Schulfest findet immer in der Woche vor den Sommerferien statt. Jede Lehrkraft organisiert mit den Schülern und Eltern ihrer Klasse eigene Projekte und Stände, die Schulleitung kümmert sich zusätzlich um die Einladungen etc., kurz: Alle Beteiligten kennen die Abläufe, wissen, was ihre Kollegen machen und welche Aufgaben sie selbst zu erledigen haben. Die

ter auf das Fehlverhalten einzelner Schüler oder dienen offenkundig als Ventil, um den alltäglichen Ärgernissen Raum zu verschaffen.

in größeren Organisationen üblichen und notwendigen formellen Koordinationsprozesse entfallen größtenteils. Die Referendarin ist gezwungen, sich über die Ereignisse der kommenden Woche zu informieren, um nicht desinteressiert zu wirken, jedoch positioniert sie sich im selben Akt als Außenstehende und provoziert verständnislose Blicke einer älteren Kollegin. Es sind vor allem die alltäglichen, für Etablierte evident erscheinenden und deshalb nicht explizierten Vorgänge, die für Novizen nur schwer zu entschlüsseln sind. Insbesondere führen die kleinen, scheinbar nebensächlichen Vorgehensweisen oft zu Konflikten: Wer kocht wann den Kaffee? Wie wird dieser bezahlt? Wie geht man mit dem Geschirr um? Welche Aufgaben müssen während der Frühaufsicht bewältigt werden? Auf welchen Platz im Lehrerzimmer darf man sich setzen? Wie ist das mit den Parkplätzen geregelt?

„Ich habe das Gefühl, alles falsch zu machen. Das ist halt voll der Seiltanz! Letztens habe ich gefragt, ob ich die Tassen einfach benutzen darf oder ob ich meine eigene mitbringen soll und da meinte die Schulleiterin, dass ich nicht wegen jedem Quatsch fragen soll. Dann habe ich eine genommen und natürlich kriege ich sofort Ärger, weil das [Name der Kollegin gestrichen] Tasse war, die sie wahrscheinlich schon seit 20 Jahren benutzt. Die war halt richtig beleidigt."

Die Arbeitsabläufe sind auf bestimmte Weise eingespielt, lassen oftmals keine Variationen zu und werden durch ungewohnte und fremde Ideen oder Verfahrensweisen gestört; jede Änderung bedarf neuer Abstimmungsprozesse. Auch wenn mehrere Handlungsoptionen möglich und in gleicher Weise sinnvoll wären, so ist es doch für die Novizen – wie es eine Referendarin in einem Interview beschreibt – wichtig, die an dieser Schule etablierte Vorgehensweise zu kennen, um nicht anzuecken.

„Wenn man einfach etwas anpackt und so macht, wie man es sich vorstellt bzw. wie es ja auch Sinn machen würde, fällt man halt sofort auf die Nase. Wenn ich z.B. im Kunstraum morgens Musik laufen lasse, damit die Schüler sich beim Malen entspannen können, ist das halt gleich ein dreifaches Vergehen: Erstens soll der CD-Player nur im Musik- und im Sprachunterricht eingesetzt werden – unglaublich oder? – […] zweitens wollen die Schüler dann angeblich nur noch Musik hören und quengeln dann immer rum, wenn man es verbietet, meint [Name der Kollegin gestrichen], und drittens soll der CD-Player etwas Besonderes bleiben – warum auch im-

mer. [...] Oder am Freitag, das war auch total blöd. Da habe ich die Spülmaschine nach der sechsten Stunde angeschaltet, bevor ich gegangen bin, um zu zeigen, dass ich auch bereit bin, mich einzubringen und weil sie auch voll war. Da kam sofort [Name des Kollegen gestrichen]und hat mir erklärt, dass das doch Quatsch ist, weil gleich doch noch alle Tassen aus dem Sekretariat und aus der Sporthalle kämen und die dann da übers Wochenende dreckig herumstehen. Vielleicht ist das ja auch richtig, aber letztendlich doch auch egal, oder?"

Die Ordnungen, mit denen die Referendarin konfrontiert wird, sind nicht offiziell verschriftlicht oder einsehbar. Es handelt sich um interne, variable Ordnungen, ‚ungeschriebene Gesetze', von denen etablierte Lehrer erwarten, dass sie eingehalten werden.

Für die Orientierungsphase ebenso kennzeichnend wie die Kollision mit eingespielten Ordnungen ist die Konfrontation mit den zahlreichen Informationen und Daten. Nicht nur die Namen der Lehrer, Schüler und Eltern bzw. der anderen Referendare und Seminarleiter gilt es sich zu merken, sondern auch die von jedem Schüler erbrachten Leistungen, fehlende Hausaufgaben und teilweise sogar familiäre Hintergründe müssen gespeichert werden und jeder Zeit abrufbar sein. Die Organisation dieser Datenmengen ist eine Übung, die viele Novizen überfordert. Sie müssen bei spontanen Flurgesprächen unter Kollegen über Leistungen, Schwächen, soziale Hintergründe und aktuelle Probleme einzelner Schüler informiert sein, um nicht als desinteressiert und für den Beruf des Lehrers ungeeignet abgestempelt zu werden.

„Guck dir das doch mal an: Erst kommst du halt hier an die Schule. Gut, da sind die Kollegien meistens gar nicht so groß, aber trotzdem: Du musst dir halt sofort alle Namen merken und unterscheiden, wen du ‚duzen' musst und wen du auf keinen Fall ‚duzen' darfst. Sprichst du die Sekretärin mit ihrem Vornamen an, ist sie plötzlich beleidigt, obwohl alle anderen sie auch so nennen. Nennst du kurz danach deinen Sportkollegen beim Nachnamen, ist der halt auch beleidigt und hält dich für unkollegial. Man weiß nicht, wie man sich verhalten soll. Was man macht, macht man falsch. Und dann die ganzen Schüler und am besten noch die Schar von Eltern, die halt jeden Morgen vor der Schule lauert. Ich meine ... du kommst da rein, bist vielleicht zwei Wochen da und wirst von irgendwelchen Eltern angequatscht, die sofort was über ihr Kind wissen wollen. Einige haben Verständnis, weil die ja auch wissen,

dass ich noch Referendarin bin, aber viele sind dann auch total eingeschnappt, wenn ich sage: Sorry, ich weiß gar nicht, wer ihre Tochter ist. Woher denn auch?"

Die hier vorgestellten Unstimmigkeiten zwischen Novizen und Etablierten lassen sich auch als habituelle, im Körper verankerte Disharmonien beschreiben: Die sich in die Körper des etablierten Kollektivs eingeschriebenen Kommunikations-, Handlungs- und Wahrnehmungsformen werden durch abweichendes Verhalten erschüttert und treten den etablierten Akteuren nicht selten als körperliche Irritationen entgegen. Eine Lehrerin beschreibt ihre Wahrnehmung der neuen Referendarin:

„Sie ist einerseits irgendwie noch unreif und hilflos und andererseits in anderen Situationen wiederum sehr rücksichtslos."

Hierbei kann sie nicht genau sagen, was sie damit eigentlich meint. Die Akteure der Schule erzeugen durch die zahlreichen zumeist informellen oder intern abgesprochenen Vereinbarungen einen nur schwer zugänglichen Einheitskörper, der den Novizen in der Praxis ihre ‚Nicht-Zugehörigkeit' spiegelt. Durch die schwer zu durchschauenden Abläufe und codierten Kommunikationen werden die Novizen systematisch als Unwissende, Suchende und Nicht-Dazugehörige gegenüber den Etablierten positioniert. Die von der Referendarin als Seiltanz umschriebenen ersten Wochen des Referendariats sind dadurch gekennzeichnet, dass die Novizen nur dann Partizipationschancen haben, wenn sie sich selbst als Fragende und Hilfesuchende positionieren. Zugleich scheinen gerade diejenigen besonders häufig ermahnt zu werden, die sich in besonderem Maß als Hilfesuchende ‚aufdrängen'. Die systematische Entwurzelung der Novizen und ihre Positionierung als ‚Noch-Nicht-Dazugehörige' erfolgt im selben Akt.

2.1.2.2 Orientierung II: Das Klassenzimmer

Das Bemühen um Bewältigung von Orientierungsproblemen, das bereits beim Suchen der Schulen und Seminarorte auftaucht, kennzeichnet auch die erste Begegnungen mit den verschiedenen Klassenräumen. Was auf den ersten Blick völlig evident erscheint, wirft bei näherem Hinsehen doch mehrere Fragen auf: Die Schülerinnen und Schüler sitzen auf ihren Plätzen, laufen vereinzelt umher und die Lehrerin erklärt etwas – eine recht normale

Unterrichtssituation, wie sie viele von uns in der eigenen Schulzeit selbst erlebt haben. Doch was bedeuten all die Kästchen und Schilder? Wann darf man umherlaufen? Warum dürfen sich einzelne Schüler ungefragt Spiele aus den Schränken nehmen und sich damit zurückziehen? Für die neuen Referendare sind die Klassenräume kaum zu überblickende, geschweige denn zu beherrschende Orte unterschiedlicher materiell-symbolischer Anordnungen.

Jedes Fach, jeder noch so kleine Kasten, ja auch einzelne Hefte haben für Schüler und Lehrer bestimmte Bedeutungen. Nur schwer lassen sich die Zusammenhänge entschlüsseln. Auf vielen Schubladen kleben Tiersymbole – z.B. eine Eule – die auch in den Heften als Aufkleber und in den Lese- und Mathematikbüchern bereits gedruckt wiederzufinden sind. Die Kinder sprechen oft vom Eulenheft und erhalten für besonders gelungene Arbeiten einen Stempelabdruck, der ebenfalls eine Eule darstellt. Die unterschiedlichen Inhalte scheinen über derartige Zeichen strukturiert und vernetzt zu sein. Eine Vielzahl unterschiedlicher Schilder wird vom Lehrer bereitgehalten und stumm zum Einsatz gebracht, indem er sie in entsprechenden Unterrichtsphasen unkommentiert an die Tafel heftet. Flüsternde Kinder sind auf einem Schild abgebildet. Ein Pausenbrot, eine Banane, ein Getränk und ein Apfel werden auf einem anderen demonstriert. Plötzlich verlässt ein Kind den Klassenraum, vergisst jedoch nicht, ein, an einem Faden an der Wand hängendes, grünes Schild umzudrehen, so dass jetzt seine rote Seite zum Vorschein kommt. Die Beschreibung der Materialität des Klassenraums gewinnt an Komplexität und Vielfalt, wenn man die Praktiken des Unterrichts in den Blick nimmt und den Gebrauch der Dinge in unterschiedlichen Situationen näher betrachtet. Es wird deutlich, dass der Klassenraum und seine Praktiken sogar innerhalb einer Unterrichtsstunde modifiziert werden: Scheinbar unvermittelt werden in einer Deutschstunde plötzlich Tische aus der Ordnung des Frontalunterrichts herausgelöst und an die Seite gestellt. Die Stühle werden hingegen von den Schülern kreisförmig in der Mitte des Klassenzimmers angeordnet. Dem Beobachter wird erst nach mehreren Hospitationsstunden klar, dass der Lehrer diesen zumeist unverhofften kollektiv vollzogenen Umbau der Raumordnung – vom Frontalunterricht zum Sitzkreis – wortlos durch das demonstrative Zusammenpacken seiner Unterrichtsutensilien initiiert hat. Diese in vergleichbaren Situationen wiederkehrende Geste des ‚eine Unterrichtsphase abschließenden Ordnens' kann von einigen Schülern als Zeichen gedeutet werden. Es ist zu erkennen, wer in der Lage ist, diese Zeichen zu erkennen und wer nicht. Ebenso wie der Forscher scheinen auch die hospitierende Referendarin und einige Schüler vom plötzlichen

Wechsel der Ordnung und vom Verhalten ihrer Mitschüler überrascht und irritiert zu sein – fragend sieht sich die Referendarin um und eine Schülerin erkundigt sich, ob der Unterricht jetzt vorbei sei.

Es gehört offenbar zur Profession des Schülers, ein Gespür für die kleinen Zeichen und Gesten der unterschiedlichen Lehrer zu entwickeln. Der Wechsel dieser Sitzordnung geht mit einer Änderung der typischen Kommunikationsformen und Hierarchien einher. Der Frontalunterricht, der durch das Frage-Antwort-Spiel zwischen Lehrer und Schülern geprägt war, in dem der Lehrer den weitaus größten Redeanteil hatte, stand im Kontrast zur ringförmig geschlossenen Sitzordnung und der scheinbar basisdemokratischen Gesprächsordnung des Morgenkreises. Die Schüler erzählten hier von ihren Erlebnissen am Wochenende und stellten sich gegenseitig Fragen. Nun galt es nicht mehr, sich zu melden, sondern möglichst unaufdringlich zu Wort zu kommen und die Beiträge der Mitschüler fragend oder unterstützend zu kommentieren. Nicht mehr aufrechte Sitzhaltungen und kurze prägnante Antworten demonstrierten hier das spezifische ‚Im-Spiel-Sein' der Schüler. Gerade diejenigen, die in der Lage waren, betont lässig im Schneidersitz auf den Stühlen zu sitzen oder halb auf dem Nachbarn liegend ausschweifend von ihren Erlebnissen zu berichten, schafften es, Entspannung und Souveränität zu demonstrieren. Andere Schüler meldeten sich, saßen steif auf ihren Stühlen und kamen letztendlich nicht zu Wort. D. h. Sitzordnungen und Körperhaltungen, die in der Phase des Frontalunterrichts noch zu Ermahnungen und Maßregelungen geführt hätten, waren nun gefragt.

Die kollektive praktische Umdeutung der dinglichen Beschaffenheit des Klassenzimmers schien sogar möglich zu sein, wenn keine Veränderung der materiellen Anordnungen vorgenommen wurde. Am Ende einer Frontalunterrichtsphase begab sich der Lehrer plötzlich wortlos an sein Pult in der Ecke rechts neben der Tafel und begann Hefte durchzusehen. Erste Schüler fingen ebenfalls an, die Ordnung des Frontalunterrichts aufzulösen. Zwei Schülerinnen rannten augenblicklich zur Tafel und begannen damit, sie mit bunter Kreide zu bemalen, andere setzten sich auf einen der Heizkörper und lasen sich gegenseitig etwas vor. Eine Gruppe von vier Schülerinnen setzte sich auf die zusammenstehenden Tische, um gemeinsam ein mathematisches Puzzle zu legen. Eine weitere Gruppe verließ sogar den Klassenraum und malte im Flur Bilder aus. Was hier dem Novizen spontan und unvermittelt erscheint, ist die eingespielte, in dieser Klasse etablierte Freiarbeitsphase, in der sich die Schüler entscheiden können, in welcher Reihenfolge und in welchen Gruppen sie die im Vorfeld abgesprochenen Aufgaben erledigen oder zu welchem Zeitpunkt sie eine Pause einlegen wollen.

Es war eine praktische Umdeutung der Dinge zu beobachten: Tische wurden zu betretbaren Sitzplateaus, die sonst für viele Schüler unnahbare und in unterschiedlichen Situationen gar bedrohlich erscheinende Tafel wurde plötzlich hemmungslos bemalt, Räume für Rückzug und Privatheit entstanden dort, wo zuvor keine waren und auch die im Frontalunterricht nur in Ausnahmefällen überschreitbare Türschwelle verlor ihre Bedeutung als räumliche Grenze des Unterrichts. Die spezifische Positionierung des Lehrerkörpers am Pult initiierte den kollektiv vollzogenen Wechsel der Unterrichtsformen und zog eine praktische Umdeutung der Artefakte nach sich. Auch hier unterschieden sich die Schülerinnen deutlich voneinander: Die einen schienen bereits an den ersten Schritten des Lehrers und seiner demonstrativen Abwendung von den Schülern zu erkennen, dass dieser sich an das Pult setzen würde. Blitzschnell waren sie in der Lage, den bevorstehenden Wechsel der Unterrichtsordnung zu antizipieren. Als erste erstürmten sie die begehrte Tafel, um hier malen zu können. Andere saßen noch nach Minuten auf ihren Stühlen und wurden schließlich vom Lehrer aufgefordert, sich einer der optionalen Aufgaben zu widmen. Nur zaghaft setzte sich eine Schülerin schließlich mit ihrem Stuhl an die zusammengeschobenen Tische, auf denen die anderen bereits lagen und puzzelten. Auch nach mehrfachen Aufforderungen der Mitschülerinnen hatte sie offensichtlich Respekt davor, die Tische zu betreten. Wiederholt äußerte sie, dass man nicht auf den Tischen sitzen dürfe.

Die in den ersten Wochen hospitierenden Referendare sind zunächst nur Gäste in dieser ihnen mehr oder weniger fremd gegenübertretenden Umgebung. Der schnelle Wechsel der räumlichen, materiellen und symbolischen Ordnungen erschwert ihnen die Partizipation. Häufig richten sie Fragen an Schüler und Mentoren zur Bedeutung unterschiedlicher Dinge, Rituale oder Vorgänge; oftmals erläutern Lehrer wie Schüler auch von sich aus bestimmte Zusammenhänge und beziehen sich mit diesen in den Unterricht eingebundenen verbalen oder auch gestischen Erläuterungen direkt auf die

Novizen.[60] So legten bspw. Schüler die bereits berechneten und verarbeiteten mathematischen LÜK-Bausteine[61] ein weiteres Mal, damit eine Referendarin die entsprechenden Rechenwege nachvollziehen konnte. In einem weiteren Beispiel öffnete eine Lehrerin die schwergängigen Fenster des Klassenraums so langsam und in mehrfacher Wiederholung der außergewöhnlichen Technik, dass die Referendarin diese beim Zusehen erlernen konnte. Viele Aspekte der in jeder Klasse existierenden vielschichtig aufgeladenen symbolischen Ordnung der Dinge und der Umgangsformen, können von den Neulingen allein im Maße ihrer zunehmenden praktischen Einbindung erfasst werden. Die Welt des Klassenzimmers ist Teil eines Spiels, das den ‚alteingesessenen' Schülern und Lehrern vertraut ist und über zahlreiche, von ‚Fremden' kaum wahrzunehmende Gesten, über in Nuancen variierende Stimmlagen und durch einen spezifischen Umgang mit den Artefakten im Fluss gehalten wird. Novizen fehlt der Sinn für dieses Spiel. Sie kennen seine informellen Regeln und Gepflogenheiten nicht und wissen seine Zeichen nicht wahrzunehmen.

Hinzu kommt, dass die Klassenräume der Grundschule auf die Anwesenheit einer einzigen erwachsenen Person ausgerichtet sind. Nur das Pult und der dazugehörige Stuhl sowie Tafel, Waschbecken, Fenster und Türen sind auf die Größe eines Erwachsenen zugeschnitten. Alle anderen Möbel und Orte sind für Kinder arrangiert und etikettieren jede zusätzliche erwachsene Person als Fremdkörper. Der auf seinem Stuhl offensichtlich unbequem sitzende Referendar ändert häufig seine Position und zieht mit jedem Quietschen des Stuhls die Blicke einiger Schüler auf sich.

---

60 Die Interaktionen und Gespräche zwischen Novizen und Etablierten waren für diese Studie wichtig: Die Fragen der Novizen offenbarten nicht nur ihre Probleme und Perspektiven, sondern bezogen sich oftmals auch auf die Phänomene, die auch mir zuvor aufgefallen waren und die mich gleichermaßen irritiert hatten. Ebenso halfen mir die verbalen und gestischen Erläuterungen der Etablierten dabei, die Eigenarten und ‚Fettnäpfchen' des Feldes ebenso zu erkennen, wie etablierte Verfahrensweisen oder stille Übereinkünfte; nicht zuletzt konnte ich mir auf diese Weise auch schlichte Alltagspraktiken, wie die Tricks zum Öffnen der Fenster abschauen.

61 Hierbei handelt es sich um ein mathematisches Puzzle, dessen korrekte Lösung der Lehrer mit einem Blick auf das rückseitige Muster erkennen kann.

„Das ist total absurd, da hinten in der Klasse zu sitzen. Man kommt sich wieder vor wie ein Schüler. Das heißt: Eigentlich fühlt man sich noch viel schlimmer, weil man früher ja jedenfalls noch auf die Stühle gepasst hat. Das ist total die Frechheit, dass man sich da auf diese Ministühle ... ich meine, die sind echt unglaublich klein..., wenn man da sitzt, kommt man sich total bescheuert vor. Kein Wunder, dass die Schüler einen so nicht ernstnehmen."

Die winzigen Möbel, die engen Räume und Gassen, die gemalten Bilder der Schüler, die in geringer Höhe an den Wänden hängen sowie die in niedrigen Regalen aufbewahrten Kartons und Mappen sorgen dafür, dass die Novizen zunächst kaum einen Schritt in der Klasse machen können, ohne anzuecken. Als ein Referendar bspw. in einer Freiarbeitsphase versuchte, sich in die durch Regale abgetrennte Ecke für mathematische Spiele zu setzen, um zu sehen, was die hier auf der Erde sitzenden Schülerinnen machten, merkte er erst nach dem zweiten Platzierungsversuch, dass der ‚Raum' nicht genügend Platz für ihn bereithielt. Nachdem er schließlich eines der Spielbretter berührte und die darauf liegenden Figuren verschoben hatte, verließ er die Ecke wieder, begleitet von einigen lautstarken Flüchen der Schülerinnen. Auch wenn er sich in den Stillarbeitsphasen, in denen die Schüler auf ihren Plätzen sitzen und Aufgaben bearbeiten, genau wie die Lehrerin durch die Reihen bewegt, um sich die Arbeiten anzusehen, läuft dies nicht reibungslos: Zuerst kommt er der Lehrerin in einer der sehr engen ‚Gassen' entgegen und muss sich umständlich an ihr vorbeidrängeln. Anschließend stößt er bei den in der Reihe folgenden Schülern auf Widerstand, da diese ihre Arbeiten kein zweites Mal bereit sind vorzuzeigen. Seine Versuche, sich sukzessive in das Unterrichtsgeschehen einzubringen und – wie es ihm von der Seminarleiterin nahegelegt wurde – mehr Interesse am Geschehen zu demonstrieren, scheitern.

Hinzu kommt, dass es nur bestimmte Haltungen und Bewegungsweisen gibt, die eine erwachsene Person im Klassenraum einnehmen bzw. ausführen kann, ohne als Fremdkörper wahrgenommen zu werden. Es ist erlaubt, umherzugehen, aber nicht zu rennen, sich dezent über die Tische der Schüler zu beugen, sich neben sie zu knien, aber nicht sich hinzusetzen. Legitim ist es, vor dem Fenster zu stehen, aber nicht auf dem Boden zu sitzen. Jede ungewohnte Bewegung, jedes unpassende Verhalten und auch jeder nicht übliche Gegenstand stören die Routinen des Unterrichts, indem sie die Konzentration der Schüler auf sich lenken. Ein Referendar, der während des Hospitierens auf sein Handy sieht, eine Referendarin, die Kaugummi kaut oder sich im Schneidersitz auf die Erde setzt, ein Forscher, der die Kassetten seiner Kamera wechselt oder eine Referendarin, die ein paar Schritte rennt, um einer sich meldenden Schülerin zu helfen, ziehen die Aufmerksamkeit aller Akteure dergestalt auf sich, dass der Unterricht für einen Augenblick stockt und ein unangenehmer Moment kollektiven Innehaltens entsteht. In dieser Situation richtet sich der Blick der sich im selben Akt konstituierenden Gemeinschaft auf den Novizen und spiegelt ihm wortlos die Unangemessenheit seines Verhaltens.

Der Klassenraum in seiner besonderen materiellen Beschaffenheit wirkt als Verstärker für jede Form der Abweichung und positioniert die Novizen systematisch als Außenstehende gegenüber den Etablierten. Das spezifische Setting versetzt die Referendare auf allen Ebenen in eine prekäre Lage: Sie werden kurzfristig in ihren grundlegenden Routinen erschüttert. Sie müssen sich nicht nur Gedanken darüber machen, wie man sich kleidet oder wie man sich eventuell, ohne zu stören, produktiv in das Unterrichtsgeschehen einbringen könnte, sondern sehr viel grundlegender ansetzend müssen sie in der Praxis die Art und Geschwindigkeit ihres Gangs reflektieren, die Lautstärke ihrer Stimme regulieren und werden plötzlich vor die Frage gestellt, wie man sich eigentlich möglichst angemessen auf einen Stuhl setzt. Es scheint zunächst gar nicht darum zu gehen, auf die großen didaktischen, pädagogischen, methodischen oder fachlichen Fragen eine Antwort zu finden, sondern vielmehr kommt es darauf an, unfallfrei den Klassenraum zu durchqueren, sich einen sicheren Gang anzueignen oder eine Sitzposition zu finden, die nicht ständig die Blicke der Schüler auf sich zieht. Die Novizen werden nicht dazu aufgefordert, einen eigenständigen Umgang mit den Schülern zu finden und individuelle Wege des Unterrichtens zu beschreiten, sondern ihre Aufgabe ist es zunächst, die zwischen Mentoren und Schülern eingespielten Rituale, Zeichen und Abläufe zu erkennen und einzuordnen. Nicht zuletzt gilt es, die eigenen Gewohnheiten den in diesem Klassenraum ebenso wie in den Körpern der Etablierten verankerten Ordnungen anzupassen. Ähnlich, wie Turner die Funktion von Ritualen der Statusumkehrung beschreibt, positionieren sich die Schüler in solchen Situationen gegenüber den Novizen als Etablierte und kehren somit das typische Lehrer-Schülerverhältnis um. Die Schüler übernehmen die Lehrerrolle und weisen die Referendare in die Ordnungen des Unterrichts ein. „Indem [solche Statusumkehrungen] die Niedrigen erhöhen und die Hohen erniedrigen, bestätigen sie das hierarchische Prinzip." (Turner 189: 168) In der situativen Umkehrung der im Rahmen der Schule etablierten Verhältnisse, erleben die Referendare das hierarchische Prinzip aus anderer Perspektive. Implizit erhält es in diesem Akt die Fassade des Natürlichen und wird fortan als evident wahrgenommen.

Zur Positionierung des Forschers im Feld[62]

Es ist zwei Minuten vor acht, ich betrete zum ersten Mal die Klasse – alle sind bereits am Arbeiten. Es findet keine Begrüßung statt, der Lehrer setzt sich ans Pult, ordnet Gegenstände. Ich bin auf mich allein gestellt, begebe mich auf einen Platz am Fenster, der mir für die Aufnahmen geeignet scheint und fühle mich etwas orientierungslos. Die Schüler laufen um mich herum, unterhalten sich und spielen mir unbekannte mathematische Spiele, nur die Referendarin, die auf einem kleinen Stuhl vor der Wand im hinteren Bereich des Klassenraums sitzt, grüßt mich dezent mit einem Nicken.

Ich versuche mich möglichst unauffällig zu verhalten und setze mich in die hintere Ecke des Klassenraums, seitlich vor die Fensterfront an eine der niedrigen Heizungen, bin relativ unsicher und fühle mich fremd. Es ist schwierig, an den eng stehenden Tischen und den kleinen Regalen mit meiner Ausrüstung vorbeizukommen, ohne etwas umzuschmeißen. Auch das Sitzen auf den viel zu kleinen Stühlen ist nicht nur unbequem, sondern es ist unmöglich, auf diesem Stuhl ‚Haltung zu bewahren'. Mehrfach stehe ich auf, weil ich keine gute Sitzposition finden kann, und setze mich schließlich auf den niedrigen Heizkörper. Obgleich es mir hier viel zu warm ist, wechsele ich den Platz nun nicht mehr, um keine Aufmerksamkeit auf mich zu lenken.

62 Die folgenden Beschreibungen beziehen sich auf die Erlebnisse des Forschers während der ersten Hospitationen im Unterricht. Es zeigen sich hier typische Probleme der teilnehmenden Beobachtung. Darüber hinaus wird die Situation eines Novizen im Setting des Unterrichts veranschaulicht; mit den hier auftretenden Schwierigkeiten sehen sich auch die Anwärter in ähnlicher Weise konfrontiert.

Eigentlich bin ich auch etwas unzufrieden mit der Form meiner Einführung: Ich hätte mich lieber vorgestellt und den Schülern erklärt, was ich vorhabe. Meine Unsicherheit gegenüber dem Feld, die fehlende Definition meiner Rolle kompensiere ich durch den geschäftigen Umgang mit meinem Werkzeug, der Kamera. Ich habe im Hinterkopf, das Geschehen möglichst wenig stören zu wollen und halte es für meine Beobachtungen gar nicht so schlecht, dass mir zunächst kaum Beachtung geschenkt wird. Umso mehr irritieren mich die unterschiedlichen Formen der Kontaktaufnahme, die die Schüler und der Lehrer mir allmählich doch entgegenbringen. Eine Situation am zweiten Tag meiner Forschungen, in der ich zwischendurch unbemerkt – wie ich hoffte – einen Schluck Wasser aus meiner Trinkflasche nahm, zeigte, dass ich entgegen meines ersten Eindrucks doch sehr genau beachtet wurde: Nur wenige Sekunden, nachdem ich getrunken hatte, holten vier Kinder ebenfalls Trinkflaschen aus ihren Schultaschen und tranken ausgiebig, was ihnen eine Ermahnung des Lehrers einbrachte, der auch für mich gut verständlich noch einmal betonte, dass das Trinken nur in den Pausen erlaubt sei.

Insbesondere die Pausen werden ab dem dritten Tag vermehrt von den Schülern genutzt, um Kontakt zu mir und der Kamera aufzunehmen. Einige schneiden Grimassen vor der Linse, drei Mädchen führen spontan eine ‚Modenschau' auf und andere rennen, so schnell es ihnen möglich ist, vor der Kamera hin und her. Sie berühren zunächst nur vorsichtig Kamera und Stativ, ein Junge gibt dem Stativ mit dem Fuß einen scheinbar versehentlichen aber doch sehr kontrollierten Stoß. Ich vertraue den Schülern mit leichtem Bedenken und greife nicht ein.

Jetzt kommen auch viele Fragen zu meiner Person, zur Kamera und meinem Vorhaben: Sie wollen wissen, ob ich auch mal Lehrer werden wolle, ob ich ein Freund des Lehrers sei und wie lange ich noch zu ihnen in die Schule kommen würde. Obwohl ihnen der Lehrer erzählt hatte, dass ich von der Universität komme und filmen werde, merke ich, dass meine unklare Position im Feld nicht nur die Schülerinnen und Schüler verunsichert, sondern ebenso den Lehrer. Die Schüler versuchen mich über das Ausloten der Grenzen dessen, was sie mit mir und der Kamera machen können, durch Fragen bezüglich meiner Beziehung zur Schule und zu ihrem Lehrer im Feld zu positionieren; sie versuchen mich vor allem durch das Ausprobieren körperlicher Grenzen einzuordnen. Ohne dass ich viel erkläre, ist schnell allen klar, was erlaubt ist und was nicht:

Sie dürfen mit der Kamera in den Pausen filmen, aber in ihrer Nähe nicht toben, sie können sich neben mich setzen, aber nicht auf meinen Schoß und werden vom Lehrer ermahnt, sich in den Stunden nicht ablenken zu lassen. Schnell werden diese Grenzen erkannt und eingehalten. Der Lehrer versucht mich ebenfalls einzuordnen. Er bezieht sich im Unterricht allmählich häufiger auf mich und fordert die Schüler in Situationen der ‚Sicherung' von Lerninhalten auf, mir das soeben Erarbeitete doch noch mal zu erklären. In der Bibliotheksstunde teilt er sogar die Klasse und fragt mich, ob ich mit der einen Hälfte der Klasse ein Gedicht besprechen könne. Völlig verunsichert willige ich schließlich ein und merke sofort, dass dies ein Schritt ist, der richtungweisend für meine Positionierung im Feld ist. Mir wird in dieser Klasse die Rolle des ‚Hilfslehrers' zuteil, die mir, ob sie mir lieb ist oder nicht, einige Sicherheit im Umgang mit dem Feld gibt. Einzelne Schüler zeigen mir von nun an ihre Hefte, bevor sie sie dem Lehrer zeigen oder richten in den Freiarbeitsphasen Fragen an mich. Ich selbst bin nicht mehr an meine mir vertraute Ecke gebunden, sondern bewege mich relativ ungezwungen im Klassenraum. Ich frage mich, inwiefern sich die dergestalt vollzogene Positionierung auf den Forschungsprozess und meine spezifische Perspektive auswirkt und bin froh, dass zum einen meine Untersuchungen an mehrere verschiedene Schulen und Lehrer geknüpft ist und dass ich zum anderen einen relativ klaren theoretischen Rahmen für meine Forschung in Anschlag gebracht habe, der mich besonders in solchen Situationen dabei unterstützt, meine Forschungsfragen und –perspektiven im Blick zu behalten.

Die Schule scheint in ihren Räumen und materiellen Arrangements nur bestimmte Positionen für ihre Akteure bereitzuhalten. Meine Position als filmender Mitarbeiter der Universität, der sich den Unterricht ansehen möchte, ist undefiniert und kann hierarchisch und strukturell nicht eingeordnet werden. Immer wieder fragen auch Kollegen im Lehrerzimmer, was ich mache. Auch der Hausmeister ist in der dritten Woche meines Aufenthalts daran interessiert, detailliert zu erfahren, in welcher Funktion ich denn nun eigentlich hier sei. Die Schule ist derart fremde Gäste in bestimmten Situationen durchaus gewöhnt: Zum Beispiel sehen von Zeit zu Zeit Eltern im Unterricht ihren Kindern zu, jedoch sind dies dann immer Ausnahmen und kurzfristige Aufenthalte. Meine dauerhafte Präsenz in dieser Klasse erfordert die Einordnung meiner Person in eine anerkannte organisationstypische Position. Die kritischen Blicke, Fragen und Unsicherheiten der Schüler und Lehrer, Hausmeister, Sekretäre und Eltern kommen erst zur Ruhe, wenn die feldfremde Person des Forschers von ihnen eingeordnet werden kann. Platziere ich meinen – mir in diesem Setting viel zu groß erscheinenden – Körper auf den niedrigen Schülerstühlen, wirkt es albern – was mir die Schüler ohne Zögern mehrfach spiegeln –, bleibe ich einfach stehen, wirkt es rast- bzw. ortlos. Die durch Bücherregale abgetrennten Bereiche des Zimmers sind für mich zu schmal und ebenso können die niedrigen Heizkörper, auf denen die Schüler häufig sitzen, mir keine Sitzgelegenheit bieten. Für mich ist im wahrsten Sinne des Wortes kein Platz in diesem Ensemble vorgesehen. Mit jedem Geräusch, das ich mit der Kamera mache, ziehe ich die Aufmerksamkeit der Schüler auf mich und sobald ich mich erhebe, drehen sich alle zu mir um. Als ich auf mein Handy sehe, um die Uhrzeit herauszufinden, stehen sogar einige Schüler auf, um es sich anzusehen. Alles an mir scheint im Rahmen der Schule fremd zu sein. Jede meiner Bewegungen wird registriert – die Schule hat mir den Zugang gewährt, jedoch lässt sie mich zu keinem Zeitpunkt aus den Augen.

2.1.3 DIE SUCHE NACH GREIFBAREM

„Man weiß einfach irgendwann, was zu tun ist bzw. man tut es einfach und dann ergibt sich schon irgendwas!"

Die Novizen sind in den ersten Seminarsitzungen noch recht zurückhaltend. Dennoch stellen sie immer wieder Fragen zu konkreten Situationen. Kennzeichen dieser ersten Sitzungen sind die umfassenden Beschreibungen zuvor erlebter Unterrichtssituationen, die die Novizen überfordert und vor ein Problem gestellt hatten. „*Was hätte ich da denn konkret machen können?*" ist eine der hier oft gestellten Fragen. Die Detailgenauigkeit ihrer Situationsbeschreibungen verweist auf das Gefühl der Novizen für die Vielzahl der unterschiedlichen Variablen und Aspekte, die eine Unterrichtssituation beeinflussen und formen können. Woher weiß man bspw., welche Stimmlage, welche Lautstärke und welche Worte man verwenden soll, um einen Schüler zum schnelleren Arbeiten zu ermuntern?

Hierzu eine kurze Gesprächspassage aus einem der Seminare:

Referendarin 1:
„Also heute habe ich zum Beispiel [Name des Schülers gestrichen] zur Seite genommen und ihm erklärt, dass er etwas schneller arbeiten muss, damit er nicht immer der Letzte ist. Ich wollte ihn nur irgendwie antreiben – ich finde den ja auch total nett. Und plötzlich hat er dann geweint. Ich meine, ich wollte … ich wollte, dass er konzentrierter arbeitet und das Ergebnis war, dass er gar nicht mehr gearbeitet hat! Ich find′ sowas echt schwer."

Referendarin 2:
„Naja, du hast dich vielleicht ja auch nur im Ton vergriffen. Vielleicht hatte er ja auch was ganz anderes und du hast das Fass nur zum Überlaufen gebracht."

Seminarleiterin:
„Was haben Sie ihm denn genau gesagt bzw. wie haben Sie es denn gesagt?"

Referendarin 1:
„Ich habe ihm ganz nett erklärt, dass er schneller anfangen soll und nicht immer träumen soll, weil die anderen dann immer schon fast fertig sind, wenn er anfängt. Vielleicht habe ich das ja genervt rübergebracht, aber eigentlich kennt [Name des Schülers gestrichen] mich doch auch. Ich meine das doch nicht böse."

Seminarleiterin:
„Man kann das eigentlich so jetzt gar nicht sagen. Lag es denn an Ihrem Gespräch oder war er vielleicht vorher schon traurig? Eventuell haben Sie ihn ja auch vor seinen Freunden bloßgestellt? Das ist wirklich schwierig. Man müsste die Situation insgesamt sehen, um das beurteilen zu können."

Die Novizen suchen nach Richtlinien und handfesten Hinweisen darauf, wie in den unterschiedlichen Situationen zu handeln ist. Ihre Suche nach Verhaltenssicherheit scheitert jedoch systematisch an ihrer Unfähigkeit, mit der Unschärfe der Praxis umzugehen. Viele der Referendare höheren Semesters haben hingegen ein Gespür für eben diese unscharfen Grenzen entwickelt und wissen um die Schwierigkeit, exakte Handlungshinweise zu formulieren; nur die Novizen stellen gezielte Fragen nach konkreten Verhaltenstipps. Sie scheinen zunächst umso ratloser vor den zu bewältigenden Aufgaben zu stehen, je mehr sie versuchen, diese konkret zu erfassen. Je detaillierter die Anwärter Hinweise und eigene Beobachtungen notieren, desto deutlicher präsentiert sich ihnen die Schwierigkeit, all diese Aspekte in der konkreten Situation berücksichtigen zu müssen. Im Rahmen der Seminare bestätigen die Novizen ihre Position als ‚Noch-Nicht-Eingeweihte' durch ihre Versuche, zu greifen, was sich reflexiv nicht greifen lässt. Die Unschärfe der Praxis eröffnet ihnen zunächst nicht etwa Handlungsspielräume, vielmehr lässt sie die Pluralität der Aspekte, Möglichkeiten und Angebote in vielen Situationen erstarren.

Die Ordnungen des Unterrichts sind so komplex und variabel, dass es nur für wenige Situationen möglich ist, Richtlinien zu erstellen. Zum einen unterscheiden sich die Situationen so nuanciert, dass Differenzen zumeist kaum benannt werden können. Zum anderen ist die Wahrnehmung des Geschehens nicht nur höchst subjektiv, sondern darüber hinaus augenscheinlich tagesform- und stimmungsabhängig. Die Funktionalität einer schriftlichen Übung bspw. – so beschreibt es eine der erfahrenen Kolleginnen – kann nicht immer kontrolliert werden, sondern wird von der Lehrkraft an den Blicken der Schüler bewertet.

„Sie merken ganz genau, ob die Schüler konzentriert arbeiten oder nicht. Manchmal gucken die in der Gegend herum oder gucken nur, was die anderen da machen und manchmal sieht man, dass sie nur zwischen Arbeitsheft und Buch hin- und herschauen. Man kann auch sehen, ob einer gerade nachdenkt oder ob er nur Unsinn im Kopf hat."

Auch die etwas geringere Lautstärke im Klassenraum wird als ein Zeichen für die Funktionalität einer Übung benannt. Jedoch ist auch für die hospitierenden Referendare zu beobachten, dass der allgemeine Lärmpegel an einigen Tagen sehr viel schneller zu Sanktionen führt als an anderen. Es wird für sie nicht erkenntlich, ab welcher Lautstärke es einzugreifen gilt. In den kurzen Gesprächen, die die Referendare mit ihren Mentoren im Anschluss an die Stunden führen, können diese rückblickend zumeist selbst nicht artikulieren, aufgrund welcher Wahrnehmungen sie Handlungsentscheidungen getroffen haben. Die von den Novizen beobachteten Details wurden von ihnen zum Teil gar nicht registriert. Handeln im schulischen Kontext ist in hohem Maße undurchschaubar und ungewiss (vgl. Combe/Buchen 1996, Helsper 2002). Ortmann verdeutlicht, dass Spielregeln in Organisationen wie der Schule häufig nur implizit vorhanden sind, ohne exakt kodifiziert zu sein (vgl. Ortmann 1990). Die Akteure haben zumeist nur ein diffuses Verständnis von den gültigen formellen und informellen Regeln, die sie verfolgen, was ihre Analyse, ihre operationale Definition (vgl. Ortmann 1992; 2001) erschwert. Nur wenige Entscheidungen haben eindeutig vorhersehbare Konsequenzen und sind darüber hinaus in den meisten Fällen mit ‚Nebenwirkungen' verbunden.[63] Plausibel erscheint die Frage danach, welche Wissensformen Lehrer zur Bewältigung der komplexen Aufgaben im Unterricht eigentlich benötigen (vgl. Rumpf/Kranich 2000; Bromme 1992). In Anlehnung an die „organisationssoziologisch inspirierte Wissenswerdungsforschung" (Radtke 1996) beschreiben Combe und Kolbe diese schwer kategorisierbaren Wissensformen „als in der Zunft geteilte und für die Organisation funktionale Bestände, wie zu handeln sei" (Combe/Kolbe 2004: 837f.). Eben dieses in der Zunft geteilte Wissen wird jedoch keineswegs systematisch expliziert, sondern als implizites verkörpertes Wissen (Polanyi 1985) in hochspezifischen Situationen aktualisiert. Die Frage danach, wie Entscheidungen in der Praxis des Unterrichts getroffen werden, wird auch innerhalb der Schule indirekt diskutiert.

Der so undefinierten und unscharfen Logik der Praxis wird ein ebenso unscharfer und mysteriöser Akteur zur Seite gestellt: Einer Studie zufolge führen erfahrene Lehrkräfte den Erfolg von Handlungsentscheidungen in der Schule hauptsächlich auf die Entwicklung einer ausgereiften Lehrerpersönlichkeit zurück (vgl. Herrmann/Hertramph 1997). In ungreifbaren Begriffen wie dem der ‚Lehrerpersönlichkeit' und dem der ‚natürlichen Autorität' umschreiben die Akteure das organisationsadäquate Handeln in komplexen pädagogischen Situationen, das nur am konkreten Fall sichtbar gemacht werden kann und sich nur schwer verallgemeinernd beschreiben lässt.

Viele der Befragten hielten die Förderung der Persönlichkeitsmerkmale im Rahmen der Lehrerausbildung für besonders wichtig, obgleich sie ebenfalls darauf verwiesen, dass man ein ‚Händchen für diesen Beruf' schon mitbringen müsse (vgl. Bromme/Haag 2004: 777). Der Begriff der Lehrer-

63 Zum Aspekt der Ungewissheit im Lehrerhandeln vgl. auch Helsper 2003.

persönlichkeit wird umschrieben als „ein Ensemble von Eigenschaften, die erstens zentral für eine erfolgreiche Berufsausbildung sind, sich zweitens nicht trennscharf umreißen lassen und drittens den Charakter des Nicht-Erlernbaren tragen" (Hertramph/Herrmann 1999: 53 zitiert nach Bromme/Haag 2004: 777). Nur eine ausgesprochene Lehrerpersönlichkeit sei in der Lage, die vielschichtigen Ereignisse im Klassenraum wahrzunehmen; wie sie das jedoch konkret macht, bleibt ungewiss. Auf Basis einer differenzierten situativen Wahrnehmung, die sich zugleich auf fachliche, psychische, gruppendynamische, pädagogisch-didaktische, lerntheoretische oder andere Aspekte beziehen muss, werden hoch voraussetzungsvolle Entscheidungen getroffen. Für viele der Novizen scheint dies ein unerreichbares Ziel zu sein, zumal unklar ist, wie man solch ein Gespür erwirbt. Auch die konkreten Fragen an Seminarleiter oder andere Lehrer sind hier keine Hilfe. Lehrer können ihre Profession zumeist nur vage beschreiben. Die Aussagen der von uns beobachteten Seminarleiter und Mentoren bestätigen dieses Bild: In Gesprächen mit Referendaren forderten sie, dass man einen Blick für die einzelnen Schüler bekommen müsse, um zu wissen, was als nächstes zu tun sei oder dass man ein Gespür dafür entwickeln müsse, in welcher Lernphase sich ein Schüler gerade befindet. Konkrete Verhaltensanweisungen gab es selten. Vielmehr wurde allgemein gefordert, ein Gefühl für die Situation bzw. langfristig eine authentische Lehrerpersönlichkeit auszubilden. Selbst sehr erfahrenen Seminarleitern fiel es schwer, ihr berufliches Wissen in Worte zu fassen. Es scheint sich um eine spezifische Könnerschaft (vgl. Neuweg 1999) zu handeln, die sich nicht ohne Probleme verbalisieren lässt. Diese impliziten Wissensformen entsprechen keinem explizierbaren Wissen im Sinne rationaler Überzeugungen, sondern ähneln einem der Praxis zugewandten Verständnis bzw. einem praktischen Sinn für die je spezifischen Bedingungen des Feldes (vgl. Bourdieu 1999: 122). Die in Seminarsitzungen, in Beratungsgesprächen und im Lehrerzimmer nahezu mystifizierte ‚Lehrerpersönlichkeit' bleibt letztendlich eine *black box*. Es gilt etwas zu erwerben, was einige Novizen – wenn man erfahrenen Lehrern Glauben schenkt – kaum erwerben können. Es gilt, Fähigkeiten auszubilden, die sich weder konkret beschreiben noch verallgemeinern lassen und diese Fähigkeiten in Situationen anzuwenden, die so hochspezifisch sind, dass sie sich nicht kategorisieren lassen.

Wer den Unterricht einer Grundschulklasse beobachtet, bekommt schnell einen Eindruck von den hohen Anforderungen, die hier an die

Lehrkraft gestellt werden. Der sensible Umgang mit den unterschiedlichen Schülertypen, die Vermittlung von fachspezifischen Inhalten, das Organisieren der Unterrichtsphasen und die permanente Disziplinierung der Schüler sind hier nur wenige der tatsächlich zu meisternden Aufgaben. Schnell werden die Lehrer von Regeln und pädagogischen Richtlinien im Stich gelassen.

„Unterrichten lernt man nicht in der Uni, sondern davon kriegt man erst dann einen Eindruck, wenn man es selbst machen muss. Vorher weißt du gar nicht, wo die Probleme und Herausforderungen liegen. Sicher ist auch ein theoretisches Wissen nicht ganz unwichtig, aber in Büchern erfährst du nicht, was man in einzelnen Situationen machen soll, weil die eben alle verschieden sind. Man weiß einfach irgendwann, was zu tun ist bzw. man tut es einfach und dann ergibt sich schon irgendwas!"

In diesen Erfahrungen eines Seminarleiters zeigt sich die Komplexität des schulischen Alltags.[64] Es wird klar, dass die Praxis keinen eindeutigen Regeln unterliegt und es dementsprechend auch keine eindeutigen Anweisungen geben kann, die in der Lage wären, ein angemessenes Lehrerverhalten zu gewährleisten. Wer sie in entsprechenden Werken zum Lehrerverhalten zu fixieren versucht, scheitert an der Komplexität der Praktiken und der Diversität ihrer Akteure. Es genügt nicht, sich auf vorgegebene Regeln und Gebrauchsanweisungen zu stützen, vielmehr sind hier „Erfahrungen" und „Könnerschaft" (vgl. Hörning 2001: 10) gefordert.

Seminarleiter scheinen dies durchaus im Blick zu haben: Um den unerfahrenen Referendaren in konkreten Unterrichtssituationen Hinweise geben zu können, sind Hospitationen der Seminarleiter im Unterricht der Referendare und das anschließende hierauf bezugnehmende Beratungsgespräch wesentliche Bestandteile des Referendariats. Die gemeinsame Betrachtung derselben Unterrichtssituationen sei, so ein Seminarleiter, enorm wichtig

64 Im Akt der Herabsetzung des universitären Teils der Lehrerbildung wird gleichsam indirekt unterstellt, dass es keinen geeigneten systematischen bzw. wissenschaftlichen Weg zur Aneignung der Lehrerprofession gibt. Im selben Akt wird das Mysterium der sog. Lehrerpersönlichkeit gestärkt, die Person des Lehrers wird erhöht.

für die jungen Referendare, da man auf diese Weise viel mehr von der Praxis mitbekomme, als wenn man sich nur mit entsprechenden Texten auseinandersetzen würde. Es sei wichtig über die konkreten Probleme des Unterrichts, die jedem Lehrer früher oder später begegneten, gemeinsam zu sprechen. Auf diese Weise könne man auf Situationen Bezug nehmen, die alle gesehen haben. Außerdem bekämen auf diese Weise die, die gerade erst mit der Ausbildung begonnen hätten, schon sehr viel von den Älteren mit.

Auffällig ist jedoch, dass die Novizen viele der von den erfahrenen Referendaren und den Seminarleitern diskutierten Aspekte zunächst gar nicht als Probleme wahrnehmen. Den Novizen fehlt nicht nur das entsprechende Wissen, um situationsadäquate Handlungsentscheidungen treffen zu können, sondern ihre Wahrnehmung – die im Wortsinn als Prozess des ‚Annehmens' der feldspezifischen ‚Wahrheit' beschrieben werden kann – ist in dem Sinne noch nicht feldkompatibel, als dass sie die Besonderheiten, Probleme oder Anforderungen der Situationen noch nicht zu ‚erkennen' in der Lage sind.65 Die professionelle Wahrnehmung schulischer Situationen kann als hochgradig voraussetzungsvoll und feldspezifisch geprägt beschrieben werden.

Somit stellt sich für die werdenden Lehrer ein doppeltes Problem ein: Erstens sind sie noch nicht in der Lage, die für etablierte Lehrer wichtigen Phänomene zu erkennen. Die Aussage einer Referendarin, die in ihrer ersten Hospitationsstunde auch nach einer knappen Viertelstunde noch vor einem leeren Blatt saß, weil sie nicht genau wusste, was sie während der Hospitation notieren sollte, bringt dieses Problem auf den Punkt: *„Man bekommt doch gar nicht mit, was die da vorne machen! Außerdem weiß ich doch gar nicht, worauf ich überhaupt achten soll."* Das zweite Problem hängt hiermit unmittelbar zusammen. Die Unterrichtspraktiken selbst sowie

65 Das Kippeln auf den Stühlen, das Kaugummikauen oder das Tragen von *Basecaps* sind bspw. im Sinne schulischer Ordnungen ‚Zuwiderhandlungen', die von erfahrenen Lehrern regelmäßig sanktioniert werden, von den Novizen jedoch (noch) nicht als Problem eingeordnet werden. Die Fragen danach, wann die Lautstärke der Schüler das im Klassenraum annehmbare Maß überschreitet, in welchen Fällen Erklärungen noch einmal wiederholt werden müssen oder wann man bestimmte Schüler auseinandersetzen sollte, sind den Referendaren in vielen Situationen ebenso unklar.

die hier agierenden Akteure sind für sie nicht berechenbar; die Unschärfe der von den Novizen beobachteten Praxis bietet ihnen kaum Sicherheiten und Anhaltspunkte.

2.1.4 SICHTBARKEIT UND DER ZWANG ZUR EXPLIKATION

„Wenn jemand hinten in der Klasse sitzt, der die ganze Zeit mit dem Kopf schüttelt, weiß man irgendwann doch gar nicht mehr, was man machen soll. Ich werde da total unsicher."

Ein engmaschiges System der Sichtbarkeit verstärkt die zu Beginn bereits beschriebene umfassende Inanspruchnahme der Novizen und verhindert, dass diese zur Ruhe kommen.

„Sieh dir das doch mal an, […] du kannst dich doch überhaupt nicht zurückziehen: Entweder stehst du vor fünfundzwanzig Schülern oder du sitzt im Lehrerzimmer, wo du die ganze Zeit von den anderen Lehrern beobachtet wirst, was ja noch viel schlimmer ist. Frag mal die andern – ich meine aus den andern Schulen – die verbringen manchmal die Pausen auf der Lehrertoilette, um mal Ruhe zu haben […]. Na ja, selbst da könnte man bei uns nicht sitzen, ohne gestört zu werden, weil wir ja nur eine haben."

Die permanente Sichtbarkeit wird von den Novizen als große Belastung beschrieben. In diesen kleinen Gemeinschaften, sind sie den Blicken der Etablierten quasi ununterbrochen ausgeliefert. Im Unterricht sind es nicht nur die auf Gewohntes achtenden Schüler, die der Anwärterin als Kontrollinstanz gegenübertreten, sondern darüber hinaus sind es die in den angrenzenden Klassenzimmern unterrichtenden Kollegen, die jeden über ein normales Maß hinausgehenden Lärmpegel registrieren und zu einem späteren Zeitpunkt zur Sprache bringen. Die Schule ist nicht nur durch panoptische Strukturen, sondern ebenso durch Strukturen der Hörbarkeit geprägt. Auch freundlich anmutende, in den Pausen vor allen Kollegen vorgetragene Bemerkungen zu den *„ja wirklich offenbar sehr lebhaften und wilden Unter-*

richtsstunden der neuen Kollegin" fungieren als indirekte und doch unmissverständliche Appelle an die Novizin, die Lautstärke in ihrer Klasse in den Griff zu bekommen. Diese Mechanismen wirken auch im Unterricht der erfahrenen Lehrkräfte und gewährleisten die Orientierung an den etablierten Vorstellungen und Ordnungen. Es ist keineswegs nur der Unterricht, der den Referendaren höchste Konzentration abverlangt. Auch das Lehrerzimmer und die Flure sind Orte, an denen die Novizen sich auf bestimmte Weise verhalten müssen und an denen jeder Fehltritt augenblicklich enttarnt wird[66]; vom korrekten Umgang mit dem Geschirr über die angemessene Nutzung des Mitteilungsbuches bis zum Einhalten der Gesprächsordnung bei den Dienstbesprechungen. Den Referendaren stehen keine Rückzugsräume zur Verfügung. Sie stehen dauerhaft unter Beobachtung, was sie nicht zur Ruhe kommen lässt.

Im Rahmen der 2. Ausbildungsphase werden Instrumente zur Beobachtung der Referendare systematisch eingesetzt. Es werden Settings geschaffen, in denen die Novizen und jede ihrer Handlungen sichtbar gemacht werden. Dies wird in der kollektiven Seminarhospitation besonders deutlich:

In der heutigen Seminarsitzung treffen sich alle Referendare mit ihrer Seminarleiterin an der Ausbildungsschule einer Referendarin, um sich den von ihr vorbereiteten Unterricht gemeinsam anzusehen. Mit der Seminarleiterin und der Mentorin sind es 14 Personen, die dem Unterricht an diesem Tag zusätzlich beiwohnen. Es ist eine für meine Forschungsfrage besondere Situation: In einem relativ kleinen Klassenraum sitzen 26 Schüler verteilt an sogenannten Gruppenarbeitstischen. An drei Tischen sitzen jeweils sechs Schüler. An zwei weiteren Tischen sitzen nur jeweils vier Schüler. Die Tische sind so im Raum verteilt, dass vor der Tafel und dem Pult inmitten der Tische eine freie Fläche entsteht, die für die Lehrkraft gut zugänglich ist. Auf diese Weise kann sie jeden Tisch von der Mitte des Zimmers aus relativ leicht erreichen. Die hospitierenden Referendare und die Mentorin sitzen im hinteren Bereich der Klasse auf niedrigen Stühlen und, weil dort nicht genügend Platz ist, platzieren sie sich auch auf der, von der Tafel aus betrachtet, linken Seite des Raums. Die Mas-

66 Bspw. wurde der von mir begleitete Referendar von einer Kollegin aufgefordert, die auf dem Boden des Flurs liegenden Hefter aufzuheben. Sie sagte, dass man dafür doch ein Auge haben müsse und dass hier jeder gefordert sei, anzupacken.

se der 14 erwachsenen Gäste wirkt erdrückend; sie besetzen ungefähr ein Drittel des gesamten Klassenraums. Die Schüler sind auffällig irritiert und blicken immer wieder zu den Gästen. Die Seminarleiterin sitzt als einziger Gast auf der, von der Tafel aus betrachtet, rechten Seite des Klassenraums an einem Tisch vor der Fensterfront. Vor ihr liegt ein ‚Skizzenbuch', in das sie während der gesamten Hospitation immer wieder kurze Notizen einträgt. Die sonst relativ sichere Referendarin hält unter diesen Bedingungen immer wieder inne, blickt auf ihren Zettel und scheint sich in mehreren Situationen sammeln zu müssen. Die üblicherweise auf mich bereits sehr eingespielt wirkenden Interaktionen zwischen der Referendarin und den Schülern scheinen heute auf beiden Seiten nicht ineinanderzugreifen: Die Dialoge überschneiden sich nicht, sondern die Gesprächspartner lassen sich gegenseitig zu Ende sprechen – einzelne Passagen wirken wie abgelesen. Die anderen Referendare bringen die Novizin immer wieder aus der Ruhe: Jedes Räuspern und vor allem die kurzen geflüsterten Gesprächsfetzen aus dem hinteren Bereich des Raums führen zur Unterbrechung des Geschehens. Die Referendarin sucht den Verursacher des störenden Geräuschs. In permanenter Angst, irgendetwas vergessen, nicht gesehen oder falsch gemacht zu haben – dies erklärt sie im Anschluss an diese Stunde – fällt die Referendarin immer wieder aus ihrer Rolle heraus und versucht, die von ihr offenbar als Hinweise gedeuteten Störungen der anderen Referendare zu interpretieren. 14 zusätzliche Augenpaare, 14 sich räuspernde erwachsene Personen, die in regelmäßigen Abständen auf etwas zeigen, sich flüsternd unterhalten oder mit dem Kopf schütteln. Die Referendarin reagiert zu Beginn der Stunde auf nahezu jeden Impuls und wirkt in ihren geplanten Unterrichtsschritten sichtlich gestört. Bewegung und Sprache erscheinen sehr beherrscht, ausgewählt und nahezu mechanisch. Immer wieder schaut sie in ihr Konzeptpapier und auf die Uhr, die über der Tafel an der Wand hängt. Selbst das Hochschieben der Tafel bereitet ihr Probleme: In einer Hand hält sie ihr Konzeptpapier und kann deshalb mit der anderen nicht genügend Kraft aufbringen, um die schwergängige Tafel aus ihrer ungünstigen Position zu bewegen. Als sie schließlich auch für die Schüler erkennbar zu ‚schwimmen' beginnt, nimmt sie ihr Konzeptblatt in beide Hände und vertieft sich für ca. 15 Sekunden in die hier notierten Skizzen – eine sehr lange Zeit, wenn man bedenkt, dass 40 Personen gerade auf sie warten. Sie schreibt nun die von den Schülern zu erledigende Aufgabe an die Tafel – es geht um die Zuordnung von Bildern und entsprechenden Textbausteinen – und liest den darauf bezogenen Arbeitsauftrag anschließend vom Blatt ab. Ohne ihren Blick in die Richtung der Seminarleiterin oder der anderen Referendare zu lenken, fokussiert sie nun einzelne, sich in ihrer Nähe befindende Schüler und hilft ihnen beim Erarbeiten der Aufgaben. Sie hockt sich zu den Schülern an die Tische und spricht von nun an leise, für die Gäste nur noch schwer vernehmbar. Dem vor der Stunde geplanten und allen Gästen vorliegenden Zeitplan entsprechend, bricht sie die Aufgabe für die noch arbeitenden Schüler schließlich viel zu früh ab, stellt sich mit dem Rücken zur Tafel und sagt, dass die Schüler, die noch nicht fertig seien, die noch ausstehenden Aufgaben zu Hause fertigstellen sollten und dass sie jetzt noch einige Fragen zum Inhalt der Aufgaben habe. Nach einem Blick auf ihren Zettel fügt sie hinzu, dass sich für die Besprechung des Textes bitte alle Schüler zu ihr umdrehen sollen. Unter leisen Protesten brechen die Schüler ihre Arbeit ab. Die Anwärterin liest die Fragen zum Textverständnis betont langsam vor und vermeidet, wie es in dem begleitenden Fachseminaren immer wieder nahegelegt wird, die Verwendung von W-Fragen. Sie verliest Aufforderungen wie *„Beschreibe die Situation des Mannes mit der Schirmmütze!*" oder *„Erläutere das Vorhaben des weinenden Jungen!*". Die Schüler scheinen sich gar nicht angesprochen zu fühlen. Sie antworten erst, als die Novizin die Aufforderungen als Fragen reformuliert: *„Na kommt schon! Wie geht es denn dem Mann mit der Mütze?"* und *„Das ist doch nicht so schwer! Was hat der weinende Junge denn vor?"* sind Fragen, die die Kinder verstehen und sogleich beantworten. Als es plötzlich klingelt, erschrickt sie erkennbar und verweist darauf, dass die Aufgabe zu Hause fertiggestellt werden sollten. Unmittelbar danach wendet sie sich von den Schülern ab, blickt zur Runde der Referendare und sagt: *„Oh Mann*!"

Im Anschluss an die Stunde treffen sich alle Referendare mit der Seminarleiterin erneut im ‚Seminarraum' und sprechen über die soeben erlebte Stunde:

Es beginnt mit der ‚Stundenanalyse' und einer ‚Selbstreflexion' der zuvor unterrichtenden Referendarin. Sie geht kurz auf die erreichten Stundenziele ein, erklärt, warum sie kurzfristig von ihrem Zeitplan abgewichen sei, betont mehrfach, wie nervös sie die Anwesenheit der ganzen Leute gemacht habe und rechtfertig damit ihr Verhalten: *„Ich weiß ja auch irgendwann nicht mehr, was ich machen soll. Sie schreiben sich da die ganze Zeit Sachen auf und dann denkt man doch, dass da wohl gerade ziemlich viel schief läuft. Wenn jemand hinten in der Klasse sitzt, der die ganze Zeit mit dem Kopf schüttelt, weiß man irgendwann doch* gar *nicht mehr, was man machen soll. Ich werde da total unsicher. Man könnte doch auch erst mal gucken, was vielleicht auch ganz gut läuft oder nicht."* Etwas überrascht entgegnet die Seminarleiterin: *„Sie dürfen einfach auch nicht so empfindlich sein. Wenn man mal etwas kritisch guckt, heißt das ja nicht, dass gleich der ganze Unterricht schlecht ist.*

Manchmal denken ja auch Seminarleiter über ganz andere Sachen nach oder erinnern sich gerade daran, dass sie was vergessen haben. Ja, das ist Körpersprache, da interpretiert man die Person vielleicht auch ganz anders, als es gedacht war." Schließlich kommen beide wieder zur Ruhe und die Referendarin wendet sich der im Rahmen der Ausbildung sogenannten ‚Selbstreflexion' zu: Sie beschreibt sich als sehr verunsichert und betont, dass sie sich nicht auf die Schüler konzentrieren konnte, weil sie immer von den Blicken und Geräuschen der Zuschauer abgelenkt gewesen sei. Außerdem habe sie vergessen, die Hausaufgabe anzuschreiben, was ebenfalls auf ihre Nervosität zurückzuführen sei. Aber insgesamt erschien es ihr, als hätten die Schüler eigentlich ganz gut mitgemacht. Als sie ihren Monolog beendet hat, beginnt die Seminarleiterin mit ihrer Analyse und richtet konkrete Fragen an die nun wieder nervös wirkende Referendarin. Beruhigend vermerkt die Seminarleiterin, dass es durchaus normal für Anfänger sei, wenn man mal nervös werde, und beginnt ihre Analyse chronologisch mit der Frage, warum sie sich denn zu Beginn der Stunde inmitten der Tische positioniert habe, da sie sich damit ja das Problem eingefangen habe, dass immer einige der Schüler hinter ihr säßen und sie somit nur schlecht verstehen könnten. Nach einigem Zögern antwortet die Referendarin, dass sie das auch nicht so genau wüsste, aber dass sie das vermutlich gemacht habe, um sehen zu können, ob die Schüler alle ihre Hefte vorliegen hätten. Mit dem Hinweis darauf, sich zukünftig doch bitte für alle Ansprachen auf den Platz vor der Tafel zu begeben, kommt die Seminarleiterin zur nächsten Frage. Sie betrifft den Umgang der Referendarin mit einem Schüler. Ob sie gemerkt habe, dass sie dessen Fragen mehrfach relativ schroff abgewiesen habe und ob sie sich vorstellen könne, was das in so einem Kind auslöse. Auch hier weiß die Referendarin zunächst nicht, auf welche Situation die Seminarleiterin anspielt und gibt nur zurück, dass sie bestimmt Marvin meine, der sich nie melde und einfach ‚los zu quatschen' pflege und obendrein in vielen Situationen aufmüpfig sei. Marvin könne es bestimmt ab, wenn man ihn auch mal etwas gröber anfasse. Sichtlich entrüstet betont die Seminarleiterin, dass private Emotionen, Abneigungen oder Vorlieben in der professionellen pädagogischen Arbeit keine Rolle spielen sollten. Auf diese Weise wird die Stunde weiterhin vollständig zerlegt und analysiert. Auch die anderen Referendare dürfen schließlich ihre Beobachtungen preisgeben und Fragen an die inzwischen auch genervt und patzig reagierende Referendarin richten. Das Kollektiv der Beobachter zerlegt nicht nur den Unterricht, sondern auch die Verhaltensweisen der Novizin in ihre Bestandteile und hinterfragt jedes Detail. Ausdrücklich wird nicht vergessen zu betonen, in welchen Phasen der Stunde, in welchen konkreten Ansprachen oder Reaktionen die Referendarin schon recht professionell gehandelt habe.

Die Szene ist eine komplexe Situation wechselseitiger Beobachtungen. Die sonst sehr lebhafte, umsichtige und kommunikative Referendarin ist durch die Anwesenheit der zahlreichen Gäste in ihrem Handeln erkennbar gestört und hält sich schließlich minutiös an ihre vorbereiteten Skizzen und Zeitpläne, die ihr die einzigen Hilfen in dieser bedrohlichen Situation zu sein scheinen. Im Rahmen der anschließenden Besprechung versucht sie, ihre Probleme zu benennen und erwähnt, dass die Reaktionen der Seminarleiterin und der anderen Referendare sowie deren permanentes Mitschreiben sie verwirrt hätten und sie deren Reaktionen als kritisches Feedback verstanden habe. Die systematisch herbeigeführte Situation vollständiger Sichtbarkeit scheint die Referendarin in ihren Gewohnheiten zu verunsichern: Das freie Sprechen gelingt ihr in dieser Drucksituation kaum noch und selbst das von ihr täglich mehrfach durchgeführte Hochschieben der Tafel wird für sie zum Problem, da ihr die Gelassenheit fehlt, zuerst ihr Konzeptpapier aus der Hand zu legen, um beide Hände zur Verfügung zu haben. Die Sichtbarkeit provoziert Momente des Zögerns und Innehaltens, in denen die Referendarin angehalten wird, sich ihr eigenes Verhalten vor Augen zu führen. Sie betrachtet sich quasi selbst aus der Perspektive des Kollektivs und überprüft ihr eigenes Handeln immer wieder im Hinblick auf seine Angemessenheit. Nicht nur die Novizin verharrt in ihrer Handlung, sondern auch die Schüler scheinen wiederholt aus ihren gewohnten Abläufen gerissen zu werden. Es ist, als würden die sonst relativ fließend ineinandergreifenden Unterrichtspraktiken für kurze Momente unterbrochen. Es entstehen Momente kollektiven Innehaltens, in denen die Novizin sich nicht auf ihre Routine verlassen kann, sondern mit Nachdruck gefordert wird, sich situationsabhängig für ein angemessenes Handeln zu entscheiden. In diesen Situationen werden die gewohnten Praktiken systematisch ‚aufgebrochen' und zum ‚Stocken' gebracht. Vergleichbar mit einem Tanzanfänger, der die vorgegebenen Schritte in der Praxis schematisch nachvollzieht – die Choreographien dieses Tanzes überlegt nachschreitet – jedoch für jeden erkennbar nicht tanzt, scheint auch die Anwärterin sich jeden neuen Schritt vor Augen zu führen, bevor sie ihn ausführt. Auf diese Weise wird sie gezwungen, ihre routinierten Bewegungen zu zerlegen und vor dem Hintergrund der vermeintlichen Ansprüche des sie beobachtenden Kollektivs erneut zusammenzusetzen. Es kommt in dieser Situation zur Irritation der Unterrichtspraxis, was die Möglichkeit eröffnet, diskursiv erzeugte ‚Aufforderungen' zum Leben zu erwecken. Es wird versucht, in Seminaren diskutierte pädagogisch-didaktische Innovationen in der Praxis des Unterrichts zu implementieren. Schritt für Schritt versucht sie die Umsetzung zu meistern. Als Stütze benutzt sie hierfür ihr Konzeptpapier, auf dem sie nicht nur die ausformulierten Fragen notiert hatte, sondern darüber hinaus in Neonfarben unterstrichene Regieanweisungen für das eigene Verhalten. „Langsam sprechen!", „Operatoren!!!"[67] oder „Zeit!" sind einige der kurzen Randnotizen, die sich die Referendarin deutlich sichtbar auf ihrem Blatt notiert hatte. Das permanente reflexive Vergegenwärtigen des eigenen Handelns bzw. die stetige Reflexion dessen, was sonst unbedacht und routiniert gemeistert wird, ist eines der zentralen Merkmale dieser Ausbildung. Es führt im Prozess der Subjektivierung dazu, dass die in die Schule passenden Dispositionen der werdenden Lehrer auch unter dem Druck der permanenten Sichtbarkeit allmählich routiniert greifen können. Viele der Referendare älteren Semesters, die mit einer Klasse schon mehrere Unterrichtsbesuche durchgeführt haben, sind irgendwann in der Lage, auch vor einem derartigen Beobachterkollektiv einen sehr flüssigen und routiniert wirkenden Unterricht darzubieten. Das heißt, die in die Schule passenden Fähigkeiten und Fertigkeiten der Anwärter – sowohl die bereits ‚mitgebrachten' als auch die im Setting der Schule schrittweise erworbenen – halten dem Druck des zuschauenden Kollektivs allmählich Stand, während Unpassendes in den beschriebenen kollektiven Beobachtungen durch Reaktionen der Anwesenden weiterhin hervorgehoben und sanktioniert wird. Auf diese Weise beginnen die Novizen immer sicherer und selbstverständlicher in den vorgesehenen Formen zu wirken und werden nur noch dann in ihrem Vorgehen erschüttert, wenn bestimmte Verhaltensweisen deutlich aus dem Rahmen fallen. Der Aufbau eines Settings der Sichtbarkeit im Rahmen dieser Vorführstunde führt zum Aufbrechen des Gewohnten und fordert eine Form reflexiver Subjektivierung.

Die Referendare werden in solchen ‚Trainingseinheiten' auf die Erfordernisse und Ansprüche der Unterrichtskultur eingestellt, müssen dabei al-

67 Der Begriff des Operators beschreibt hier eine konkrete und eindeutige Arbeitsanweisung. ‚Erläutere', ‚benenne' oder ‚beschreibe' sind drei der typischen Operatoren, die den Schülern einerseits Handlungssicherheit beim Lösen der Aufgaben geben und andererseits ein transparentes Anforderungsprofil bieten sollen.

lerdings häufig divergierenden Ansprüchen entsprechen: In den Unterrichtsbesuchen entstehen Situationen mit besonderem Konfliktpotenzial: Hier betrachten und bewerten Seminarleiter den Unterricht von Referendaren, die in den Klassen ihrer ebenfalls anwesenden Mentoren nach den hier gewohnten Verfahrensweisen unterrichten. Somit stehen in diesen Situationen nicht nur die Referendare, sondern indirekt immer auch die Unterrichtsformen und Verfahrensweisen der Mentoren ‚auf dem Prüfstand'. Die Referendare haben in diesen Situationen die Aufgabe, im Rahmen der Studienseminare erarbeitete Innovationen, Veränderungen und Anregungen in ihren Vorführstunden zumeist gegen die hier etablierten Ordnungen und gegen die Gewohnheiten von Mentoren und Schülern durchzusetzen. Fachliche oder didaktisch-methodische Innovationen, die diskursiv in die Studienseminare Einzug erhalten haben, stoßen auf die Widerständigkeit der gewöhnten und auf einander eingespielten Schul-Körper; nur mühsam und langfristig scheint ein Umbau der Praktiken in den beschriebenen Szenen realisierbar zu sein. Das Regime der Blicke unterbricht den Fluss der Routinen, implementiert systematisch Momente des Zögerns, die den Novizen Entscheidungen abverlangen und fordert sie gleichsam auf, sich in Bezug auf ihr Handeln für die diskursiv erzeugten Verfahrensweisen zu entscheiden. Bspw. wird von Seminarleitern die Etablierung von schülerzentriertem Unterricht, Gruppen- und Freiarbeit, der Einsatz von möglichst präzisen Operatoren und eine Einschränkung der Lehreraktivität zur Steigerung der Schüleraktivität gefordert. Insbesondere alteingesessene Lehrkräfte, die fast ausschließlich in lehrerzentrierten Formen des Frontalunterrichts zu unterrichten gewohnt sind, bringen in den anschließenden Gesprächen über den Unterricht häufig ihren Unmut über die innovativen Unterrichtsformen zum Ausdruck. Die Diskordanzen zwischen den Erwartungen von Seminarleitern und Mentoren können zum Verschwimmen der angestrebten Subjektformen führen. In einem Interview mit einem ehemaligen Referendar, der in dieser Ausbildung gescheitert war, aber nicht zu den im Rahmen dieser Forschung begleiteten Referendaren gehört, benannte er diesen Aspekt als einen Hauptgrund für sein Scheitern:

„[...] aber ein Punkt ist auf jeden Fall der, dass die selbst nicht so genau wissen, was die eigentlich wollen. Ich meine der eine sagt dies und der andere das. Das widerspricht sich immer. Da wird man irgendwann ganz verrückt."

Die Referendare stehen vor der kaum lösbaren Aufgabe, sich einer umkämpften Subjektform ähnlich machen zu müssen. Das Verschwimmen der Subjektgrenzen stellt für sie einen weiteren Unsicherheitsfaktor dar, der ihre Orientierungs- und Haltlosigkeit steigert.

RESÜMEE I: DIE ANWÄRTERPOSITION

Der Beginn des Referendariats ist für die Novizen mit der Umstrukturierung des eigenen Lebens verbunden; die örtliche Entkopplung geht mit der Herauslösung der Referendare aus ihren gewohnten Alltagsrhythmen einher. Die Schule und die sie hier umgebenden Akteure – vor allem andere Referendare – avancieren für sie zu zentralen Bezugspunkten. Sie bilden Arbeitskreise und Fahrgemeinschaften und vernetzen sich in kleinen Gruppen, in denen sie Informationen und Materialien austauschen. Hier wachsen Gemeinschaften zusammen, deren Angehörige den Weg dieser zweiten Ausbildungsphase oft gemeinsam bestreiten. So lässt sich nicht nur eine umfassende zeitliche Inanspruchnahme der Novizen durch die offiziellen Termine verzeichnen, sondern darüber hinaus erhalten schulische Themen, Fragen und Probleme Einzug in den Bereich des Privaten. Zudem tragen sie seit der Vereidigung offiziell den Status des Lehramtsanwärters und sind insofern gefordert, sich mit diesem auseinanderzusetzen, als dass sie sich in Alltagsgesprächen permanent innerhalb und außerhalb der Schule zu ihrem Status und der Organisation Schule positionieren müssen. Zentrale Organisationsprinzipien des Übergangs in das Referendariat sind die ständige Überforderung der Novizen sowie ihre umfassende zeitliche Inanspruchnahme (vgl. Alkemeyer/Pille 2008: 143). Die beschriebene Überforderung und Desorientierung der Neulinge spiegeln sich in den Reaktionen der Etablierten, die diese ausdrücklich oder unterschwellig immer wieder als ‚Nicht-Dazugehörige' positionieren. Sowohl in expliziten Gesprächen mit Mentoren und Kollegen als auch in der komplexen Praxis des Unterrichts werden die Referendare im wörtlichen Sinne auf ihre spezifische Position als ‚Anwärter' und ‚Zuschauer' verwiesen. Etablierte Lehrer und Schüler bilden einen für die Novizen nur schwer zugänglichen ‚Einheitskörper'; dies gilt ebenso für die eingeschworene Gemeinschaft der Lehrer im Lehrerzimmer. Die eingespielten Praktiken sind dergestalt aufeinander abgestimmt, dass die Verständigungsprozesse für ‚Nicht-Eingeweihte' nur schwer erkennbar sind. Verbale Äußerungen sind ebenso voraussetzungsvoll wie die komplexen körperlichen Abstimmungsprozesse. Die Körper der Novizen passen in vielen Situationen noch nicht in die Praktiken der Schule und fallen als situativ störend auf. Als Sanktionierungsmittel fungiert das kurzfristige ‚Stocken' der Praktiken, eine Störung der sonst flüssig ineinandergreifenden Interaktionen, die eintritt, wenn die Novizen nicht in der Lage sind, an die Praktiken der Etablierten anzuschließen. In solchen Momenten wird der Fortgang des Geschehens für kurze Zeit unterbrochen und das sich in diesen Momenten formierende Kollektiv richtet seine Aufmerksamkeit auf den Urheber der Störung. Genauer: Das Kollektiv der Etablierten stellt augenblicklich einen gemeinsamen Fokus her, der präzise auf konkrete situationsspezifische Verhaltensweisen eines Novizen gerichtet sein kann. Dies können unangemessene Sitz- oder Gehweisen im Rahmen des Unterrichts ebenso sein wie die Missachtung eingespielter Routinen im Umgang mit dem Geschirrspüler. Das kollektive ‚Innehalten' lässt sich als Moment einer praktisch vollzogenen Isolation der Novizen beschreiben, in denen ihnen einerseits ihr unpassendes Verhalten gespiegelt wird und in denen sie andererseits indirekt aufgefordert werden, sich auf ihre Zuschauerposition zurückzuziehen, damit die Praktiken weiterlaufen und die Gewohnheiten wieder greifen können. Die nur schwer durchschaubaren internen Regelungen und Codes sowie die intransparenten Abläufe und Absprachen können zum Teil jedoch von den Referendaren nur Stück für Stück im Zuge ihrer praktischen Teilnahme entschlüsselt werden; dies versetzt sie in eine schwierige Lage: Sie müssen partizipieren, um die internen Abläufe und Probleme überhaupt erkennen zu können, werden jedoch von der Gemeinschaft der etablierten Schüler und Lehrer in der Praxis des schulischen Alltags immer wieder auf die isolierte Position des Zuschauers verwiesen. Der Prozess der Entschlüsselung dieser Codes und somit der sukzessive Eintritt in die Gemeinschaft wird von den Akteuren als *„Seiltanz"* beschrieben. Ihre Aufgabe ist es, sich den Strukturen sensibel zu nähern, sich so in die Praktiken einzubringen, dass diese weiterlaufen können.[68]

68 Es schließt sich hier die aus praxistheoretischer Perspektive spannende Frage danach an, welche Ankopplungsstellen für die Ordnungen der jeweiligen Praktiken Novizen wenigstens bereithalten müssen, welche Fähig- bzw. Fertigkeiten

Irritation und Orientierungslosigkeit sowie das Gefühl, im Chaos zu versinken, lassen sich als Kennzeichen dieser ersten Phase benennen. Insbesondere die beschriebene, dem Unterricht inhärente Unschärfenlogik trägt zur Orientierungs- und Haltlosigkeit der Novizen bei. Die Entkopplung der Referendare wird hier als vielschichtiger Prozess beschrieben, der die Novizen nicht nur aus ihren räumlichen und zeitlichen Strukturen herauslöst, sondern der sie in ihren grundlegenden Routinen und Gewohnheiten zu erschüttern vermag. Die Referendare scheinen im wörtlichen Sinne das Laufen im Setting der Schule neu erlernen zu müssen. Der Prozess der Entkopplung greift in dem Maße, in dem die inkorporierten Strukturen der Novizen – ihr soziales Erbe – Differenzen zu den objektivierten schulischen Strukturen aufweisen. Während die einen sich im Setting der Schule recht schnell weitgehend zu Hause zu fühlen scheinen, ist gerade diese erste Phase für andere mit einem konfliktreichen und zumeist krisenhaften Erschüttern der eigenen habituellen Dispositionen verbunden. Die umfassende Entkopplung der Novizen, ihre Ängste und Irritationen sowie die von ihnen hervorgehobene Orientierungslosigkeit lassen sich als Voraussetzungen für den Umbau habitueller Strukturen und somit für den Prozess der Subjektivierung beschreiben. Es wird ein Zustand der Haltlosigkeit provoziert, der die angehenden Lehrer in besonderer Weise empfänglich für die Angebote macht, die ihnen von ‚der Schule' unterbreitet werden. Materielle Anordnungen, ritualisierte Begrüßungszeremonien, etablierte Arbeitsformen oder den Schülern bekannte Haltungen und Gesten werden auf diese Weise zu ‚Stützen', auf die die nach Halt suchenden Novizen zurückgreifen können.

Die Schule als Bündel aufeinander bezugnehmender Praktiken akquiriert Novizen und führt sie in der besonderen Position des Anwärters in das Feld ein. Kennzeichen insbesondere der ersten Phase des Referendariats ist die formale Aufnahme, die jedoch systematisch an eine Form praktischer Zurückweisung gekoppelt ist. Räumliche Modelle exklusionstheoretischer Ansätze, die ein Innen von einem Außen unterscheiden, greifen in diesem Zusammenhang zu kurz: Die Novizen sind explizit nicht ausgeschlossen, sondern werden systematisch mitten im Geschehen positioniert. Von Beginn an nehmen sie am Leben der Gemeinschaft teil, sitzen im Lehrerzim-

sie erworben haben müssen, damit sie partizipieren können und der Fortgang der Praktiken dennoch gewährleistet wird.

mer im Kreis der Etablierten und werden sofort am zentralen Geschäft der Schule, dem Unterricht, beteiligt. Auch wenn sie hier zunächst nur hospitieren sollen, steht ihnen formal offen, sich auch von der ersten Minute an einzubringen. Wer mit dem Erwerb des ersten Saatsexamens die formalen Bedingungen für die Aufnahme erfüllt hat, kann als Anwärter aufgenommen werden und formal partizipieren. Jedoch wurde gezeigt, auf welche Weise im Setting der Schule immer wieder ‚situative Fremdheit' erzeugt wird. Die Teilhabe an den voraussetzungsvollen Praktiken des Unterrichts scheint für die Novizen ebenso mit Schwierigkeiten verbunden zu sein wie die Aufgabe, sich im Lehrerzimmer angemessen zu verhalten. Es zeigt sich, dass gerade die Aufnahme und die Aufforderung zur Partizipation Fremdheit und praktisch vollzogene Zurückweisung hervorbringen können. In unmittelbarer Konfrontation mit den Praktiken des Feldes treten den Novizen die Diskordanzen zwischen ihrem eigenen Verhalten und den Ansprüchen des Feldes immer wieder als Irritationen, Fremdheitsgefühle oder auch in Form handfester Konflikte mit den bereits etablierten Akteuren entgegen. Was von einigen Referendaren als freundliche Einladung zur Teilhabe durchaus verstanden werden kann, bedeutet für andere die permanente Spiegelung ihrer ‚Nicht-Zugehörigkeit' und somit enormen Anpassungsdruck. Wie in einer ‚Seifenblase' – um in einem räumlichen Denkmodell zu bleiben – wandeln die Novizen durch das Innere der Schule, genießen in dieser Position zwar gewissen Schutz, werden jedoch im Gegenzug nicht als vollwertige Mitglieder anerkannt. Die Situation der Anwärter zu Beginn der zweiten Ausbildungsphase lässt sich als *integrative Isolation* beschreiben, als die Gleichzeitigkeit von formaler Aufnahme und praktischer Zurückweisung in Situationen mangelnder Passung. Die Versuche der Novizen, sich in das schulische Geschehen einzubringen scheitern am Anfang häufig; insbesondere hoch motivierte Anwärter, die mit eigenen Ideen aufwarten, geraten schnell auf die Widerstände der Etablierten. Eigeninitiative und Engagement sind gefragt, jedoch nur in Abstimmung mit den hier etablierten Verfahrensweisen. Fehltritte führen schnell zu indirekten oder direkten Ermahnungen, die den Novizen ihren Status als Anwärter unmittelbar vor Augen führen. Schüler wie auch Kollegen und Eltern beziehen sich in ihrer Auseinandersetzung mit den Novizen auf deren spezifische Subjektposition als Anwärter. Gerade die Schüler haben ein Gefühl für die schwierige Subjektposition des Anwärters und wissen um die prekären hierarchischen Konstellationen und Abhängigkeitsverhältnisse. Auch wenn sie nicht in der Lage sind, die Strukturen dieser Ausbildung in Worte zu fassen und viele von ihnen noch nicht einmal genau wissen, was es heißt, Referendarin zu sein, zeigt sich in den konkreten Situationen doch ihr Gespür für die relationalen Abhängigkeits- und Machtgefüge: Sie verstehen es, Situationen auszunutzen, in denen Mentorin und Referendarin wegen der Anwesenheit der Seminarleiterin nur zurückhaltend reagieren können, um sich nicht zu blamieren. In anderen Fällen drohen sie der Referendarin konkret damit, sich bei der Mentorin über sie zu beschweren. Der Umgang mit den Anwärtern trägt in vielen Situationen einen erkennbar ‚pädagogischen' Charakter. Von allen Subjektpositionen des Feldes aus wenden sich die Akteure den Anwärtern zu und fungieren als Trainingspartner, Berater oder Vorbilder und nicht zuletzt indirekt als Hüter der etablierten Ordnungen. Nicht nur Schulleiter, Seminarleiter oder Mentoren nehmen sich der Anwärter an, sondern ebenso sind es die Schüler, Hausmeister, Sekretäre und Eltern, die das Training der Novizen in den verschiedenen schulischen Praktiken implizit übernehmen.

Bei näherem Hinsehen lässt sich die Anwärterposition noch differenzierter beschreiben: Zu Beginn des Referendariats ist zunächst eine ‚Zuschauerposition' für die Anwärter vorgesehen. Es ist die Aufgabe der Neulinge, im Rahmen der Hospitation die Praktiken des Unterrichts zu beobachten, sich Notizen zu machen und gegebenenfalls Fragen zu den Abläufen, Techniken oder Regeln zu stellen. In einem zweiten Schritt können sie ihre ‚Zuschauerposition' für kurze Phasen verlassen, um sich in einem überschaubaren Rahmen als Lehrer auszuprobieren. Sie übernehmen die Betreuung einer Arbeitsgruppe im Unterricht ihrer Mentoren oder helfen einzelnen Schülern bei der Arbeit. Sie können die erfahrenen Lehrerinnen jederzeit um Rat fragen und sich so allmählich in ihre Aufgaben einfühlen. Oftmals nehmen die Situationen, in denen die Etablierten mit den Anwärtern in Kontakt treten, einen dem Sparring beim Boxen ähnlichen Charakter an.[69] Als „ernste Spiele" sind es konkrete, ‚reale' Situationen, die jedoch

69 Obgleich es sich beim Sparring um Situationen handelt, in denen die Akteure in einem Moment mangelnder Konzentration durchaus verletzt werden können, sind sie doch eher mit „ernsten Spielen" (Bourdieu 1997a: 203) vergleichbar. Trotzdem charakteristische Züge eines wirklichen Kampf erkennbar sind, bleibt das Sparring doch immer ein ‚So-tun-als-ob'. Wird dieser Modus verlassen, so

einen spielerischen Charakter ' tragen. Auch die beteiligten Schüler scheinen den Unterschied zu bemerken: Oftmals sind sie diejenigen, die den Novizen erklären, was in den Gruppenarbeiten gemacht werden soll. Mehr oder weniger bereitwillig helfen sie weiter und geben Auskunft. Das spielerische ‚Sich-Austesten' ist ebenso im Feld anerkannt und akzeptiert wie das Zuschauen. Nachdrücklich wird die Akzeptanz von einer Mentorin vermittelt:

„Wenn es dir zu langweilig wird, kannst du dich auch gerne einfach mit einschalten. Es geht doch auch darum, dass du dich als Lehrerin austestest; was man machen kann und was nicht. Da kann ja immer mal was danebengehen. Das ist doch nicht so schlimm."

Wenn sie Erfolg hatten und Sicherheit im Umgang mit den Schülern gewinnen konnten, können sie erste eigene Stunden in Absprache mit ihren Mentoren konzipieren und selbstständig durchführen; hier wird es für sie ernst und sie tragen Verantwortung für den angemessenen Ablauf der Unterrichtsstunde. Der Unterschied zu den ersten spielerischen Versuchen, sich in den Unterricht der Mentoren einzubringen, tritt deutlich zutage: Die Mentoren halten sich nun explizit zurück und greifen auch in Krisensituationen nur dann ein, wenn die Novizen gar nicht mehr weiter kommen. Die Anwärter werden hier als Lehrer in ‚ernsten' Situationen eingesetzt. An den Praktiken der Schule partizipieren die Anwärter somit erstens als Zuschauer, zweitens als sich spielerisch in der Lehrerposition ausprobierende Anwärter im Modus des ‚So-tun-als-ob' und drittens als verantwortliche Lehrkräfte in ‚ernsten' Situationen.

---

ist dies für alle Beteiligten schnell erkennbar. Immer wieder kommt es auch im Sparring zu Situationen, in denen die Akteure ungewollt, doch mit Haut und Haaren in die Praxis hineingerissen werden. Ein versehentlich zu schmerzhafter Schlag, das übermäßige emotionale Involviert-Sein oder Missdeutungen der gegnerischen Gesten können zu einem ‚Kippen' der Situation im Sinne eines Rahmenwechsels (Goffman 1980) führen und aus spielerischer Gemeinsamkeit wird ernster Kampf. An eben dieser Grenze zwischen spielerischem Training im Modus des ‚So-tun-als-ob' und dem ‚ernsten Agieren' im konkreten Kampf bewegen sich auch die Anwärter permanent.

Mit Goffmans Theorie sozialer Rahmungen lässt sich diese Situation wie folgt fassen: Im Vollzug der Praktiken mit Anwärterbeteiligung können im Feld der Schule drei unterschiedliche Rahmen in Anschlag gebracht werden: Die *erste* Rahmung sieht den Anwärter als Zuschauer vor, oftmals führt dies auf der Seite der etablierten Akteure zu Überzeichnungen der Praxis. In besonderem Maß scheinen sie hier die charakteristischen Eigenschaften einer Praktik hervorzuheben. Schüler zeigen den Novizen bereitwillig, wie sie in einer Gruppenarbeit mit einem Heft und einem LÜK-Kasten mathematische Aufgaben bearbeiten oder eine Mentorin demonstriert wiederholt die Handhabung der schwergängigen Fenster im Zeitlupentempo, damit die Novizin die Handgriffe verfolgen und sehen kann.[70] Der *zweite* Rahmen versetzt die Anwärter von der Zuschauerposition ins Zentrum des Geschehens. Im Modus des ‚So-tun-als-ob' üben sie sich im Vollzug der in diesem Feld etablierten Praktiken, während dieser Rahmen alle anderen zu Sparringspartnern oder Trainern der Novizen werden lässt. Der *dritte* Rahmen überführt die Situation in ein ‚ernsthaftes' Geschehen, in dem die Anwärter eigenverantwortlich agieren müssen. Auffällig ist die Zurückhaltung der Mentoren in diesen Situationen, die vor dem eigenverantwortlichen Unterricht betonen, nur in extremen Notfällen einschreiten zu wollen – es allerdings augenscheinlich nur mit Mühe schaffen, ihre Impulse zurückzuhalten. Häufig geschieht es in solchen Fällen, dass die Novizen scheitern oder zu ‚schwimmen' beginnen, weil sie in ihrem Auftreten die in diesem Rahmen etablierten Ordnungen zu bedienen nicht in der Lage sind. Mitunter fragen sie die Mentoren sogar explizit um Rat. Solch ein ‚Kippen' der Situation ist für die Beteiligten sofort erkennbar und kann mit Goffman als Rahmenwechsel bzw. als Überlappung unterschiedlicher Rahmen beschrieben werden. Das Kollektiv der Beteiligten schaltet augenblicklich um, Schüler und Mentoren geben der Novizin plötzlich wieder Tipps zur Lösung des Problems oder äußern in anderen Fällen ihren Unmut über den Rahmenwechsel. Schüler reagieren in solchen Momenten oftmals sehr viel

70 Gekoppelt werden diese Überzeichnungen der Praxis häufig an explizite Erklärungen, die immer wieder in den Unterricht eingebaut werden: In mehreren Situationen werden Schüler von der Lehrerin aufgefordert, der Referendarin (und dem Forscher) bestimmte Klassenregeln zu erklären oder bspw. die Bedeutung der Tierstempel in den Heften zu erläutern.

verständnis- und schonungsloser als die Mentoren, stöhnen lauthals und fordern, endlich in gewohnten Formen fortfahren zu können. Auch die Aufmunterung der Mentorin, dass es doch nicht so schlimm sei, wenn mal was danebengehe, ist gleichsam als Hinweis darauf zu verstehen, dass die Anwärterin auch in Krisensituationen versuchen sollte, im Rahmen zu bleiben. Die Position der Anwärterin ist somit für alle Beteiligten nur schwer greifbar, weil der jeweilige Bezugsrahmen immer wieder in der Praxis hergestellt und festgelegt werden muss. Die Novizen können aus dieser Perspektive selbst den Rahmen verlassen – wie bspw. die explizit um Hilfe bittende Referendarin – in anderen Fällen sind es hingegen die Akteure des Feldes, die durch ihr Agieren und ihre Reaktionen auf die Novizen den Rahmen *in actu* festlegen und somit die Anwärter auf bestimmte Weise adressieren. Es ist gerade zu Beginn der Ausbildung ein ständiges Oszillieren zwischen den drei beschriebenen Partizipationsformen; es wird praktisch ein permanenter Rahmenwechsel vollzogen. Die Anwärter wissen nie genau, wie sie in der jeweiligen Situation adressiert werden bzw. welcher der Rahmen von ihrem Gegenüber gerade angelegt wird. Die im Hinblick auf den jeweils angelegten Rahmen fehlende Gewissheit sorgt für Irritationen und Verhaltensunsicherheiten auf allen Seiten und setzt ständige, oftmals konfliktträchtige Abstimmungsprozesse zwischen den Akteuren voraus. Es muss eine situative praktische Übereinkunft zwischen Novizen und Etablierten über die spezifische Adressierung der Novizen als Zuschauer, Sparringspartner oder als verantwortliche Lehrkraft hergestellt werden. Die Art und Weise, wie sie von den Akteuren des Feldes adressiert werden, gibt den Novizen einen Hinweis auf den Grad ihrer subjektformspezifischen Anerkennung und somit eine Rückmeldung im Hinblick auf ihre Ausbildungsfortschritte. Die Anwärterposition lässt sich aus der hier eingenommenen Perspektive in ihrem spezifischen Charakter als systematische Irritation und Verunsicherung der Novizen beschreiben, die grundlegend für den anschließenden Prozess der Ankopplung ist.

2.2 Ankopplung

2.2.1 Die Übernahme des feldspezifischen Blicks

Es war ein Zufall, der mich auf das Thema der ‚Übernahme des feldspezifischen Blicks' gebracht hatte. Die Idee war zunächst, eine zweite Kamera im gegenüberliegenden Bereich des Klassenraums einzusetzen, um in den Lehrer-Schüler-Interaktionen beide Akteure frontal aufnehmen zu können. Zu diesem Zweck fragte ich zunächst die hospitierende Referendarin, ob sie eine der Kameras bedienen könne, da mir zu diesem Zeitpunkt noch keine zweite Person für meine Forschung zur Verfügung stand.[71] Gerade mein Versäumnis, die hilfsbereite Referendarin einzuweisen und ihr zu erklären, was sie genau filmen soll, führte auf den zweiten Blick zu aufschlussreichen Ergebnissen: Die erste Sichtung des Videomaterials war für mich enttäuschend: Ich hatte mir erhofft, möglichst viele Situationen – vor allem Schüler-Lehrer-Interaktionen – zugleich mit beiden Videokameras ‚einfangen' zu können, jedoch war das von der Referendarin aufgenommene Videomaterial – aus meiner Perspektive – ‚völlig unbrauchbar'. Es zeigte sich, dass sich das Interesse der Referendarin deutlich von meinen Beobachtungsschwerpunkten unterschied. Keine der von mir fokussierten Szenen wurden von ihr gefilmt.

71 Erst nach einem halben Jahr bin ich mit Studierenden, die ihre Abschlussarbeiten in diesem Projekt geschrieben haben, ins Feld gegangen, damit diese die Bedienung der zweiten Kamera übernehmen konnten.

Die unruhige Kameraführung und der schnelle Szenenwechsel irritieren den Betrachter. Die Aufnahmen sind nicht nur unzusammenhängend, sondern die Referendarin lässt sich von jedem Blick, jedem Fingerzeig, jedem Husten und Rufen beeinflussen. Augenscheinlich ist für die Referendarin die Lehrkraft von zentraler Bedeutung. Diese wird von ihr hauptsächlich gefilmt. Ihren Blicken folgt sie mit der Kamera. Erhebt die Lehrkraft ermahnend ihre Stimme, beginnt die Referendarin mit der Kamera, nach demjenigen zu suchen, der von ihr adressiert werden könnte. Die Blicke der etablierten Lehrkraft lenken die Aufmerksamkeit der Novizin im Klassenraum hin und her. Umgekehrt sind Passagen im Filmmaterial zu erkennen, in denen die Referendarin Schüler beobachtet, die sich um ein Puzzle streiten und dabei zum Teil handgreiflich werden: Die Aufnahmen beginnen mit einem Jungen, der von seinem Platz aus in die hintere Ecke des Klassenraums guckt: Die Kamera folgt seinem Blick, schwenkt ‚suchend' in die linke Ecke, dann in die rechte; der Fokus wird erweitert. Dann wird erneut der Schüler fokussiert, dessen Blicke die Kameraführung offenbar beeinflusst hatten. Dem Blick nun genauer folgend, schwenkt sie nun auf zwei Jungen, die jeweils ein Puzzle in den Händen halten. Die Situation wird herangezoomt. Die Puzzles erscheinen groß im Bild; es scheint hier einen Konflikt zu geben. Nachdem sie die ‚Streithähne' herangezoomt hat, beginnt sie im Weitwinkel den Klassenraum zu scannen und findet schließlich die Lehrerin. Sie zoomt ihr Gesicht heran und folgt ihr schließlich auf ihrem Weg zu den sich streitenden Schülern. Während die Lehrerin den Streit schlichtet und die Jungen auffordert, sich angemessen zu benehmen, wird der Fokus zunächst erweitert, so dass jetzt die Lehrerin in der Interaktion mit den beiden Jungen zu sehen ist. Nach wenigen Sekunden wird dann wieder das Gesicht der Lehrerin in Großaufnahme gezeigt.

Das Material legt die Sichtweisen, Perspektiven, Reaktionen, Fokussierungen und Assoziationen der hospitierenden Referendarin indirekt offen. Man erhält einen Eindruck davon, *wie* die Referendarin das Geschehen beobachtet, was sie näher in den Blick nimmt, worauf sie reagiert und auf welche Weise sie sich die Situationen ansieht. Sie folgt den Blicken der Lehrerin, um zu sehen, was sie sieht und beginnt sukzessive, das Feld aus der Lehrerperspektive zu betrachten. Auch wenn sie sich kurzfristig von der Lehrerin abwendet und sich bspw. für den Konflikt zweier Schüler interessiert, beginnt sie bereits nach kurzer Zeit nach ihrer Mentorin zu suchen: Das

Heranzoomen ihres Gesichts bekundet das nähere Interesse der Referendarin an der Mimik ihrer Mentorin. Dies lässt sich als Versuch deuten, das für sie auffällige Verhalten der beiden Schüler mithilfe der Reaktionen ihrer Mentorin einzuordnen. Haltung und Mimik der Mentorin sowie die Intensität, mit der sie die beiden Streithähne zurechtweist, dienen der Referendarin als Maßstab zur feldadäquaten Bewertung der Situation. Die Etablierten lenken die Blicke der Novizen auf bedeutende Gegenstände oder Situationen des Feldes und kommentieren das Geschehen *in situ*. Über ihre körperlichen oder verbalen Kommentare – ein dezentes Kopfschütteln oder ein kaum merkliches Anheben der Stimme – verweisen die Etablierten im Vollzug der Praxis auf feldspezifische Normativität und vermitteln den Novizen Schritt für Schritt, was hier Anerkennung findet und wie es bewertet wird.

Die Praktiken der Aneignung einer feldspezifischen Wahrnehmung lassen sich auch am Beispiel der kollektiven Seminarhospitationen anschaulich beschreiben. Ich beziehe mich ein weiteres Mal auf die bereits im Kapitel 2.1.4 beschriebene Szene, akzentuiere in meinen Beschreibungen jedoch andere Details:

Zumeist treffen sich alle Referendare mit der Seminarleiterin in einem ‚Vorbereitungsraum' der Schule in Abwesenheit der Schüler. Die an diesem Tag eine Unterrichtsstunde demonstrierende Referendarin verteilt die von ihr angefertigten schriftlichen Unterrichtsentwürfe und erläutert den anderen Seminarteilnehmern ihr Vorhaben. Sie stellt den Stundenschwerpunkt vor, geht auf einzelne Unterrichtsphasen ein und benennt die Organisationsformen, in denen sie mit den Schülern in den unterschiedlichen Phasen zu arbeiten gedenkt. Ebenso skizziert sie die spezifische Zusammensetzung der Lerngruppe, verweist auf „schwierige" und „eher langsame" Schüler ebenso wie auf besonders „gute" Schüler und benennt mehrere Situationen, in denen sie ein leistungsdifferenziertes Lernangebot vorgesehen hat. Insbesondere die anwesenden Novizen zeigen sich vom Umfang des schriftlichen Entwurfs und der Souveränität ihres Vortrags ebenso beeindruckt wie von der Präzision der hervorgehobenen Unterrichtsaspekte. Bei der gemeinsamen Diskussion meldet sich nur eine der Neuen zu Wort und fragt, ob man nicht einfach im Rahmen eines Stuhlkreises mit den Schülern über das zu erarbeitende Gedicht diskutieren könne, anstatt die ohnehin nur 45 Minuten so oft für die wechselnden Unterrichtsphasen zu unterbrechen. Die Novizin erntet das unkommentierte und doch aussagekräftige Gelächter der Referendare aus den älteren Semestern. Sie und die anderen Neuen folgen dem Geschehen während der Vorbereitung fortan wortlos und richten erst anschließend an einige der erfahrenen Referendare Fragen danach, ob man im Rahmen der Seminare noch lernen werde, wie man so einen Entwurf schreibt und worauf man bei der Unterrichtsvorbereitung eigentlich achten müsse. Den Novizen fehlen die in diesem Feld herrschenden Kriterien zur Beurteilung einer Unterrichtsstunde. Für sie wird nicht ersichtlich, warum einige Aspekte thematisiert werden und andere wiederum nicht. In der letzten Phase der Vorbereitung verteilt die Seminarleiterin kleine Kärtchen, auf denen sogenannte Beobachtungsschwerpunkte stehen. Beispiele hierfür sind das „Lehrerverhalten", das „Zeitmanagement", die „Anwendung der Operatoren", die „Organisationsformen" oder die „Ergebnissicherung". Auch die Novizen erhalten jeweils einen der Beobachtungsaufträge und werden aufgefordert, sich während der Vorführstunde zunächst vorwiegend auf diesen einen Aspekt zu konzentrieren. So verbringt einer der Neulinge beispielsweise 45 Minuten damit, zu kontrollieren, ob der im schriftlichen Entwurf vorgesehene minutiöse Zeitplan von der sich ausprobierenden Referendarin eingehalten wird, während eine andere Novizin versucht, sämtliche verwendete Operatoren zu notieren.

Die ‚Übernahme des feldspezifischen Blicks' erfolgt explizit in kleinen Schritten, die die Novizen vor Überforderung und Haltlosigkeit im Prozess der Beobachtung bewahren sollen. Es werden ihnen klare Beobachtungsschwerpunkte vorgegeben, die sie während ihrer gesamten Ausbildung bis zu ihrer Prüfung und vermutlich darüber hinaus begleiten werden. Schritt für Schritt werden sie befähigt, mehrere Aspekte zeitgleich in den Blick zu nehmen bzw. es wird ihnen sukzessive ein bestimmter, für die Subjektposition des Lehrers charakteristischer Blick antrainiert.

Während der Hospitation sitzen die ‚Gäste' im hinteren Bereich des Klassenraums auf bereitgestellten Stühlen. Nur die Seminarleiterin sitzt etwas weiter vorne, seitlich am Fenster an einem freien Schülertisch. Sie positioniert sich für alle Referendare sichtbar vor ihrem Skizzenbuch und folgt dem Unterrichtsgeschehen. Das geschäftige Mitschreiben während der Hospitationen ist ein Kennzeichen aller beobachteten Seminarleiter, Lehrer und Referendare. Es ist auffällig, dass im Fortgang des Unterrichts viele der zunächst auf die Tafel ausgerichteten Stühle der Referendare nach und nach verschoben werden. Nach einiger Zeit stehen viele Stühle der Referendare in schräger Position und somit dem Platz der Seminarleiterin zugewandt. Immer wieder notiert die Seminarleiterin etwas in ihrem Skizzenbuch, nickt von Zeit zu

Zeit oder flüstert leise das Wort *„toll"*, bevor sie weiter schreibt. In anderen Momenten schüttelt sie hingegen mit dem Kopf und legt die Stirn in Falten. Im Verlauf der Stunde wird sie sichtlich unruhiger und blickt häufiger nach hinten zur Gruppe der Referendare.

Die Positionierung der Stühle gibt Aufschluss darüber, *wie* die Referendare versuchen, das Geschehen in den Blick zu bekommen; es ergeben sich materiell nachvollziehbare ‚Konzentrationslinien': Die Seminarleiterin hat ihren Stuhl schräg gerückt und ihre Perspektive so auf die Referendarin ausgerichtet, die die meiste Zeit vor ihrem Pult oder inmitten der Schülertische steht. Die Referendare im hinteren Bereich des Raums wenden sich der Seminarleiterin zu und blicken abwechselnd zu ihr und zur unterrichtenden Referendarin bzw. auf die vor ihnen positionierten Schüler. Es zeigt sich ein Arrangement zur kollektiven Schulung der Aufmerksamkeit: Sobald die Seminarleiterin beginnt, geschäftig in ihr Notizbuch zu schreiben, erheben auch einige der Referendare ihre Stifte – auch diejenigen, die offenkundig noch nach dem Ereignis suchen, das es zu notieren gilt. Das die unterschiedlichen Situationen kommentierende Nicken der Seminarleiterin, ein leises vor sich hin gesprochenes *„Toll"* verweisen darauf, dass die hier beobachtete Szenen offenbar in vielerlei Hinsicht zu ‚gelingen' scheint. Das spätere Kopfschütteln, die Falten auf ihrer Stirn und das sich häufende Umdrehen zu den anderen Referendaren hingegen dominieren in dieser Stunde und dienen den Anwärtern als Zeichen für eine augenscheinlich missglückte Performanz.

Der Forscher konnte zumeist nicht entschlüsseln, worauf sich das Nicken oder das Kopfschütteln der Seminarleiterin genau bezieht und was sie notiert haben könnte. Den Novizen scheint es ähnlich zu gehen, während die bereits ‚eingeweihten' Referendare um uns herum ihr spezifisches ‚Im-Spiel-Sein' zur Schau tragen: Jeder subtile Kommentar der Seminarleiterin wird von ihnen erfasst, verstärkt und erneut aufgeführt. Das leise „Toll" führt zum Kopfnicken zweier Referendare. Das kurze Kopfschütteln der Seminarleiterin hingegen provoziert zeitgleich ein Stöhnen und ein leises Zungenschnalzen von einem Anwärter. Nur einige der erfahrenen, kurz vor ihrem Abschluss stehenden Referendare haben dieses Spiel bereits so häufig mitgemacht, dass sie antizipieren, in welchen Momenten ihre Seminarleiterin Zufriedenheit äußern und wann sie kritisch mit dem Kopf schütteln wird: Sie nehmen den Stift inzwischen fast zur gleichen Zeit wie ihre Seminarleiterin in die Hand oder lassen es sich nicht nehmen, die jüngeren Semester auf problematische Situationen hinzuweisen, die zu diesem Zeitpunkt noch in der Zukunft liegen, sich also noch gar nicht ereignet haben. Oftmals avancieren im Rahmen dieser Seminare einige der bereits etablierten Referendare quasi zu ‚Ikonen'. Sie übernehmen es in vielen Situationen, die Novizen allmählich in die ‚Geheimnisse' der Schule einzuweihen und Seminarleiter verweisen zunehmend auf sie, wenn sie vor der Aufgabe stehen, den Novizen konkrete Handlungsanweisungen für nicht konkretisierbare Situationen geben zu müssen: Nicht selten wird in diesen Situationen an die gemeinsame Hospitation erinnert, in der eine der ‚Ikonen' eine ähnliche Situation ‚brillant' gelöst hatte.

Es konstituieren sich in solchen Praktiken soziale Gruppen und bilden geteilte Perspektiven auf die Welt aus, die grundlegend für das Zusammenwirken in der Praxis sind. Gruppenidentitäten, Zusammenhalt und Vertrauen in sozialen Gruppen fußen maßgeblich auf einer weitgehend geteilten Sicht auf die Welt. Die Novizen werden Teil der Gemeinschaft, indem sie das Kollektiv im Wandel ihrer eigenen Wahrnehmung zu erkennen beginnen: Die in den beschriebenen Praktiken *in actu* ‚eingestellten' Akteure sehen nach einiger Zeit in dem gemeinsam beobachteten Geschehen dieselben Aspekte wie die sie umgebenden Akteure, was zur Wiedererkennung des Anderen im Eigenen und in diesem Sinn zur Ausbildung eines Gemeinschaftssinns führen kann. Die Übernahme des feldspezifischen Blicks ist somit auch eine, die bestehenden Verhältnisse perpetuierende, Praxis, in der (zumeist ungleiche) Kämpfe um die in diesem Feld anerkannten Wahrnehmungsweisen geführt werden und in die immer auch Machtansprüche eingeflochten sind. Diese Kämpfe sind vor dem oben skizzierten theoretischen Hintergrund immer auch Kämpfe „um das Monopol auf die Macht über das Sehen und Glauben, Kennen und Anerkennen, über die legitime Definition der Gliederung der sozialen Welt" (Bourdieu 2005: 122).

2.2.2 DER GEBRAUCH DER DINGE

„Das Glockenspiel ist eine sehr schöne Sache. Da wissen die Schüler ganz genau, was sie tun sollen. Sie haben dann Zeit, ganz in Ruhe alles noch kurz fertigzumachen, ihre Sachen aufzuräumen und sich dann vernünftig hinzusetzen, damit der Unterricht dann weitergehen kann."

Der so komplexe und vielschichtige Klassenraum muss von den Novizen in der Position des Lehrers eingenommen und die Dinge müssen feld- und positionsadäquat eingesetzt werden, damit ihre Handlungen für die Schüler anschlussfähig sind. Hierbei erscheint die Handhabung der schulischen Artefakte zunächst als überaus voraussetzungsvoll, jedoch bieten die Dinge den Novizen auch Verhaltenssicherheiten: Sie unterbreiten den Anwärtern quasi Angebote, sich auf bestimmte Weise im Klassenraum zu verhalten und dienen ihnen somit als Stützen (vgl. Wünsche 1982: 103f.). An zwei Beispielen möchte ich verdeutlichen, was es bedeutet, die Artefakte des Feldes in der hier anerkannten Weise zum Einsatz bringen zu müssen. Es ist die Aufgabe der Novizen, die Körpertechniken im Umgang mit den Artefakten des Klassenraums dergestalt in Routinen zu überführen, dass sie diese auch unter Zeitdruck souverän anwenden können. Ich werde mich erstens auf den Gebrauch der Tafel konzentrieren und in einem zweiten Schritt auf die feldspezifische Verwendung des Glockenspiels eingehen. In beiden Beispielen geht es zum einen um den Erwerb (schul-)kulturspezifischer Techniken und zum anderen um deren situationsadäquaten Einsatz bzw. um das passende Timing. Während am Beispiel der Tafel der Prozess des körperlichen Trainings bzw. die Aneignung (schul-)kulturspezifischer Techniken im Vordergrund stehen, möchte ich am Beispiel des Glockenspiels das Problem des situationsangemessenen Timings verstärkt in den Blick rücken. Darüber hinaus wird deutlich, dass die unterschiedlichen Settings ihre Subjekte auf je verschiedene Weise hervorbringen und sie in bestimmte Verhältnisse zueinander setzen.

2.2.2.1 Die Tafel

Erste Unterrichtsversuche sind noch erkennbar von Unsicherheit geprägt. So wirkt bei einer Referendarin im Englischunterricht einer dritten Klasse das Schreiben an der Tafel zunächst hektisch und verkrampft. Wie sich rückblickend zeigt, beabsichtigt sie, ein Tafelbild auf der Grundlage einer zuvor vorgelesenen Geschichte zu erstellen. Es ist ihre Intention, die Namen der Protagonisten dieser Geschichte – es handelt sich um unterschiedliche Tiere – in einer Spalte zu sammeln und in einer weiteren Spalte die von diesen Tieren durchgeführte Tätigkeit zuzuordnen. Zu diesem Zweck soll ein kurzer Satz zur jeweiligen Tätigkeit formuliert werden. Der Gedanke ist unmittelbar einleuchtend: Die Kinder sollen sich an die Protagonisten und deren Taten im Sinne eines Hörauftrags erinnern; zugleich wird ihnen die korrekte englische Schreibweise und die entsprechende Aussprache vor Augen bzw. vor Ohren geführt. Die praktische Durchführung dieses Sicherungs- und Sammelprozesses ist jedoch mit erheblichen Hindernissen verbunden:

Nach der gemeinsamen Rezeption des Hörspiels hält die Referendarin einen Zettel in der Hand, auf dem bereits das fertige Tafelbild skizziert ist, und fragt die Schüler: „*Can you tell me anything about the animals?*“ Sie muss die Frage für einige Schüler in deutscher Sprache wiederholen. Eine Schülerin meldet sich und sagt, dass es um einen Pinguin gehe, aber dass auch andere Tiere vorkämen. Es ist nicht weiter verwunderlich, dass der Pinguin zuerst genannt wird, da die Geschichte mit diesem Tier endet und somit zuletzt erwähnt wird. Die Referendarin blickt auf ihren Zettel und fragt dann, ob die Schülerin auch noch wisse, welches Tier zuerst genannt wird. Als dieser das erste Tier nicht einfällt, schreibt die Referendarin schließlich nach einigem Zögern den Pinguin in die erste Spalte und fragt, was der Pinguin denn gemacht habe. Die phantasievolle Schülerin antwortet in deutscher Sprache, dass der Pinguin einen Fisch gejagt habe, doch die Referendarin, auf ihren Zettel blickend, scheint unzufrieden zu sein und schreibt schließlich an die Tafel: *„The penguin is diving in the sea.“* Sie spricht den Satz mit, während sie ihn in der zweiten Spalte notiert, jedoch verrutscht ihre Schrift immer weiter nach unten, bis sie schließlich vollständig in die nächste Zeile hineinragt. Obwohl das Anschreiben schon recht lange gedauert hat, wischt sie den Satz wieder weg und geht diesmal vor der sehr niedrig eingestellten Tafel in die Knie, was die Haltung der Kreide augenscheinlich vereinfacht. Die Schüler werden unruhig. Zwei Jungen sind aufgestanden und haben sich vor den Tisch eines anderen Schülers gestellt. Die Referendarin unterbricht das Schreiben und wendet sich den Schülern zu, um für ‚Ordnung' zu sorgen. Auch beim Anschreiben der folgenden Tiere und ihrer arttypischen Tätigkeiten hat sie große Schwierigkeiten. Geschriebenes wird wieder abgewischt, permanent dreht sich die angehende Lehrerin zu den Schülern um, gibt gleichzeitig mündliche Erklärungen ab und versucht diese dann an der Tafel festzuhalten. Auch ihr Zettel scheint ihr die gewünschte Sicherheit nicht mehr zu geben, da die Schüler die Tiere augenscheinlich in einer anderen Reihenfolge nennen, als es ihr Zettel vorsieht, und sich darüber hinaus an abweichende Tätigkeiten erinnern. Immer wieder sucht sie auf ihrem Zettel nach Formulierungen, schreibt dann wieder an die Tafel, blickt in ihrer hockenden Position nur noch knapp über das Pult und weist die Schüler nun lautstark an, ruhig zu sein und die von ihr inzwischen im ‚Alleingang' zusammengetragenen Tiere und deren Tätigkeiten mitzuschreiben.

Die gesamte Situation überfordert die Novizin auf mehreren Ebenen: Sie braucht eine gewisse Konzentration, um ein angemessenes Schriftbild an der Tafel verwirklichen zu können, jedoch werden die Schülerinnen und Schüler augenblicklich unruhig, sobald sie sich der Tafel über einen zu großen Zeitraum hinweg zuwendet. Das zeitgleiche Schreiben und Managen der Klasse scheint für sie kaum zu bewältigen zu sein. Das Unterrichtsgespräch wird von ihr kaum gelenkt, so dass die Antworten der Schüler stark von ihren Vorstellungen abweichen. Hinzu kommt die niedrige Position der Tafel. Steht die Referendarin halbwegs aufrecht, ist sie gezwungen, ihr Handgelenk zu verbiegen. Außerdem lässt sich die Kreide so nicht in gewohnter Schreibhaltung zwischen mittlerem Finger, Zeigefinger und Daumen platzieren, so dass ihr das Stück Kreide mehrfach aus der Hand fällt. Geht sie jedoch in die Knie, ist diese Haltung zum Schreiben zwar angenehmer, sie verliert jedoch die Schüler, die für sie aus der neuen Perspektive hinter dem Pult verschwinden, nun vollständig aus den Augen.

Während das Schreiben mit einem Stift auf einem Stück Papier weitgehend durch feine Bewegungen der Finger, eher aus dem Handgelenk heraus erfolgt und mit einem langsamen Entfernen des Ellenbogens vom Körper weg und dem anschließenden Zurückführen des Ellenbogens an seine Ausgangsposition zum Zweck der Verschiebung der Schrift in der Horizontalen verbunden ist, müssen die Buchstaben an der Tafel nahezu mit dem ganzen Körper geformt werden: Nicht das Zusammenspiel der Muskeln und Sehnen im Unterarm und an den Fingern ist hier formgebend, sondern die hebenden, senkenden und kreisenden Bewegungen des Schultergelenks werden auf die Tafel übertragen. Das Verschieben der Schrift in der Horizontalen erfolgt erstens durch das Öffnen und Strecken des Arms und zweitens durch die Verschiebung des gesamten Körpers durch seitliches Gehen. Das Beschreiben einer neuen Zeile hingegen wird von Könnern durch das allmähliche Hochschieben der Tafel erleichtert. Bei der Novizin ist deutlich zu beobachten, dass sie ungeübt im Gebrauch der Tafel ist und ihre praktischen Schreibfertigkeiten augenscheinlich erst allmählich auf die Dimension einer Tafel übertragen muss: Ihre Schrift ist sehr klein und am Ende der Stunde sind Teile der Tafel so eng beschrieben, dass man einige Wörter nur schwer erkennen kann, während große Bereiche der Tafel unbeschrieben bleiben. Ihre Versuche, in gewohnter Manier aus dem Handgelenk heraus zu schreiben, führen immer wieder zu Verkrampfungen, denen sie durch regelmäßiges Ausschütteln der Hände und Arme zu begegnen versucht. Das Beschreiben der unteren Tafelbereiche meistert sie zunächst durch das Beugen des Oberkörpers und das extreme Abwinkeln der Handgelenke, bis sie die Schmerzen in den Handgelenken schließlich förmlich in die Knie zwingen. Auch das horizontale Verschieben der Schrift fällt ihr schwer: Das Verlagern des Oberkörpers auf die rechte Seite der Tafel, ‚während Füße und Beine ihren Ort nicht zu verlassen gedenken', liefert nicht nur eine in diesem Setting auffällige Performanz, sondern begründet darüber hinaus das sich absenkende Schriftbild. Die Stichworte ‚Tafelbild' und ‚Schriftbild' fallen in den Besprechungen der ersten Stunden mit der Mentorin sehr oft. Sie solle nicht alles in eine Ecke quetschen und es sei kein Wunder, dass die Schüler über Tische und Bänke gingen, da sie die Schrift der Referendarin ohnehin kaum entziffern könnten. Obwohl die Schrift der Referendarin für Erwachsene relativ gut zu lesen ist, sind die meisten Schüler nicht in der Lage, die angeschriebenen Worte zu erkennen. Sie sind an die Buchstaben der vereinfachten Ausgangsschrift gewöhnt und protestieren lautstark bei jedem fehlenden Haken und Kringel. Die Novizin musste sich nicht nur die Schreibbewegungen an der Tafel aneignen, sondern sie war gezwungen, sich mit der vereinfachten Ausgangsschrift auseinanderzusetzen.

„Ich habe echt Stunden dafür gebraucht, bis ich das irgendwann raus hatte. Hast du mal ein ‚G' geschrieben? Das geht gar nicht! Ich habe mir wie die Schüler Buchstabentabellen genommen und das zu Hause geübt. […] Ich habe letzte Woche sogar

vor dem Unterricht schon alles an die Tafel geschrieben, damit ich das mal in Ruhe machen kann. Im Unterricht ist das immer so ... so unter Druck, da kommt man immer durcheinander. Wenn ich viel anzuschreiben habe, schreibe ich heute noch manchmal die Sachen vorher an – naja, jedenfalls, wenn Zeit dafür ist."

In der Arbeit an den eigenen Techniken übt die Novizin das geforderte Geschick. Ebenso wie die Schüler konzentriert sie sich auf jeden einzelnen Buchstaben und gewöhnt sich an die neuen Formen und Schwünge. Sie wendet sich dem Schreiben an der Tafel in expliziten Übungspraktiken zu und eignet sich somit klassenzimmer-adäquate Körpertechniken an. Auf diese Weise bemüht sie sich um eine Korrektur ihres Schriftbildes an der Tafel, losgelöst vom (Zeit-)Druck des Unterrichtsgeschehens. Auf die Frage, ob es ihr mit etwas mehr Zeit besser gelungen sei, antwortete sie:

„Es ist wirklich schwer, aber ich weiß ja, wie das aussehen soll, wie ich das haben will. Ich meine, ich habe ja vor Augen, wie die Aufteilung und so sein sollte. Nur im Unterricht ist das alles so hektisch und mich nervt diese Schrift so. Weißt du, im Unterricht kann man ja auch gar nichts ausprobieren: Ich kann ja dies blöde ‚G' nicht immer wieder wegwischen. Man steht da und weiß, dass einen alle angucken und darauf warten, dass man fertig wird. Da ist keine Zeit. Da werde ich sofort nervös. Wenn ich alles vorher mache, kann ich auch einfach mal ein Stück nach hinten gehen und mir angucken, wie es aussieht, und dann kann man auch den Platz viel besser einschätzen."

Die Schwierigkeiten im Umgang mit der Tafel werden von ihr letztendlich als Problem des Zeitdrucks beschrieben. Unter Beobachtung fehlen ihr der notwendige Abstand zum Werk, das sie vollbringen soll und die Zeit, um die Buchstaben korrekt an die Tafel zu schreiben bzw. die Selbstsicherheit, um sich die notwendige Zeit zu nehmen. Gleich einem sportlichen Training eignet sie sich die Fertigkeiten allmählich an: Sie zergliedert die ihr ungewohnte vereinfachte Ausgangsschrift in ihre einzelnen Buchstaben, trainiert zunächst „stundenlang", diese separat auf Papier zu schreiben, um schließlich alles zu einem neuen Schriftbild zusammenzufügen. Erst später lernt sie den Übertrag auf die Tafel – folgt also einem Vorgehen vom Einfachen zum Komplexen. Auch hier nimmt sie sich zunächst ‚Trainingszeiten', um sich vor dem Druck des ‚Wettkampfs' zwecks der Vollendung ihrer Bewegungskünste zu schützen.

Die Trainingserfolge zeigen sich in den folgenden Monaten schrittweise, werden hier jedoch rückblickend nach einem halben Jahr beschrieben: Durch die Beherrschung des Geräts – die Schrift wird nun von den Schülern erkannt, die Tafel im vollen Umfang genutzt und auch das kreisförmige Abfallen der Zeilen ist kaum noch zu sehen – ist die Referendarin deutlich entlastet. Die Aufmerksamkeitsdefizite für die Schüler konnte sie nach und nach beseitigen. Die im Trainingsprozess angeeigneten Fertigkeiten werden allmählich in körperliche Routinen überführt; sie setzen sich als Formen impliziten Wissens (Polanyi) in den bewegungsgenerierenden Schemata des Körpers fest. Die Aufmerksamkeit der Referendarin liegt erkennbar nicht mehr auf den Haltungen ihrer Finger beim Umschließen der Kreide und auch der Druck, mit dem die Kreide zum Zeichnen eines lesbar starken Strichs auf die Tafel gebracht werden muss, ohne dabei abzubrechen, scheint inzwischen immer angemessen zu sein, obwohl sie die Kreide vergleichsweise schneller und flüchtiger als in den Anfangsstunden über die Tafel führt. Die Anschrift längerer Sätze bewältigt die angehende Lehrerin immer schneller und gewinnt dadurch gegenüber den Schülern einen zeitlichen Vorsprung, der es ihr erlaubt, sich von der Tafel zu entfernen, in die Hefte einzelner Schülerinnen zu blicken und sich das Tafelbild aus einiger Distanz anzusehen. Die feldadäquate Beherrschung des Geräts verschafft ihr in der Praxis des Unterrichts Zeit, um die ihr entgegentretenden vielschichtigen Aufgaben bewältigen zu können. „Die Referendarin schreibt nun erst an die – zunächst in aller Ruhe in einer ihr angenehmen Höhe justierten – Tafel, wenn sie mit ihren Erklärungen fertig ist; sie wendet sich nicht mehr so abrupt um und muss nur noch ausnahmsweise Korrekturen vornehmen." (Alkemeyer/Pille 2008: 145) Zunehmend gelingt es ihr, die Schüler kontrollierter miteinzubeziehen und die Unterrichtsgespräche im Hinblick auf ihr intendiertes Tafelbild zielführender zu lenken. Ihre Fragen werden kleinschrittiger und fokussierter und führen nun öfter zur gewünschten Antwort. Auch das Klassenmanagement gelingt ihr inzwischen[72] ‚besser': Abweichende Blicke der Schüler lenkt sie mit kleinen

72 Während es sich bei der beschriebenen Englischstunde um die erste eigenverantwortlich unterrichtete Stunde der Referendarin handelte und somit als Momentaufnahme aus ihrer Anfangszeit betrachtet werden kann, sind die hier zu-

Handzeichen zurück auf die Tafel und durch wiederholtes Hin- und Hergehen zwischen Tafel und Schülern, scheint sie das hier notierte Wissen körperlich transportieren zu wollen. Ihre Armbewegungen führen permanent von der Tafel zu den Schülern und zurück; auch sprachlich bezieht sie sich abwechselnd zum einen auf die an der Tafel materialisierten Inhalte und zum anderen auf die Schüler. Ihre Interaktionen mit Schülern, Kreide und Tafel tragen inzwischen typische und bei den meisten Lehrkräften beobachtete Züge. Erst die Überführung der mühsam erarbeiteten Techniken in körperliche Routinen ermöglicht es ihr, sich zunehmend auf das Klassenmanagement und die Gesprächsführung zu konzentrieren. Durch die Aneignung und Optimierung feldadäquater Techniken verschafft sich die Novizin Zeit in der Praxis des Unterrichts und gewinnt somit an Souveränität.

Es ist zum einen die Materialität der Dinge selbst und zum anderen ihre spezifische relationale Anordnung im Raum, die eine bestimmte Haltung der Körper nahelegt. Die Form der Kreide erfordert eine charakteristische Art ihrer Handhabung. Zwar unterscheiden sich die Mikrotechniken unterschiedlicher Lehrer innerhalb gewisser Grenzen voneinander – während einige das Kreidestück mit den Fingerkuppen von Zeigefinger und Daumen halten und die Kuppe des Mittelfingers unterstützend hinzuziehen, knicken andere den Mittelfinger ein und stützen die Kreide mit dem ersten Gelenk des Mittelfingers – jedoch lassen sich in erster Linie deutliche Parallelen feststellen: Das Anfertigen eines Tafelbildes erfolgt in einzelnen Schritten und ergibt zuletzt ein zusammenhängendes Ganzes; dies führt dazu, dass nur bestimmte, in das vorgesehene Schema passende Antworten der Schüler aufgenommen werden. Lehrer wenden in diesen Situationen zielführende Formen der Gesprächsführung an und konkretisieren ihre Fragen entsprechend. Zudem wissen sie oftmals, welche der sich meldenden Schüler sie wählen müssen, damit die von ihnen vorgesehene Antwort gegeben wird. Auch die Referendarin hat hierfür ein Gespür entwickelt und ist insbesondere im Hinblick auf ihre Unterrichtsbesuche froh darüber, verlässliche Schüler in ihrer Lerngruppe zu haben: *„Wenn gar nichts mehr geht, nehm' ich einfach [Name des Schülers gestrichen]dran. Auf den ist immer Verlass."* Die Lehrkräfte dürfen sich nicht zu lange der Anschrift an der

sammengetragenen sukzessiven Veränderungen im Umgang mit der Tafel in den folgenden sechs Monaten bis zum Ende des Halbjahres eingetreten.

Tafel widmen und müssen währenddessen die Bindung zu den Schülern aufrechterhalten. Demzufolge werden zumeist kurze, prägnante Sätze gewählt. Die Materialität und Positionierung der Tafel in Relation zu den anderen Dingen des Klassenraums sowie die Ansprüche ihres praktischen Gebrauchs wirken sich auf diese Weise mittelbar auf die Formen der Gesprächsführung und die Art des in diesem Setting nahegelegten Denkens aus. Die Tafel positioniert den Lehrkörper zwischen sich und den Schülern, ‚fordert ihn auf', sich ihr und den Schüler wechselweise zuzuwenden und bringt ihn auf diese Weise als ‚Vermittler' und ‚Medium' des Wissens im Unterricht hervor. Zwischen dem an der Tafel in Form von Schrift, Zahlen oder Skizzen materialisierten Wissen und den Schülern wandelt der Lehrkörper hin und her, fängt abschweifende Blicke der Schüler mit einer Handbewegung ein und richtet sie auf die Tafel. Seine Gesten und Bewegungen verbinden Tafel und Schüler immer wieder miteinander und erinnern an eine Zusammenführung: Er scheint das Wissen von der Tafel den Schülern entgegenzutragen. Die Schüler werden im gleichen Schritt als ‚folgende' und ‚nachvollziehende' Subjekte positioniert: Sie sind gefordert, den Lehrkörper als Medium zu nutzen, um schrittweise auf das an der Tafel materialisierte Wissen zugreifen zu können. Die räumlich-dingliche Beschaffenheit des Klassenzimmers, die relationalen Positionen von Tischen und Stühlen der Schüler einerseits und der Tafel andererseits etablieren die hier skizzierten Praktiken des Frontalunterrichts und perpetuieren implizit die Vorstellung eines abstrakten Wissens, das sich zerlegen lässt und von den Schülern nachvollziehend erfasst werden kann. Das Wissen gelangt mittels des Lehrkörpers in einzelnen Bausteinen an die Tafel und scheint von dort wieder durch den Lehrkörper den Schülern entgegengetragen zu werden. Auf diese Weise wird ein besonderes Abhängigkeitsverhältnis zwischen Lehrkraft und Schülern etabliert: Der beschriebene Gebrauch der Tafel erschwert es den Schülern, abzuweichen oder vorauszudenken bzw. zirkulär oder assoziativ vorzugehen; es ist ein Arrangement, das vorsieht, der Lehrkraft schrittweise zu folgen. Es ist in diesen Situationen weniger gefragt, sich einem Wissensbereich offen und engagiert zu nähern, als den nächst folgenden, von der Lehrkraft intendierten und zumeist verbal nahegelegten ‚Wissens-Baustein' zu antizipieren.[73]

73 Zum Aspekt der materialisierten Ideologien im Klassenzimmer siehe auch Holzkamp 1993.

2.2.2.2 Das Glockenspiel

Auf der Fensterbank rechts neben dem Pult steht der Baustein eines Glockenspiels. Es handelt sich um das tiefe ‚C'; ein passender Schlägel liegt bereit. Das Glockenspiel wird verwendet, um das Ende einer Frei-, Still- oder Gruppenarbeitsphase anzukündigen[74]. Die Mentorin beschreibt das Instrument wie folgt:

„Das Glockenspiel ist eine sehr schöne Sache. Da wissen die Schüler ganz genau, was sie tun sollen. Sie haben dann Zeit, ganz in Ruhe alles noch kurz fertigzumachen, ihre Sachen aufzuräumen und sich dann vernünftig hinzusetzen, damit der Unterricht dann weitergehen kann."

Der lange nachklingende Ton veranlasst die Schüler, allmählich ihre Sachen an die dafür vorgesehenen Orte zu bringen[75], sich auf die eigenen Plätze zu begeben und sich „vernünftig hinzusetzen". In der Praxis des Unterrichts wirkt der Einsatz des Glockenspiels auf die Beobachter geheimnisvoll:

Die Freiarbeitsphase ist oftmals mit einem hohen Lärmpegel verbunden, Spiele liegen ausgebreitet auf dem Boden und die Schüler sind kreuz und quer im Klassenraum verteilt. Nur wenige Schüler sitzen auf ihren Plätzen. Der Klang des Glockenspiels zeigt zunächst keine unmittelbare Wirkung. Nur allmählich beginnen einzelne Schüler, die von ihnen bemalte Tafel abzuwischen, Puzzleteile aufzusammeln und die Malsachen von den Tischen zu räumen. Andere Schüler vervollständigen ein mathematisches Puzzle unbeirrt weiter und stellen es erst nach mehreren Minuten zurück in das Regal. Während der gesamten Zeit ist auch die Lehrerin damit beschäftigt, die benutzten Spiele in den Regalen zu verstauen und die eigenen Unterrichtsmaterialien zu sortieren. Erst nach ca. vier Minuten positioniert sie sich vor ih-

74 In anderen Klassen wurden ähnliche Instrumente mit identischer Funktion beobachtet; beispielsweise wurde dort eine Triangel benutzt.

75 Oftmals müssen Hefte, Spiele oder Tuschkästen in die dafür vorgesehenen Fächer oder Boxen gebracht werden, damit auf den Tischen genügend Platz zum Arbeiten bleibt.

rem Pult und wartet. Es vergeht eine weitere Minute, in der Schüler umherlaufen, aufräumen und sich schließlich teilweise laut ‚quatschend' auf ihre Plätze begeben; aber schließlich kommen alle Schüler zur Ruhe. Bis auf wenige Ausnahmen haben sie ihre Hefte und Stifte bereitgelegt, die Gespräche eingestellt und blicken zur Lehrerin. Vom Erklingen des Glockenspiels bis zur Herstellung einer bestimmten, im Rahmen dieses Unterrichts gewünschten Ordnung sind ca. fünf Minuten vergangen, ohne dass die Lehrerin konkrete verbale Hinweise gegeben hätte.

Der Ton des Glockenspiels ist tief und laut. Er ist dem Klang großer – und somit dunkel klingender – asiatischer Klangschalen ähnlich. Die Wahrnehmung des Tons selbst und sein Nachvollzug verschwimmen. Der sich ohnehin über mehr als sieben Sekunden ausdehnende Ton schwingt im eigenen Kopf und Brustraum nach und lässt sich als schmeichelnder, fast wohltuender Befehl beschreiben. Auf besondere Weise versinnbildlicht dieser Ton die verschwimmenden Grenzen zwischen der von der Lehrkraft ausgehenden Aufforderung und den Bestrebungen der Schüler. Die simpel erscheinende Bedienung des Geräts zeigt sich bei näherem Hinsehen als überaus voraussetzungsvoll: Da der Ton des Glockenspiels bei zu großer Unruhe von den Schülern trotz seiner Intensität überhört wird, ist der passende Moment für seinen Einsatz erst dann gekommen, wenn sich der Lärmpegel im Klassenraum für einen Augenblick senkt und zumindest einige Schüler aufmerksam sind. Auf diese Weise adressiert die Lehrerin indirekt konkrete Schülerinnen, die als Multiplikatoren der somit wortlos übermittelten Anweisung fungieren. An ihrem Verhalten orientieren sich im weiteren Verlauf der Szene auch Schüler, die so sehr in ihre Beschäftigung vertieft waren, dass sie den Ton des Glockenspiels scheinbar überhört hatten. Das allmählich sich ausbreitende kollektive Aufräumen bzw. das gemeinsame Herstellen der gewünschten Unterrichtsordnung erfasst schließlich alle Schüler. Wer jetzt noch nicht reagiert, wird von seinen Mitschülern mündlich ermahnt, sich einzubringen.

Die sich in dieser Klasse als Lehrerin ausprobierende Referendarin beschreibt die Herstellung der gewünschten Unterrichtsordnung nach einer Freiarbeitsphase als eines ihrer zentralen Probleme in dieser Klasse. Auch sie verwendet das Glockenspiel, jedoch wird schnell ersichtlich, dass sein Einsatz nicht zum gewünschten Ziel führt. Die Referendarin bedient sich des bereitstehenden Instruments, ist jedoch nicht in der Lage, es nach den etablierten Verfahrensweisen und in geeigneten Momenten einzusetzen.

Erst wenn zahlreiche mündliche Ermahnungen ihrerseits keine Erfolge zeigen und der Lärmpegel auf ein für sie scheinbar unerträgliches Niveau gestiegen ist, greift sie zum Schlägel und versucht das allgemeine Stimmengewirr mit dem Glockenspiel zu übertönen. Gerade die Vehemenz ihres Schlages auf das hintere Ende des Klangkörpers sorgte jedoch in mehreren Beispielen dafür, dass der Ton nur dumpf und kurz zu hören war. Die Mentorin forderte die Referendarin wiederholt auf, das Glockenspiel einzusetzen, da es den Schülern vertraut sei. Es sind die Schüler, die sich als Kenner der herrschenden Ordnungen den Anweisungen der Referendarin vehement widersetzen: Unbeirrt widmen sie sich ihrer Beschäftigung und verweisen die Novizin in ihre Schranken, als diese versucht, sie anzutreiben. *„Wir sind gerade erst angefangen! Es ist doch noch niemand fertig, das sehen Sie doch!“* verkündet eine Schülerin und bringt damit das Problem auf den Punkt: Die Referendarin hält sich strikt an ihren Zeitplan und versucht diesen mit allen Mitteln zu erfüllen. Ihr fehlt offenbar der Blick für die Situation der Schüler, die nach einer ‚chaotischen‘ Aufbauphase gerade erst mit den Spielen begonnen hatten. Der Einsatz des Glockenspiels kann nicht zu beliebigen Zeitpunkten erfolgen. Nur dann, wenn das Ende einer Phase annähernd erreicht und die zu erledigenden Aufgaben zumindest von einigen Schülern bewältigt wurden, kann der Einsatz des Glockenspiels seine gewünschte Wirkung erzielen. Erst als die Referendarin sich in späteren Situationen traut, von ihrem zeitlichen Plan abzuweichen und ggf. gesetzte Ziele nicht zu erreichen, hat ihr Einsatz Erfolg: Sie wartet die Fertigstellung der Puzzles ab und erkundigt sich, wie weit die Schülerinnen mit den Spielen seien. Sie bemerkt, dass auch die Schülerinnen an der Tafel offenbar das Bemalen der Tafel abgeschlossen haben und bereits damit beginnen, erste ‚Kunstwerke‘ wieder abzuwischen. Erst dann nimmt sie den Schlägel und bedient das Glockenspiel. Mit der entsprechenden Ruhe nimmt allmählich auch der Ton das den Schülern vertraute Volumen an. Sie hilft einigen Schülern beim Einräumen der Spiele und wartet dann, bis sich auch die letzten Schüler auf ihre Plätze begeben haben.

Die Szene lässt sich als eine sukzessive Annäherung der Referendarin an die in dieser Klasse eingespielten Praktiken zur kollektiven Herstellung einer bestimmten Unterrichtsordnung beschreiben. Dabei lernt sie, das Glockenspiel auf bestimmte und wiedererkennbare Weise zu gebrauchen. Zum einen bedarf es hierfür einer konzentrierten und entspannten Handhabung des Schlägels, die eine gewisse Gelassenheit und Souveränität erfordert, andererseits wird an diesem Beispiel deutlich, dass die Aneignung der Körpertechniken unmittelbar an das Problem des situationsspezifischen Timings gekoppelt ist. Wann ist der angemessene bzw. der in dieser Klasse anerkannte Zeitpunkt für die Bedienung des Instruments gekommen? Wann sind die Schüler bereit, seinen Aufforderungen zu entsprechen? Die Referendarin lernt, sich an den indirekten Zeichen der Schülerinnen zu orientieren und stimmt den Einsatz des Glockenspiels auf die Erwartungen bzw. auf die Bereitschaft der Schülerinnen, sich dem Unterrichtsphasenwechsel zu widmen, ab. Sie übernimmt den in dieser Klasse anerkannten Umgang mit dem Instrument und wird durch die Reaktionen der Schüler wortlos in ihrem Verhalten bestärkt. Die geglückte Performanz macht sie vorübergehend zu einem (an-)erkannten Mitglied der Gemeinschaft.

Der Gebrauch der Dinge im Unterricht ist nicht nur mit dem Erwerb spezifischer Körpertechniken verbunden, sondern bedarf eines situationsangemessenen Timings und somit einer feldspezifisch sozialisierten Wahrnehmung, um die Techniken zum richtigen Zeitpunkt bzw. im geeigneten Kontext zur Anwendung bringen zu können. Die Referendarin muss die Unterrichtssituation wahrnehmen lernen, um das Glockenspiel so einsetzen zu können, dass es seine gewünschte Wirkung zeigt. In der Unterrichtspraxis nähert sie sich dem situativ angemessenen Einsatz des Instruments durch Ausprobieren immer weiter an. Dessen unangemessene Verwendung spiegeln ihr die Schüler in ihrem Verhalten und weisen sie zuletzt explizit darauf hin, dass der richtige Moment für das akustische Signal noch nicht gekommen ist. Auf diese Weise positionieren sich die Schüler als Etablierte. In weiteren Versuchen variiert die Referendarin nicht nur die konkrete Bedienung des Geräts, sondern bringt das Glockenspiel auch zu anderen Zeitpunkten der Unterrichtsphase ins Spiel. Die Schüler verweisen schließlich wiederum durch ihre Reaktionen auf die inzwischen offenbar angemessene und situativ passende Verwendung des Glockenspiels: Sie beginnen mit dem gewohnten Umbau der Unterrichtsordnungen, packen ihre Sachen zusammen und begeben sich allmählich auf ihre Plätze. Es wird deutlich, dass der Gebrauch der Dinge unmittelbar an die eingespielten Körper seiner Subjekte gekoppelt ist. Der bei den unterschiedlichen Schülern mehr oder weniger ausgebildete praktische Sinn für die Praxis des Unterrichts kann nur greifen, wenn die Lehrkraft nach den eingespielten Mustern agiert; der ungewohnte Einsatz des Glockenspiels irritiert die Praktik und ihre Subjekte. Zum einen müssen die feldspezifischen Techniken beherrscht werden, damit sie Ankopplungsstellen in den sozialisierten Körpern der partizipierenden Akteure finden. Darüber hinaus müssen diese Techniken jedoch präzise und mit Feingefühl, im richtigen Kontext und mit entsprechendem Timing verwendet werden; die partizipierenden Akteure müssen sich gewissermaßen bereits der bevorstehenden Praktik zugewendet haben, bevor diese erfolgen kann. Anschlussfähiges Handeln im Setting der Schule setzt eine Bereitschaft der kooperierenden Körper voraus. Der Gebrauch der feldspezifischen Dinge bedarf somit einerseits eines technischen Trainings, das durchaus in expliziten ‚Trainingseinheiten' außerhalb des Unterrichts durchgeführt werden kann, andererseits kann der situationsspezifische Einsatz dieser Techniken ausschließlich im Vollzug der Unterrichtspraxis selbst geübt werden; die Novizen bedürfen der Reaktionen partizipierender Akteure, um in der Praxis ein Gespür für die Situationen erwerben zu können.

Glockenspiel und Tafel etablieren in ihrer feldspezifischen Verwendung je unterschiedliche Verhältnisse zwischen Schülern und Lehrkraft: Während der Gebrauch der Tafel den Lehrkörper als Medium einsetzt, das zwischen dem Wissen einerseits und den Schülern andererseits vermittelt, bringt ihn das Glockenspiel gewissermaßen als Verkehrszeichen hervor. Einem Verkehrspolizisten ähnlich ist es seine Aufgabe, zur richtigen Zeit die richtigen Zeichen zu setzen, damit der Verkehr ‚fließen' kann (vgl. Kapitel 2.3.3).

Der Gebrauch der Dinge im Klassenraum ist unmittelbar an die Aneignung (schul-)kulturspezifischer Körpertechniken und somit an die Ausbildung eines in dieses Setting passenden „Umgangskörpers" (Gebauer 2009: 95 ff.) gekoppelt. Die Dinge bewahren in ihrer spezifischen Beschaffenheit kollektiv erzeugte Ideen und Vorstellungen auf. Latour spricht von einem „schon längst vergangene[n] Handeln eines längst verschwundenen Akteurs, der hier und jetzt immer noch aktiv ist und etwas mit mir macht. Ich lebe inmitten technischer *Delegierter*, ich bin mit nichtmenschlichen Wesen verflochten" (Latour 2000: 230). Handeln im Setting des Klassenraums entsteht aus dieser Sicht in geteilter Trägerschaft zwischen den menschlichen Akteuren und den dinglichen Ko-Akteuren (vgl. ebd.: 219). Neben der materiellen Beschaffenheit einzelner Artefakte sind es die räumlichen Anordnungen, die zueinander in Beziehung stehenden Dinge des Klassenraums sowie die an dieses Setting gewöhnten und in diesem Setting agierenden Körper der Akteure, die bestimmte Ideologien, Politiken und Hierarchien in sich tragen. Die diesem Kollektiv innewohnenden Vorstellungen und damit verbunden der implizite Vorschlag, das Geschehen aus einer bestimmten Perspektive wahrzunehmen, aktualisieren sich in der Gegenwart. Die Dinge des Klassenraums sind somit „Angebote der Institution an den Lehrer, seinen Schülern gegenüber aus bestimmter Entfernung eine bestimmte Haltung einzunehmen, zu sitzen oder zu stehen etwa, den Händen einen Platz zu sichern […]" (Wünsche 1982: 103) und im selben Akt ein charakteristisches Schüler-Lehrerverhältnis zu etablieren.

Das Bild eines Subjekts, das sich der Objekte bedient und sie intentional zum Einsatz bringt, gerät mit Latour und vor dem Hintergrund der hier skizzierten Beobachtungen ins Wanken. Ebenso wehrt sich Latour umgekehrt gegen einen sozialen Determinismus der Techniken und Dinge. Er formuliert die Idee der Kollektive: Aus der Zusammenschaltung der Novizen mit den Dingen des Klassenraums gehen aus Latours Perspektive „Hybrid-Akteure" (vgl. Latour 2000: 218) hervor. Für ihn sind menschliche und dingliche Wesen Agenten eines Kollektivs. Aus Referendarin und Kreide entsteht eine „Verbindung, die vorher nicht da war und die beiden ursprünglichen Elemente oder Agenten in bestimmtem Maße modifiziert" (ebd.). Mit dem Begriff der „hybriden Akteure" verweist Latour nicht zuletzt auch auf das innovative und kreative Potenzial, das jede neue Verbindung von menschlichen und nicht-menschlichen Akteuren in sich trägt (vgl. ebd.: 345 f.) Es eröffnet die „Chance zur Veränderung, zum Wandel und zur Verzweigung, die Chance, die ich und die Umstände dem bieten, was eingeladen, begrüßt und geboren wurde (Jullien 1995)" (ebd.: 346). Jedoch zeigen die Beschreibungen der Unterrichtsszenen, dass es die partizipierenden, bereits etablierten Akteure sind, ihre aneinander gewöhnten und aufeinander eingespielten Körper, die nur bestimmte situationsspezifische Körpertechniken (an-)erkennen und für andere Verhaltensweisen keine Ankopplungsstellen bereithalten. Die Materialität der Schule trägt somit keineswegs ein die Handlungen ihrer Akteure determinierendes Potenzial in sich, jedoch lässt sich das Klassenzimmer als Kollektiv menschlicher und nicht-menschlicher Akteure beschreiben, deren spezifisches Zusammensein mittels materialisierter und verkörperter Gewohnheiten gewährleistet wird.

Nicht nur tradierte Vorstellungen von Subjekt und Objekt geraten ins Wanken, sondern auch Rationalität und Intentionalität der einzelnen Akteure werden auf besondere Weise an die Geschichte der Organisation geknüpft. „Zweckgerichtetes Handeln und Intentionalität mögen keine Eigenschaften von Objekten sein, aber sie sind auch keine Eigenschaften von Menschen. Sie sind Eigenschaften von Institutionen, von Apparaten, von Dispositiven, wie Foucault es genannt hat." (Ebd.: 235) Die Materialität der Schule verbindet die Strebungen ihrer Subjekte mit den kollektiv erzeugten, historisch gewachsenen Ideen und Vorstellungen der Organisation.[76] Die Novizen werden im Akt der Aneignung der feldspezifischen Techniken allmählich in die hier etablierten Spiele verstrickt. Sie werden in diesen Praktiken von einem eingespielten Kollektiv zueinander in Beziehung stehender menschlicher und nicht-menschlicher Akteure umgeben; die Praktiken bringen sie gewissermaßen auf der spezifischen Subjektposition der Lehrkraft ins Spiel. Tafel und Glockenspiel versetzen die Novizen ebenso in charakteristische Positionen und Haltungen, wie die Körper der Schüler auf bestimmte, ihnen vertraute Haltungen, Gesten und Verfahrensweisen insistieren. Im Zuge ihrer Teilhabe an den hier etablierten Praktiken, werden die Novizen aufgefordert, sich den feld- und positionstypischen Formen ähnlich zu machen und werden somit quasi in die Subjektposition des Lehrers hineingeschoben.

2.2.3 ORGANISATION IN GESTEN

> *„Warum verschwendest du so viele Worte? Du musst einfach klarmachen, was du willst. Ich weiß gar nicht, warum du immer so viel diskutierst."*

Spätestens nach einer dreimonatigen Hospitationsphase – in den meisten Fällen jedoch wesentlich früher – werden die Referendare aufgefordert, erste eigene Unterrichtsversuche in selbst konzipierten Stunden zu wagen. Die Mentoren sind während dieser Unterrichtsversuche anwesend, halten sich jedoch soweit es geht zurück. Oft scheitern die ersten Stunden daran, dass die Referendare nicht in der Lage sind, den vielfachen Anforderungen des Unterrichts gerecht zu werden. Obgleich der Unterricht minutiös von ihnen

76 Zu der Frage, welche Ideale und Vorstellungen in solchen Arrangements perpetuiert werden, siehe auch Kapitel 2.3.3.

geplant wird, erreichen sie oftmals nur wenige der selbstgesteckten Ziele. Es fehlen ihnen das Gespür und die Aufmerksamkeit für variierende Situationen, Probleme und deren Lösungen. Es fällt ihnen offenbar schwer, das Geschehen aus der konventionellen Sicht eines Lehrers wahrzunehmen. Eine Mentorin brachte diesen Aspekt nach einem Beratungsgespräch mit einer Referendarin zur Sprache:

„Wissen Sie, es ist als Mentorin auch schwierig, immer ruhig zu bleiben. Einem fallen sooo viele Kleinigkeiten auf – Schüler, die Unsinn machen oder die ihr Buch gar nicht aufgeschlagen haben... Wissen Sie, wenn Kinder da vor den Heizkörpern am Kippeln sind oder so was, da..., naja, das bemerken Referendare einfach noch nicht. Die sind viel zu stark auf sich selbst und auf den Unterrichtsstoff konzentriert. Die müssen erst mal lernen, die Probleme zu sehen."

Zum einen gelingt es den Referendaren noch nicht, alle Probleme und Anforderungen entsprechend der in diesem Feld konstituierten Maßstäbe wahrzunehmen, zum anderen fehlt ihnen die Zeit, sich den erkannten Schwierigkeiten zu widmen. An den Beobachtungen der ersten Unterrichtsversuche einer Referendarin möchte ich die beschriebenen Probleme konkretisieren. Die Referendarin versucht sich in der folgend erläuterten Situation als Lehrerin im Beisein ihrer Mentorin. Es handelt sich um den Deutschunterricht einer 3. Klasse, in dem sie bereits zehn Minuten mit dem Kontrollieren der Hausarbeiten verbracht hat. Die Aufgabe bestand darin, für einen Lückentext passende Adjektive auszuwählen und diese in korrekter Schreibweise einzutragen.

Die Referendarin erklärt inzwischen dem dritten Schüler dieselbe Aufgabe. Sie scheinen unterschiedliche Probleme zu haben. Es herrscht große Unruhe. Immer wieder spricht sie einzelne Schüler mit Namen an und versucht ihnen ruhig zu erklären, dass sich die anderen bei dieser Lautstärke nicht konzentrieren können. Mehrfach sieht sie auf ihre Uhr und blickt immer öfter hinüber zu ihrer Mentorin. Viele Schüler scheinen die Hausaufgaben nicht verstanden zu haben. Nun geht sie von Heft zu Heft und bemerkt, dass die Aufgaben zum Teil gar nicht gemacht wurden. Die Blicke einiger Schüler wandern sofort hinüber zur Mentorin. Eine Schülerin kommentiert die Situation: *„[Name der Mentorin gestrichen] sagt immer vorher Bescheid, wenn sie die Hausaufgaben kontrolliert!"* Nachdem zwölf Minuten vergangen sind, wird die Referendarin sichtlich nervös: Ihre Stimme wird leiser; begonnene Sätze bricht sie vorzeitig ab und führt andere Sätze solange aus, bis ihr die Worte förmlich im Halse stecken bleiben. Schließlich beginnt sie, nur noch leise mit einzelnen Schülern über die Hausarbeiten zu sprechen. Die anderen Schüler werden immer unruhiger. Einzelne stehen sogar auf und laufen umher. Es ist inzwischen so laut, dass eine Schülerin zwei herumalbernde Jungen anherrscht, leise zu sein. Auch die Novizin stellt sich nun mit verschränkten Armen in die Mitte des Klassenraums und bittet lautstark um Ruhe, um sich dann wieder den Aufgaben zu widmen. Ihre Worte scheinen die gewünschte Wirkung zu verfehlen: Bereits nach wenigen Sekunden ist der Lärmpegel wieder genauso hoch wie zuvor. Sie überprüft die Aufgaben nur noch flüchtig. Ich selbst werde ebenfalls nervös und hoffe, dass diese angespannte Situation bald ein Ende finden wird. Inzwischen sind 17 Minuten vergangen und die Mentorin deutet auf ihre Armbanduhr. Resigniert verkündet die Referendarin: *„Ok, dann machen wir das ganz anders: Alle geben die Hefte am Ende der Stunde bei mir ab und ich sehe mir die Aufgaben zu Hause in Ruhe an."* Das Kopfschütteln der Mentorin bekommt sie nicht mit. Die Referendarin geht zurück zum Lehrerpult und versucht die Schüler mit einem lauten, langgezogenen *„Hey"* zur Ruhe zu bringen, doch mehrere Schüler ignorieren sie. Meine Blicke wandern hinüber zur Mentorin, die ihren Platz im hinteren Teil des Klassenraums verlassen hat und nun zur Tafel geht. Mit verschränkten Armen steht sie dort und blickt in die Klasse. Ungefähr eine Minute lang verharrt sie in dieser Position, bis auch der letzte Schüler sie bemerkt hat. Auch er begibt sich allmählich auf seinen Platz. Eine letzte Dose wird mit einem Scheppern auf den Tisch gestellt, zwei Mädchen bringen noch Papierschnipsel zum Mülleimer, dann ist alles leise. Nachdem mehrere Sekunden Ruhe geherrscht und sich eine gewisse Spannung aufgebaut hat, beginnt die Mentorin mit scharfem, aber ruhigem Ton zu sprechen: *„Die Hefte braucht ihr nicht abzugeben, weil ihr da ja noch eure Hausaufgaben reinschreiben müsst und wenn ihr jetzt nicht besser mitarbeitet, werden das ziemlich viele sein!"* Sie geht wieder zurück auf ihren Platz und widmet sich ihren Notizen. Die Novizin verteilt nun Übungszettel für die nächste Aufgabe und beginnt diese zu erklären.

Die Disziplinierung und Beruhigung der großen Anzahl von Schülerinnen und Schülern, das Kontrollieren der Hausaufgaben sowie die Organisation der verschiedenen Unterrichtsphasen sind nur einige der im Unterricht parallel zu bewältigenden Aufgaben. Die Referendarin ist nicht in der Lage, auf die einzelnen Schüler in einem Maß einzugehen, das angesichts der verfügbaren Zeit angemessen wäre. Von den 45 Minuten, die ihr im Rahmen der Deutschstunde zur Verfügung stehen, benötigt sie fast 20 Minuten für das Vergleichen der Hausaufgaben, so dass sie im Anschluss nicht mehr genügend Zeit für die folgenden Aufgaben hat. Im Beratungsgespräch sagt sie später, es sei ihr schwer gefallen, auf die vielen Fragen und Schwierigkeiten einzugehen; alle hätten so unterschiedliche Probleme, dass man gar nicht auf alles eingehen könne. Je intensiver sie sich mit einzelnen Schülerinnen und Schülern beschäftigt, desto unruhiger werden die anderen. Die Schwierigkeiten, die ihre spezifische Position als ‚Fremde' in der Klasse mit sich bringt, werden ebenfalls in dieser Szene deutlich: Obwohl die Referendarin unterrichtet, ist es doch die Mentorin, die sich in wichtigen Augenblicken einschaltet und die Entscheidungen der Referendarin revidiert. Die Novizin scheint bereits am Anfang der Szene in den Blicken der Mentorin nach Anhaltspunkten für ihr weiteres Vorgehen zu suchen. Je mehr Zeit verstrichen ist, desto häufiger schaut sie zu ihr hinüber. Auch dies äußert sie indirekt im anschließenden Gespräch. Auf die Frage der Mentorin, warum sie denn damit begonnen habe, alle Hefte einzeln nachzusehen, antwortet die Referendarin, dass sie nicht gewusst habe, wie sie die kritischen Blicke der Mentorin hätte interpretieren sollen und irgendwie gemerkt habe, dass sie etwas falsch mache.

Auch die Schüler scheinen die Hierarchien zu durchschauen: Mehrere Schülerinnen drehen sich umgehend zur Mentorin um, als die Referendarin damit beginnt, die Hefte zu kontrollieren. Die in dieser Klasse unübliche Praxis der unangekündigten Hausaufgabenkontrolle wird nicht nur verbal kritisch kommentiert, vielmehr fordern auch die Blicke der Schüler die Mentorin zum Eingreifen auf. Die Schüler zeigen sich als Profis für die in dieser Klasse eingespielten Abläufe und positionieren sich gegenüber der ‚Fremden' als Etablierte. Bestätigt werden sie in dieser Position durch die Mentorin, die kurze Zeit später auf ihre Uhr zeigt. Mit dieser – auch für die Schüler sichtbaren – Geste signalisiert sie der Referendarin, dass es höchste Zeit sei, mit dem Unterricht fortzufahren. Zugleich verhindert sie damit die weitere Kontrolle der Hausaufgaben und verweist die Referendarin implizit auf ihre prekäre Position im Gefüge dieser Klasse.

Die Schüler reagieren kaum auf die zahlreichen Versuche der Referendarin, Ruhe im Klassenraum zu erzeugen und ignorieren sie schließlich demonstrativ. Erst nachdem die Mentorin aufgestanden ist, sich mit verschränkten Armen vor die Tafel gestellt und in die Klasse geblickt hat, kehrt allmählich Ruhe ein. Die Schüler werden zu Verfechtern der ihnen im Laufe der vergangenen Jahre immer wieder auferlegten Ordnung und nutzen ihr spezifisches ‚Im-Spiel-Sein' gegenüber der Referendarin. Dieser gelingt es auch in den folgenden Stunden trotz vieler Versuche nicht, die gewünschte Ruhe im Klassenraum herzustellen. In den Beratungsgesprächen mit ihrer Mentorin wird das Zeitmanagement immer wieder als ein zentrales Problem thematisiert: „*Warum verschwendest du so viele Worte? Du musst einfach klarmachen, was du willst. Ich weiß gar nicht, warum du immer so viel diskutierst.*"

In den begleitenden Studienseminaren wird thematisiert, dass viele der Referendare nicht ausreichend von den Mentoren in die Abmachungen, Regeln und Rituale ihrer Klassen eingewiesen würden. Man komme sich oftmals überflüssig vor und wisse häufig gar nicht, was mit den Schülern vereinbart wurde. Es scheint das Problem vieler Referendare zu sein, noch keine passende Rolle in ihren Klassen gefunden zu haben. Ihre Position gegenüber Mentoren und Schülern ist noch unklar; es herrscht kein Einverständnis über Befugnisse, Rechte und Pflichten. Während es einigen Referendaren recht schnell gelingt, sich ‚einzufühlen', fallen andere auch noch nach mehreren Monaten als situativ unpassend auf. Die Überforderung und Desorientierung der Neulinge spiegeln sich in den Reaktionen der Etablierten. Sowohl die freundlichen Ratschläge der Lehrer als auch die auf etablierte Ordnungen bestehenden Schüler verweisen die Referendare im wörtlichen Sinne auf ihre spezifische Position als ‚Anwärter'.

Die Unsicherheit der Referendare in den ersten Wochen ihrer Schulzeit scheint eine Empfänglichkeit für Ratschläge und Hilfestellungen der Mentoren und Seminarleiter zu unterstützen. So gewöhnen sich viele Referendare schnell daran, nicht zu viele Aufgaben in einer Stunde bewältigen zu wollen oder – im Gegensatz zu ihren ersten innovativen Unterrichtskonzeptionen – die den Schülern vertrauten Lehrbücher zu verwenden. Ebenso scheint die Verunsicherung vieler Referendare ihre Bereitschaft zu steigern, ihr Verhalten den üblichen Umgangsweisen dieser Klasse anzupassen. Zu einer späteren Phase ihrer Ausbildung zeigen sich deutliche Veränderungen im Verhalten der oben beschriebenen Referendarin:

Es ist kurz vor zehn, die dritte Stunde hat begonnen. Auf den meisten Tischen der Schüler liegen noch die Materialien der vergangenen Stunde. Die Referendarin ordnet noch einige ihrer Unterlagen, holt Dinge aus ihrer Tasche, die sie später wieder hineinlegt, und stellt sich dann vor die Tafel. *„So, packt bitte zusammen!"*, ruft sie in die Klasse und blättert in ihrem Deutschbuch. Die Schüler widmen sich unterschiedlichen Dingen: Einige trinken aus ihren Trinkpäckchen, drei Mädchen stehen um einen Tisch herum und sehen sich kleine Bilder an – vermutlich Sammelbilder, die ich nicht kenne – andere packen ihre Sachen aus. Die Referendarin geht zu der Gruppe und ermahnt die Mädchen, sich zu beeilen. Diese begeben sich widerwillig auf ihre Plätze. Nach drei Minuten ist immer noch keine Ruhe eingetreten und die Referendarin wird sichtbar ungeduldig. Längst hat sie das Blättern im Deutschbuch aufgegeben und ruft noch einmal – nun wesentlich lauter und fordernder – *„Hey! Beeilung, bitte!“* Wieder geht sie zu ihrer Tasche kramt darin herum, wirft aber keinen einzigen Blick hinein. Die Schüler sind weiterhin relativ laut. Schließlich begibt sich die Referendarin direkt vor die Tafel, schiebt diese etwas nach oben und verschränkt die Arme vor der Brust. Zunächst scheinbar unbeachtet, ruft sie kurz und harsch die Namen zweier Schüler. Schließlich sagt sie gar nichts mehr und sieht mit umherschweifendem Blick zugleich alle und keinen Schüler an. Auf die Frage einer Schülerin, welches Unterrichtsfach denn nun dran sei, antwortet sie gar nicht mehr, sondern blickt die Schülerin nur einmal scharf an. Auf die nächste Frage eines Schülers, ob er auch mit einem Füller schreiben dürfe, reagiert sie nicht einmal mehr mit Blicken. Die Arme weiterhin vor der Brust verschränkt und aufrecht stehend scheint sie nun über die Schüler hinweg aus dem Fenster zu blicken. In dieser Position verharrt sie nahezu regungslos. Die ersten Schüler beginnen, sich gegenseitig auf die vor der Tafel stehende Referendarin aufmerksam zu machen. Das eigentlich von anderen Lehrern häufig verwendete *„Schscht“* wird nun von mehreren Schülerinnen zeitversetzt in die Klasse gezischt. Zuletzt werden die einzigen Schüler, die noch nicht ruhig auf ihren Plätzen sitzen, namentlich von ihren Mitschülern aufgerufen und nachdrücklich zum Stillsein aufgefordert. Einige Schüler holen noch Hefte aus ihren Ranzen, ein Junge spitzt seinen Bleistift an und blickt dann zur Tafel. Die einkehrende Stille wird plötzlich durch die lautstarke Simulation eines Schnarchens für kurze Zeit unterbrochen. Erst als absolute Ruhe einkehrt, gibt die Referendarin ihre Position und Haltung auf. Mit ruhiger Stimme beginnt sie die Stunde: *„Schlagt bitte das Übungsheft auf!“*

Das Ordnen der Unterrichtsmaterialien ist auch für erfahrene Lehrer ein üblicher Beginn des Unterrichts, da sie in den Pausen nur wenig Zeit haben, um zwischen den unterschiedlichen Klassen zu wechseln. Sie sortieren Hefte, legen Zettel und Stifte bereit, säubern die Tafel zwangsläufig im Beisein der Schüler und stimmen diese und sich selbst im selben Prozess auf die folgende Stunde ein. Die Referendarin übernimmt dieses Verhalten, obwohl sie bereits in der Pause alle Materialien auf den vorgesehenen Plätzen positioniert hatte. Die Praktiken des Ordnens wirken im Klassenzimmer routiniert und sind den Schülern ein gewohntes Zeichen für den allmählichen Einstieg in den Unterricht. Die Referendarin scheint einen Moment abzuwarten, der es zulässt, die Aufmerksamkeit der Schüler zu gewinnen. Erst als einige Schüler ihre Bereitschaft zur Teilnahme signalisieren, beginnt sie, die Aufmerksamkeit aller zu fordern. Sie scheint ein Gespür für die Augenblicke entwickelt zu haben, in denen die Schüler bereit sind, Aufforderungen wahr- und anzunehmen.

Die Szene lässt sich insgesamt als eine sukzessive Annäherung der Referendarin an die in dieser Klasse etablierten Praktiken zur Erzeugung von Ruhe und Konzentration beschreiben. Dabei übernimmt sie Umgangsweisen, Körperhaltungen und beim Aufrufen der Schüler sogar identische Intonationen von ihrer Mentorin. In einem ersten Schritt begibt sie sich auf einen bestimmten Platz vor der Tafel, den auch die Mentorin in solchen Situationen üblicherweise einnimmt. In einem zweiten Schritt hält sie allmählich ihre verbalen Äußerungen zurück. Im Gegensatz zu ihren ersten Stunden verwendet sie nur wenige Worte und stellt das Sprechen im Verlauf dieser Szene schließlich ganz ein. Im dritten Schritt ahmt sie auch die Körperhaltung ihrer Mentorin nach: Sie nimmt eine aufrechte Haltung ein und verschränkt die Arme vor der Brust. In einem vierten Schritt beherrscht sie schließlich ihre Blicke: Während sie zunächst noch einzelne Unruhstifter ansieht, bricht sie später jede Form persönlichen Kontakts ab und blickt stattdessen über die Schüler hinweg bzw. durch sie hindurch auf die gegenüberliegende Fensterfront – ein unpersönlicher, entpersonalisierender Blick.

Einem Akt des Ordnens folgt eine abwartend-überwachende Geste. Die Referendarin provoziert durch ihr Verhalten unterschiedliche Reaktionen der Schüler: Einige sitzen aufrecht auf ihren Plätzen und blicken zur Referendarin, andere nutzen die Situation, um durch kleine Späße auf sich aufmerksam zu machen. Beide Reaktionen zeugen gleichermaßen davon, dass die Schüler die Geste der Referendarin erkannt haben und sie einzuordnen wissen. Über ihre Blicke lenkt sie zunächst das Augenmerk der Schüler auf die unterschiedlichen Unruhestifter, um sich dann der Situation als ansprechbare Person zu entziehen. Es entsteht eine Situation kollektiver Anspannung, in der die Schüler beginnen, sich gegenseitig zu ermahnen. Je länger die Situation anhält, desto intensiver versucht das Kollektiv der Klasse, auch die letzten Unruhestifter zur Räson zu bringen.

Die Referendare lernen, ihren Körper auf bestimmte und wiedererkennbare Weise zu gebrauchen. Die Referendarin übernimmt in der dargestellten Szene den in dieser Klasse anerkannten Umgang mit Ruhestörungen und wird durch die Reaktionen der Schüler wortlos in ihrem Verhalten bestärkt. Die geglückte Performanz macht sie vorübergehend zu einem (an-)erkannten Mitglied der Klasse – ein erster Erfolg, der sichtlich Erleichterung bei ihr auslöst. Im anschließenden Gespräch zwischen Referendarin und Mentorin wird diese Szene sofort thematisiert. Die Mentorin äußert sich lobend und bemerkt, dass die Referendarin nun auf dem richtigen Weg sei. Man könne sehen, dass ein klares Lehrerverhalten auch den Schülern gut tue. Fast euphorisch reagiert auch die Referendarin: *„Ja, das war irgendwie ungewohnt, aber ein schönes Gefühl, wenn man das dann geschafft hat. Man merkt schon, dass das auch was bringt. Alle haben aufgepasst und ich musste gar nicht mehr schreien."* Die Gespräche zwischen der Novizin und ihrer Mentorin werden weiterhin regelmäßig nach den Stunden der Referendarin geführt und nehmen allmählich einen positiveren Charakter an. Während die Referendarin zu Beginn mehrfach ihre Angst vor diesen Gesprächen äußert und erwähnt, dass man es der Mentorin überhaupt nicht recht machen könne, scheint sie sich inzwischen fast auf die Treffen zu freuen.

„Ja, das ist inzwischen viel entspannter. Die wollen einem ja auch nichts Böses. Ich meine… du siehst das ja auch, inzwischen findet sie ja auch vieles ganz gut. Sie erkennt ja – hat sie ja auch gesagt – dass ich schon viel mehr Sachen jetzt beherrsche und dass die Kids jetzt schon ganz anders auf mich hören. […] Man muss sich eben auch auf die Vorschläge von ihr einlassen. Dann merkt sie das auch und ist zufrieden."

Auch die Mentorin bestätigt diesen Eindruck und versichert, dass man inzwischen einfach sehen könne, dass der Unterricht schon viel besser liefe und dass es in vielen Phasen schon eine ganz runde Sache sei. Die Referendarin habe ja auch wirklich sehr viele Tipps angenommen und sei dann ja auch selbst viel zufriedener. Die Mentorin betrachtet und evaluiert den Unterricht der Referendarin, der in ‚ihrer' Klasse und mit ‚ihren' Schülern stattfindet. Die hier etablierten Rituale und Verfahrensweisen haben sich ihrem Habitus eingeschrieben und entstammen ihm zugleich. Im Akt des Betrachtens vollzieht sie den Unterricht mit, antizipiert Reaktionen der Schülerinnen und den Verlauf der Interaktionen. Sie betont, dass es als Mentorin schwierig sei, immer ruhig zu bleiben, da einem so viele Kleinigkeiten auffielen, und verweist damit gleichsam auf ihr praktisches Eingebunden-Sein. Wie ein Fußballzuschauer im passenden Moment den beobachteten Schuss durch ein kurzes Zucken des Beins körperlich nachvollzieht, aktivieren auch die Phänomene des Unterrichts immer wieder den hierauf abgestimmten praktischen Sinn der Mentorin: Obwohl sie in der hinteren Ecke der Klasse sitzt, schüttelt sie mit dem Kopf, wenn falsche Antworten gegeben werden, schickt das mir aus ihrem Unterricht bekannte durchdringende ‚Zischen' durch den Klassenraum, wenn es ihr zu laut wird und formt bei den Buchstabierungsübungen ebenso überzeichnet ihre Lippen, als machte sie es den Schülern persönlich vor. Deutlich erkennbar ist das wiederkehrende, von mir als kritisch bewertete Zusammenziehen der Augenbrauen, dem mit einer leichten Verzögerung ein Kopfschütteln folgt. Dieses ist rückblickend und nur im systematischen Vergleich der Beobachtungen mit den Interviews immer dann bei ihr zu erkennen, wenn sie mit dem Vorgehen oder Verhalten der Referendarin nicht zufrieden ist bzw. wenn die von ihr antizipierten Handlungsentscheidungen nicht getroffen oder die von ihr wahrgenommenen Probleme schlicht nicht gesehen werden. Die emotional involvierte und körperlich partizipierende Mentorin spürt die Differenzen zwischen ihren eigenen Wahrnehmungen und Vorstellungen und denen der Novizin in den Reaktionen ihres Körpers und empfindet sie als in vielen Situationen *„irgendwie unpassend"*. Ihre Beobachtungen untermauert sie häufig mit den Beschreibungen ihrer eigenen körperlichen Befindlichkeiten: Sie werde richtig „hibbelig", wenn die Referendarin vergesse, das Glockenspiel zu schlagen, da sie ja auch wisse, dass die Schüler dann völlig durcheinander seien, wenn die Freiarbeitsphase einfach so abgebrochen werde. Des Weiteren liege ihr so oft die richtige Formulierung auf der Zunge, die die Kinder bräuchten, um zu verstehen, was die Referendarin wolle. Implizit fungiert der organisationskompatible Habitus der Mentorin als ‚Schablone' zur Bewertung der Novizentätigkeit und spiegelt Passungen und Abweichungen in Form körperlicher Befindlichkeiten und undefinierter, kaum verbal auszudrückender Gefühle der Disharmonie. Übereinstimmungen erzeugen bei ihr hingegen ein Gefühl der Harmonie und Passung, das sich ebenfalls beobachten lässt: Die Betätigung des Glockenspiels führt zu einem vergemeinschaftenden Lächeln zwischen Mentorin und Novizin und die bereits in Falten gelegte Stirn der Mentorin findet augenblicklich in ihre Ausgangsposition zurück, als die Novizin das zuvor vergessene Schild für die Stillarbeitsphase an die Tafel hängt. Die sich sukzessive vermehrenden habituellen Schnittstellen werden in den Beratungsgesprächen als Fortschritte der Novizin ‚gefeiert' und führen zu Momenten vergemeinschaftenden Glücks.

Das hier betrachtete Beispiel verdeutlicht, dass der Unterricht unter anderem mittels organisationstypischer Gesten organisiert und am Laufen gehalten wird. Sie sind kulturspezifisch geteilte Ausdrucksformen des Körpers, die das wechselseitige Erkennen und somit die Herstellung von Zugehörigkeit ermöglichen. Organisationen etablieren spezifische Gesten, „in denen ihre Werte, Normen und Machtansprüche zum Ausdruck kommen" (Gebauer/Wulf 1998: 95). Indem sich die Referendarin der in dieser Klasse etablierten Geste bedient, stellt sie sich „in die Tradition dieser Institution und ihrer sozialen Ansprüche" (ebd.). Die Novizin macht sich in den beschriebenen Szenen für die anderen Akteure des Feldes erkennbar; ihr Verhalten wird für diese antizipierbar und sukzessive wird sie zum Subjekt der hier etablierten Praktiken. „Die Bilder- und Körpersprache der Gestik ist ein kulturelles Produkt, mit dessen Hilfe das soziale Subjekt geformt wird und an dessen Ausarbeitung es selbst beteiligt ist." (Ebd.: 83 f.) Für die Novizin bedeutet die Aneignung solcher Gesten jedoch nicht nur die Herstellung von Zugehörigkeit zu diesem Feld, sondern eine Erweiterung ihres Körpers. Die Formung der Körper in die Haltungen und Gesten des Feldes hinein ermöglicht es ihr, „lebendige Erfahrungen" (Adorno zitiert nach Gebauer/Wulf 1998: 84) mit der sie umgebenden und ihr doch fremd gegenüberstehenden Schulkultur zu machen. Das Einnehmen der Geste gestattet ihr in diesem Sinne ein praktisches Verständnis der Haltungen und Vorstellungen der hier agierenden Akteure. Die Übernahme der feldtypischen Gesten ist somit auch mit der Inkorporierung feldtypischer Ideen und Ideale verbunden. „Über die Vertrautheit mit Gesten stellt sich Vertrautheit mit Menschen und Gruppen ein." (Wulf et al. 2001: 270) Der äußeren gestischen Einpassung in die Praktiken des Unterrichts folgt der Umbau innerer Haltungen. Indem sich die Novizen ein gestisches Standardrepertoire des Unterrichtens zu eigen machen, spielen sie sich geradezu in die Ordnung des Unterrichts hinein. Sie werden erkennbar zu einem Teil der Organisation und partizipieren an deren Autorität. Das heißt, dass die Novizen an ein bereits tradiertes, immer auch hierarchische Ordnungen transportierendes Zeichensystem ankoppeln, in das sie quasi körperlich auf der Lehrerposition eingeführt werden. Fortan verweisen sie implizit auf die mit dieser Position verbundenen Macht- und Führungsansprüche. Wer sich der ‚vorliegenden' Gesten nicht zu bedienen vermag, stört nicht nur die sich im Zusammenspiel von Räumen, Dingen und Verhaltensweisen zeigende ‚Identität' der Organisation und der hier eingespielten Formationen relationaler Subjektpositionen, sondern droht auch die hier üblichen sozialen Spiele zu irritieren. Man ist schlicht nicht erkennbar und stört als unbekannte Größe die Praktiken der Etablierten. Die Novizen können kurzfristig ihre prekäre Position als ‚Nicht-Dazugehörige' im Setting der Schule verlassen; der beschriebene Kampf um (An-)Erkennung trägt erste Früchte. Zugleich werden sie von allen Seiten in ihrem Verhalten bestärkt: Sie erhalten Lob von Mentoren und Seminarleitern und erfahren auch das Verhalten der Schüler als (An-)Erkennung und Zustimmung.

Wie in vielen Beispielen sind es auch hier die Schüler, die die Novizen indirekt auffordern, die anerkannten Gesten zu übernehmen, indem sie sich gegen Ungewohntes sperren. Sie sind an etablierte Haltungen ihrer Lehrer gewöhnt und vermögen diese nur dann als Zeichen zu deuten, wenn die Unterrichtenden es verstehen, die Gesten der Schule situativ und performativ angemessen zu verkörpern. Andererseits erfolgen die Aneignung dieser Gesten sowie die praktische Entschlüsselung ihrer sozialen Bedeutungen in mimetischen Praktiken (vgl. Gebauer/Wulf 1998: 93). „Bei jedem Eintritt in eine neue Institution werden über mimetische Prozesse neue Körperhaltungen und Gesten erworben." (Ebd.: 96) Die Novizin unternimmt in zahlreichen Stunden viele Versuche, die Schüler zur Ruhe zu bewegen und probiert sich hierbei aus. Schließlich nimmt sie eine Körperhaltung ein, die sie im Unterricht ihrer Mentorin beobachtet hatte. Sie versucht Schritt für Schritt eine anerkannte Form des Umgangs mit ‚Ruhestörungen' durch Bezugnahme auf die Praktiken ihrer Mentorin zu finden, die ihr somit als Vorbild dient. Durch Variation einzelner Haltungen, Bewegungen und Mimiken testet sie die für sie ungewohnte Geste aus, bis ihre Versuche bei den Schülern erkennbar auf Resonanz stoßen. Im Akt des Einnehmens der in diesem Setting anschlussfähigen Geste beginnen die Strebungen der unterschiedlichen Akteure ineinanderzugreifen und die Novizin erfasst die der Praktik inhärente Logik *in actu*: „Wer eine Geste wahrnimmt, versteht sie, indem er sie nachahmt und so den symbolisch sinnlichen Gehalt ihrer körperlichen Ausdrucks- und Darstellungsform begreift." (Wulf et al. 2001: 270) In diesen mimetischen Akten macht die Novizin die Schule zu einem

Teil ihres Körpers und ihr Körper wird zugleich zeitweise zu einem Teil der Schule (vgl. ebd.: 265).

Innerhalb der Grenzen des (An-)Erkennbaren entdecken die etablierten Akteure in den je individuellen Ausformungen der Gesten der Referendarin zugleich das Neue und somit Fremde sowie das Eigene und Vertraute. „[Gesten] enthalten [nämlich] eine Komponente, die durch die ‚Welt' konstituiert wird, auf die sie sich richten, und eine individuelle Komponente, die durch die Besonderheit des Einzelnen, seine historische und kulturelle Situation, seine individuelle Konstitution und Lebensgeschichte bestimmt wird" (Ebd.: 261). Die mimetische Übernahme organisationsspezifischer Gesten ist – wie es Wulf et al. (2001) und auch Gebauer/Wulf (1998) betonen – keine Nachahmung des Vorliegenden, keine bloße Kopie des Originals, sondern mit „Bezug auf Vorausgehendes erzeugen mimetische Prozesse etwas, das es genau so noch nicht gegeben hat [...]" (Wulf et al. 2001: 257).[77] „Die systematisch in jedem Versuch einer ‚Kopie' eingelassene Verschiebung z.B. durch Neukontextualisierung [...] garantiert gewissermaßen den Eigensinn. [...] Gesten können also ebenso wenig wie eine sprachliche Äußerung exakt gleiche Ausfertigungen einer vorgängigen Geste oder Äußerung sein. Identische Wiederholungen gibt es nicht." (Villa 2010: 270) Somit liegt im Akt der Übernahme organisationsspezifischer Gesten immer auch die Möglichkeit einer Transformation der bestehenden Ordnungen innerhalb bestimmter Grenzen. Die institutionalisierten Gesten sind somit einerseits „Bewahrer von Tradition und Macht; andererseits sind sie offen für Kreativität und Neugestaltung" (Gebauer/Wulf 1998: 301). Aus der hier eingenommenen Perspektive dient der Referendarin der Körper der Mentorin als Medium. Ihre Gesten und Haltungen nutzt die Novizin implizit als Vorbilder, denen sie sich in vielfachen Versuchen – die ich in

77 Wenn man Platon folgt, so liegt der Mimesis das Streben der Jüngeren zu Grunde, so zu werden wie die Älteren (vgl. Wulf et al. 2001: 258): „Dieses Begehren setzt zahlreiche Aktivitäten physischer, mentaler und sozialer Art frei." (Ebd.) Während Platon den „fast zwanghafte[n] Charakter mimetischer Prozesse" (ebd.) betont, verweist Wulf mit Bezugnahme auf Aristoteles darauf, dass es keineswegs um ein Nachahmen im Sinne eines Schaffens identischer Abbilder geht, sondern dass „es in mimetischen Prozessen auch zur Veränderung, Verbesserung und Verallgemeinerung individueller Züge [kommt]" (ebd.).

diesem Setting, in dem die Referendarin unter einem enormen Druck steht, kaum als spielerisch beschreiben kann – ähnlich macht. Die Mentorin zieht sie auf diese Weise in die Ordnungen der Schule. Allerdings scheint dieses Bild nicht zu greifen, da die Novizin selbst tätig werden muss: Ihr Körper ist gefordert, sich den in dieser Klasse (an-)erkannten Formen aktiv innerhalb gewisser Spielräume anzupassen.

2.2.4 (Selbst-)Positionierung der Novizen in Narrationen

Narrationen spielen im Rahmen des Referendariats ebenfalls eine zentrale Rolle. Es sind nicht nur die zahlreichen Geschichten über Unterricht, Schüler oder Kollegen, mit denen die Novizen tagtäglich konfrontiert werden, sondern ebenso werden sie in den Seminaren gefordert, sich im Akt des Anfertigens von schriftlichen Unterrichtsentwürfen nach indirekt vorgegebenen Mustern in die hier etablierten Formulierungen und Argumentationen hineinzuschreiben[78]; in Form eines Rollenspiels erprobten sie sogar spielerisch die Haltungen und Gesten eines Lehrers in der Situation eines Elterngesprächs und bereiteten sich auf diese Weise auf die Anforderungen ihres zukünftigen Berufsfeldes vor. Folgend möchte ich auf narrative Subjektivierungspraktiken erstens am Beispiel der Klatschgeschichten sowie der im Feld der Schule kursierenden Anekdoten und zweitens am Beispiel des Rollenspiels detailliert eingehen.

78 In den Seminaren ist eine Fülle unterschiedlicher schriftlicher Unterrichtsentwürfe im Umlauf, die größten Teils von ehemaligen Referendaren stammen, aber vereinzelt auch von Seminarleitern erstellt und weitergegeben wurden. Diese Entwürfe sind alle nach einem ähnlichen Schema aufgebaut und weisen häufig identische Formulierungen auf. Auch wenn es keine offizielle Vorschrift für das Anfertigen dieser Schriftstücke gibt, beginnen die Novizen die Konzeption ihrer ersten Entwürfe nach Vorlage der bereits existierenden Vorbilder. So übernehmen sie immer wieder auftauchende Formulierungen und schreiben sich allmählich in die etablierten Argumentationen und Vorstellungen hinein.

2.2.4.1 Sprechen

Der Schulalltag ist durchzogen von ‚kleinen Geschichten'. Schüler erzählen ihren Lehrern aus dem Unterricht anderer Lehrer. Lehrer treffen sich in jeder großen Pause, um die Erlebnisse der letzten Stunden auszutauschen und im Zentrum dieser Geschichten stehen zumeist einzelne Personen. Das Verhalten der in den Mittelpunkt gerückten Protagonisten wird oftmals im Kollektiv der Zuhörenden kommentiert. Das soeben Erzählte wird durch eigene Erzählungen ergänzt, man schwärmt gemeinsam oder echauffiert sich lauthals. Die in der Grundschule häufig und regelmäßig geführten Elterngespräche geben Aufschluss darüber, dass diese Geschichten auch ihren Weg in die Elternhäuser der Schüler finden.

Die Referendare bewegen sich von Beginn ihrer Ausbildung an in einem informellen und engmaschigen Netz der sich wechselseitig informierenden etablierten Akteure des Feldes. Schüler und Lehrer scheinen diesbezüglich Informationen über die Novizen auszutauschen. Dies erfolgt nur in einigen Fällen in Form konkreter Beschwerden. Vielmehr werden die Informationen mithilfe der immer weiter ausgeschmückten Geschichten weitergegeben. Es scheint ein Merkmal dieser Geschichten zu sein, dass die Aspekte des abweichenden Verhaltens im Akt ihrer Weitergabe sukzessive potenziert werden. In Form dezenter Überzeichnungen werden Regelverletzungen oder schlicht unübliches Verhalten für alle Eingeweihten erkennbar herauspräpariert. Auch wenn in den besuchten Schulen keine konkreten Mobbingfälle vorkamen, so war es doch auffällig, dass zwei Kollegen einer Novizin innerhalb eines Tages unverhofft betont unverbindlich ihre Hilfe anboten und erwähnten, dass sie von ihren ‚Schwierigkeiten' gehört hätten und ihr mit Sicherheit ein paar nützliche Tipps geben könnten. Ebenso auffällig ist die Ansprache einer Lehrerin an die Schüler einer Klasse, kurz bevor die Referendarin mit ihrem Unterricht in dieser Klasse beginnen möchte:

„Ich bitte euch, in dieser Stunde, wie abgesprochen, sehr gut mitzumachen und das zu tun, was [Name der Referendarin gestrichen] sagt, auch wenn das alles eventuell noch nicht ganz so gut organisiert ist, wie ihr das kennt."

Die Referendarin erfährt indirekt, dass bereits im Voraus über ihren Unterricht gesprochen wurde und dass vermutlich Lehrer wie Schüler über ihre bisher vollbrachten Leistungen offenbar nicht besonders positiv denken. Im Akt der Ansprache wird ihre Position als Noch-Nicht-Etablierte ein weiteres Mal unterstrichen und zugleich werden die Schüler zwar ermahnt, mitzumachen, jedoch enthält die Ansprache ebenso die Botschaft, dass *sie* die eigentlichen Kenner der vorgesehenen Abläufe sind und es Aufgabe der Referendarin sein muss, diese ebenfalls einzuhalten.

Erst allmählich überblicken die Novizen das sie umgebende Informationsnetz und werden sich der umfassenden Beobachtung bewusst, der sie im Unterricht, auf den belebten Fluren, auf dem Pausenhof und vor allem im Lehrerzimmer ausgesetzt sind. Die Angst vor den Erzählungen der Anderen wirkt im Alltag der Schule bereits formierend, lange bevor diese tatsächlich einsetzen. Die beschriebenen Formen der allgegenwärtigen Sichtbarkeit (vgl. Kapitel 2.1.4) sind mit den Prozessen des normierend wirkenden Sprechens über andere Akteure gekoppelt; zusammen bilden sie ein Instrument zur Durchsetzung tradierter Ordnungen im Alltag der Schule.

Diese Form des informellen Austauschs, in dem die Protagonisten häufig in einem zweifelhaften Licht erscheinen und in dem ihr Verhalten zumeist als von der Norm abweichend beschrieben wird, lässt sich mit Birgit Althans oder auch mit Jörg Bergmann als „Klatsch" bezeichnen (vgl. Althans 1985; 2000 sowie Bergmann 1987). Solche Klatsch-Praktiken, in denen die Akteure eines Feldes sich auf das Verhalten anderer Akteure beziehen, können in den kleinen Grundschulgemeinschaften auch als besonders effiziente „Mittel der sozialen Kontrolle" (Bergmann 1987: 193) betrachtet werden Bergmann betont, dass „Klatsch ein typisches informelles Kontrollmittel [ist] und seine verhaltensregulierende, Konformität erzwingende Funktion [sich] vor allem in kleinen, stabilen, moralisch homogen strukturierten Gruppen oder Gesellschaften entfaltet" (ebd.: 193).

Die zumeist unbeaufsichtigte und kaum zu kontrollierende Arbeit der Lehrkräfte hinter den geschlossenen Türen der Klassenzimmer findet unter anderem im vielschichtigen Netzwerk schulischer Klatsch-Praktiken ihr Regulativ. Abweichendes Verhalten wird registriert, kommentiert und in Form von „Klatsch" innerhalb kürzester Zeit weitergetragen. Klatschgeschichten fungieren erstens als „Kontrolle für die Klatschenden selbst, insofern diese sich in kritischer, mißbilligender Weise auf das abweichende Verhalten eines anderen beziehen und damit implizit die Geltung geteilter Normen und Werte bestätigen" (ebd.: 194 f.). Zweitens wird im selben Akt indirekt Druck auf das Klatschopfer ausgeübt, insofern dieses implizit aufgefordert wird, sich den herrschenden Werten und Regeln anzupassen (vgl. ebd.: 195). Von indirektem Druck muss hier gesprochen werden, da die Klatschopfer im Regelfall nicht direkt mit den sie betreffenden Geschichten konfrontiert werden, jedoch wird das Verhalten der sie umgebenden Akteure beeinflusst: Deren Blicke und Erwartungshaltungen werden auf bestimmte Weise ausgerichtet; erst über die Reaktionen der ‚Eingeweihten' wirkt der Klatsch auf den vermeintlich ‚Abweichenden' zurück.

> „Die mißbilligenden Reaktionen, die durch den Klatsch ausgelöst werden können und sich gegen das Klatschobjekt richten, sind recht unterschiedlicher Art. Andeutungen und Anspielungen im Gespräch sowie die Vermeidung von Kontakten sind eher indirekte Maßnahmen, die es – wie der Klatsch selbst – gar nicht erst zur direkten Konfrontation kommen lassen. Hänseln, spitze Bemerkungen und die Abkühlung der sozialen Anteilnahme lassen den ‚Missetäter' bereits deutlicher spüren, daß er sich etwas hat zuschulden kommen lassen." (Ebd.: 196)

Der Klatsch justiert die Blicke und richtet sie auf die Missetäter, genauer: Er richtet den Blick des Kollektivs auf die in diesen Praktiken beschriebenen Formen des abweichenden Verhaltens und setzt diese somit informell der verstärkten Beobachtung aus. Mit Gluckman (1963) verweist Bergmann darauf, dass Klatsch wichtige soziale Funktionen für den Erhalt sozialer Gruppen übernimmt. Z.B. verpflichten sich die den Klatsch vollziehenden Akteure *erstens* „auf ihre gemeinsame Mitgliedschaft in einer sozialen Gruppe" (Bergmann 1987: 199) und stärken „damit die Gruppe als eine verbindliche soziale Einheit" (ebd.). Darüber hinaus hebt Bergmann *zweitens* die kathartische Wirkung des Klatsches hervor: Die Akteure empören sich im Akt des Klatschens, erregen sich über das abweichende Verhalten der „Klatschobjekte" (ebd.: 199) und haben im informellen Austausch mit anderen die Gelegenheit, sich abzuregen, so dass es nicht zu direkten Konfrontationen kommt und der schulische Betrieb ungestört bleibt. *Drittens* dient der Klatsch gerade in den kleinen Kollegien als maßgebliches Instrument der Informationsweitergabe. *Viertens* kann Klatsch selbst „als eine Einrichtung zur Durchsetzung und Verteidigung individueller Interessen betrachtet werden" (ebd.: 200). Klatsch, so resümiert Bergmann, ist also weder ausschließlich gruppenstärkend oder normierend, noch kommt ihm eine rein informative Funktion zu. „Klatsch erhält [...] seine Dynamik und seinen widersprüchlichen Charakter gerade dadurch, daß diese verschiedenen sozialen Elemente in der Klatschkommunikation gleichzeitig vorhanden sind, ineinander spielen, sich gegenseitig in die Quere kommen und neutralisieren." (Ebd.: 205)

Während der Klatsch als indirekte Einflussnahme auf die Novizen beschrieben wird, wenden sich die Lehrer in anderen Situationen mit Kritik auch geradewegs an die Novizen, vermeiden jedoch auch hier direkte Anweisungen, Aufforderungen oder Ermahnungen. Ein Gespräch zwischen einer Referendarin und einem ihrer Kollegen verdeutlicht dies:

Lehrer:
„Ich habe schon gehört: Die 3b macht dir das Leben ganz schön zur Hölle, was? Als ich damals angefangen habe, hatte ich auch eine Klasse, die kein anderer Kollege haben wollte. Ich sag dir... das war gar nicht so einfach! Ich wollte auch schon aufgeben, aber dann habe ich mir gesagt (erhebt den Zeigefinger vehement)*: Jetzt zeig ich's denen mal. Ich hab dann ganz klare Regeln aufgestellt und die von* (tippt nun mit dem zuvor erhobenen Zeigefinger bei jeder Silbe auf den Tisch) *je-dem ein-zelnen Schü-ler unterschreiben lassen."*

Referendarin:
„Aber sowas dauert doch. Das geht ja nicht von heute auf morgen, oder?"

Lehrer:
„Klar hat das gedauert, aber ich weiß heute, dass das sooo wichtig ist. Von A bis Z wissen die, was zu tun ist und die wissen auch bei mir ganz genau, wann sie gerade die Grenzen überschreiten. Da bin ich dann auch sehr streng. Und dann hat sich auch kein Kollege mehr über den Krach beschwert."

Referendarin:
„Ja, das ist echt manchmal nicht so leicht ... aber wer hat sich denn beschwert? Ich mein´: Es ist doch ganz normal, dass die Kinder manchmal rumtoben. Das ist doch auch bei den anderen so!"

Eingeleitet mit einer Du-Botschaft, in der die Novizin für sie unerwartet als Problemfall adressiert wird, wechselt der Lehrer im Rahmen seiner Erzählungen folgend in die Ich-Perspektive und entschärft somit zunächst die Situation. Er richtet keine direkte Aufforderung an die Referendarin, sondern berichtet ‚lediglich' von einem Erlebnis aus seiner eigenen Zeit als Junglehrer. Im ersten Schritt wird die Novizin vom Lehrer als Problemfall konstituiert, im zweiten Schritt begibt er sich auf ihre Stufe und bildet mit ihr eine Solidargemeinschaft, indem er preisgibt, ebenfalls in ihrer Situation gewesen zu sein – *„das war gar nicht so einfach!"* Sein Entschluss, *„es denen jetzt mal richtig zu zeigen"* fungiert im Rahmen seiner Erzählung gleichsam als Appell an die Novizin, sich ebenfalls einen Ruck zu geben und die implizit aufgezeigten Probleme in den Griff zu bekommen. In einem dritten Schritt hebt er sich selbst als jemanden hervor, die in der Lage war, aus der von ihm beschriebenen Problemsituation erfolgreich herauszutreten. Er selbst, als Protagonist seiner Geschichte, fungiert als verkörperter Ausweg aus der Not und dient als personifiziertes Sinnbild klarer Regeln und akribischer Arbeitsweise im Unterricht. Er verstärkt seine Botschaft durch den erhobenen Zeigefinger und das regelmäßige Klopfen auf den Tisch. Auf diese Weise gibt er unter dem Deckmantel des informellen Gesprächs in Form einer ‚wohlgemeinten', eher ‚solidarisierenden' Aufmunterung konkrete Verhaltensanweisungen und fordert die Referendarin auf, *„klare Regeln aufzustellen"*, damit die Schüler *„ganz genau wissen, wann sie gerade die Grenzen überschreiten"*. Mit dem Verweis darauf, dass sich dann in seinem Fall auch *„kein Kollege mehr über den Krach beschwert"* hätte, erhält die Erzählung eine für alle Beteiligten erkennbare Wende: Während der indirekte und unverbindliche Erzählcharakter der Novizin zunächst noch ermöglicht, ‚mitzuspielen' und Rückfragen zu stellen – *„Aber sowas dauert doch. Das geht ja nicht von heute auf morgen, oder?"* – fragt sie schließlich konkret, ob sich jemand beschwert habe und bezieht im gleichen Schritt den Inhalt der Erzählung öffentlich und vollständig auf sich und ihre eigene Unterrichtspraxis. Sie nimmt die vom Lehrer ausgehenden Adressierungen an.

Auf der Suche nach Feedback und Verhaltenssicherheit greifen auch die Novizen auf Narrationen zurück. In nahezu jeder Pause tauschen sie kurze ‚Geschichten' über ihre Erlebnisse im Alltag der Schule aus. Im Unterschied zu den oben erörterten Klatschgeschichten sind in diesen Narrationen zumeist sie selbst die Protagonisten ihrer Geschichten. Sie beschreiben ihr Verhalten in schwierigen Situationen des Unterrichts oder sie stellen ihre Beziehung und ihren Umgang zu bestimmten Schülern in den Vordergrund. Diese Geschichten erhalten ihre besondere Bedeutung dadurch, dass sie im Regelfall die einzigen Momente darstellen, in denen auch erfahrene

Lehrer ein Feedback zu ihrem professionellen pädagogischen Handeln erhalten. Insbesondere wegen der in Kapitel 2.1.3 beschriebenen Unschärfenlogik der Unterrichtspraktiken fehlt auch erfahrenen Akteuren häufig die Gewissheit, ob ihr Handeln positiv oder negativ zu bewerten ist, erfolgreich war oder als Misserfolg einzustufen ist.

Die Novizen nutzen die Etablierten als Justierungshilfen für ihr eigenes Handeln im Setting der Schule. Sie kommen zumeist spontan ins Gespräch mit anderen Lehrern und schildern eine konkrete Unterrichtssituation und die für sie damit verbundenen Probleme. Oft sind es nur kurze Gesprächspassagen, bevor man sich wieder seinem Kaffee zuwendet. Auch diese Gesprächspassage wurde, nachdem sich diese Szene im Lehrerzimmer ereignete, direkt im Anschluss mit Hilfe meiner Skizzen rekonstruiert:

Referendarin:
„Mit [Name des Schülers gestrichen] weiß ich auch nicht mehr, was ich da machen soll. Heute hat der die ganze Zeit nur Scheiße gebaut und ich konnte machen, was ich will. Der hat einfach nicht gehört. Ich habe ihm nachher einfach alles weggenommen und ihn an einen Einzeltisch gesetzt, aber ob er da dann was mitbekommen hat, weiß ich auch nicht."

Lehrer: 2:
„[Name des Schülers gestrichen]! Mit dem hat man immer seinen Spaß!"

Lehrerin 3:
„Dem muss man einfach ganz klare Grenzen setzen. Bei mir weiß der ganz genau: Erst bekommt er einen Strich – den mach ich dann auch richtig an die Tafel, so kann er dann immer sehen, wie es gerade um ihn steht – und wenn ich ihn dann noch mal ermahnen muss, kriegt er den zweiten und beim dritten ist dann Schluss, da fliegt er dann raus und kann sich draußen beschäftigen. Das ist mir dann auch egal. Da muss man auch an die anderen Schüler denken."

Referendarin:
„Aber wenn er bei mir nicht mehr in dem Pulk von Schülern sitzt, habe ich das Gefühl, dass das klappen könnte. Da kann er sich dann vielleicht besser konzentrieren und wird nicht immer abgelenkt. Da habe ich ihn besser im Blick."

Lehrerin 3:
„Versuchen kann man das mal, aber im Prinzip braucht der klare Regeln, damit er weiß, woran er ist.“

Die Novizin beschreibt sich selbst im Umgang mit Konfliktsituationen, positioniert sich als Hilfesuchende und schlägt eine Lösung für das Problem vor, die sie im Rahmen ihrer Erzählungen vor den etablierten Kollegen zur Disposition stellt. Ein Kollege bestätigt sie in der Wahrnehmung des Problems und eine weitere Kollegin liefert nun ihrerseits eine andere Lösung. Erneut kommt die Referendarin auf ihre angebotene Lösung zurück und erläutert diese. Abschließend erhält sie die von ihr implizit eingeforderte Bestätigung und wird indirekt darin bestärkt, den Schüler versuchsweise umzusetzen. Die Erfolgschancen werden dabei jedoch als gering angedeutet.

Die Novizen vergewissern sich in solchen Narrationspraktiken der Angemessenheit ihres Verhaltens und suchen hierfür nach Bestätigung. Dabei werden die Situationen oftmals überzeichnet. Das hier beschriebene eigene Verhalten wird veröffentlicht und der Gemeinschaft der Etablierten indirekt zur Prüfung präsentiert. Die Novizen nehmen in ihren Erzählungen Bezug auf ihre eigenen praktischen Erfahrungen. Sie überzeichnen die zur Disposition gestellten Aspekte und loten über die Interpretation der Kommentare und Reaktionen ihrer Kollegen die Angemessenheit ihres Verhaltens aus. Dabei fungieren die Erzählungen oftmals als narrative Trainingsräume, in denen die Akteure nicht nur bereits Erlebtes noch einmal reflektieren, sondern auch angedachtes, in der Zukunft liegendes Verhalten antizipieren und im Kollektiv der Alteingesessenen austesten. Sie erfinden sich in ihren Erzählungen als Protagonisten, die sie oftmals noch gar nicht zu verkörpern in der Lage sind und schaffen sich im Prozess der Erzählung konkrete, von den Etablierten für angemessen befundene Vorbilder. In der Praxis des Unterrichts bilden sie sich nach und nach in die von ihnen narrativ entworfenen und im Kollektiv justierten Subjektbilder hinein. Es handelt sich um eine Form praxisbezogener Selbstreflexion, in deren Verlauf die Akteure ihr eigenes Tun veröffentlichen und von ihren Gesprächspartnern hierauf bezogene Rückmeldungen erhalten.

Einige der in der Schule kursierenden Geschichten avancieren zu immer wiederkehrenden Anekdoten, die sich über Jahre hinweg halten und mit Vorliebe den ‚Neuen‘ erzählt werden. Die Anekdote bringt in Form von erlebnisbezogenen Umschreibungen Eigenschaften und grundlegende Charakterzüge ihrer Protagonisten pointiert hervor. Ihre Haupteigenschaft besteht darin, an augenscheinlich beiläufigen Einzelheiten – an kleinen Gesten, Haltungen oder Äußerungen – die Wesenszüge einer Person zu verdeutlichen bzw. eine repräsentative Momentaufnahme zu entwerfen (vgl. Grothe 1984). Dabei werden Anekdoten schrittweise ausgeformt.

> „Pars pro toto: diese Figur ist nicht die unwirksamste und unanschaulichste. Oft wird ein ganzer Mensch durch eine einzige Handbewegung, ein ganzes Ereignis durch ein einziges Detail schärfer, einprägsamer, wesentlicher charakterisiert als durch die ausführlichste Schilderung." (Friedell 1989: 18 f.)

Ich wähle den Begriff der Anekdote in dem folgend geschilderten Zusammenhang aus verschiedenen Gründen: Zunächst sind es die Akteure des Feldes selbst, die die Geschichten im Umfeld der Schule als „kleine Anekdoten" beschreiben. Darüber hinaus ist dieser Begriff auch theoretisch betrachtet in mehrfacher Hinsicht ergiebig. Anekdoten sind in den meisten Fällen schnörkellos und steuern gradlinig auf einen Höhepunkt zu. Sie zielen auf eine Pointe ab, die die zentrale Aussage oder den zentralen Appell der Anekdote nicht direkt offenbart. In oftmals banale oder auch humoristische Erzählungen gehüllt, bringen Anekdoten ihre Botschaft nur indirekt und zwischen den Zeilen zum Ausdruck, was sie auf bestimmte Weise unangreifbar und dennoch wirksam macht. Dabei müssen sie nicht zwangsläufig auf wahren Begebenheiten basieren. Überzeichnungen und Auslassungen geben der Anekdote häufig den Charakter der Karikatur, die in besonderem Maß in der Lage ist, die Wesenszüge einer Situation und ihrer Protagonisten hervorzuheben.

> „Die besten Porträts [...] sind vielleicht die, in denen sich eine leichte Beimischung von Karikatur findet [...]. Das bedeutet einen kleinen Verlust an Genauigkeit, aber einen großen Gewinn an Wirkung. Die schwächeren Linien sind vernachlässigt, aber die großen und charakteristischen Züge werden dem Geist für immer eingeprägt." (Ebd.)

Die zahlreichen Anekdoten im Alltag der Schule sind für die Novizen vielschichtig aufgeladen und oftmals nur schwer zu deuten. Einerseits sind es für sie wichtige Informationsquellen, die ihnen Verhaltenssicherheit in dem nur schwer zu überblickenden Lehrerjob geben. In ihrer Position als Außenstehende stellen die kursierenden Anekdoten für sie Zugänge zur Welt der Etablierten dar. Sie sind gefordert, sich dieser Anekdoten zu bedienen, um Informationen über die etablierten Strukturen und Verfahrensweisen zu erhalten. Genauer: In der Fülle der kursierenden Anekdoten werden sie sukzessive mit Bildern, (Umgangs-)Formen und Sichtweisen konfrontiert, deren Gesamtheit ihnen implizit ein erfahrungsgesättigtes Wissen über das Agieren in komplexen und nur unscharf zu beschreibenden pädagogischen Situationen liefert. Die Fülle der mit der Schule verbundenen Anekdoten bietet den Novizen die Möglichkeit, schrittweise eine Haltung zu erwerben, die alle Situationen des Schulalltags erfasst, die also mehr ist als eine konkrete Gebrauchsanweisung für bestimmte Situationen.

Nicht selten werden insbesondere körperliche Aspekte in den Mittelpunkt der Anekdoten gerückt. Ein Beispiel hierfür ist eine Anekdote über einen bereits pensionierten ehemaligen Schulleiter, die der Referendarin und dem Forscher von einer Lehrerin erzählt wurde. Dieser habe regelmäßig auf den Putz gehauen und Lehrer mit unangemessener Kleidung seien von ihm wieder nach Hause geschickt worden. Die Kinder hätten ihn in seiner gemächlichen großväterlichen Art aber geliebt, obwohl er sehr streng gewesen sei. Er habe immer, wenn er ärgerlich wurde, seine Brille so heruntergeschoben, dass er über sie hinweg alle ansehen konnte. Auch die Eltern hätten ihn sehr respektiert, obwohl er denen auch oft genug die Meinung gesagt habe und auch mal laut geworden sei. Das sei schon irgendwie ein toller Typ gewesen. So ein richtiger Kerl – mit dem man aber auch reden konnte. Allein diese Aussagen transportieren umfassende Vorstellungen über die in dieser Schule (an-)erkannten Lehrer-Bilder. Sie geben Aufschluss über das Verhältnis zwischen Lehrern und Schulleiter, zwischen Schulleiter und Eltern und liefern ein anschauliches Bild einer in diesem Feld (an-)erkannten Lehrer-Schüler-Beziehung. Mit nur wenigen Sätzen skizziert diese Anekdote das Bild eines souveränen, durchgreifenden Schulleitertypus. Die spärlichen Informationen genügen, um sich diesen Schulleiter in unterschiedlichen schulischen Situationen vorstellen zu können. Novizen hören diesen Anekdoten sehr genau zu, weil sie für sie Orientierungsrahmen darstellen. Die in den zahlreichen Anekdoten exponierten Anleitungen, wie in den dargelegten schulischen Situationen gehandelt werden könnte, sind für sie wichtige Werkzeuge zur Bewältigung ihrer Arbeit. Ebenso hält die Schule auch Anekdoten bereit, die als negative Beispiele wirken und den Novizen als Hinweise dafür dienen, wie man in bestimmten Situationen keinesfalls handeln sollte, bzw. es werden hier Verhaltensweisen und Personen beschrieben, deren Eigenheiten als unpassend ausgewiesen und kollektiv abgelehnt werden. Derartige Anekdoten fungieren im Hinblick auf die Ausbildung der Referendare dementsprechend als indirekte Warnungen, sich deren Protagonisten nicht ähnlich zu machen.[79]

Für die Novizen sind die beschriebenen Situationen narrative Trainingspraktiken, in denen sie einerseits erfahren, wie es die etablierten Akteure machen und die ihnen andererseits die Möglichkeit bieten, sich selbst in Form von Narrationen auszuprobieren und ihre eigenen Unterrichtspraktiken in vermeintlich geschütztem Rahmen zur Diskussion zu stellen. Je mehr die Novizen sich den in der Schule anerkannten narrativen Mustern in ihren Erzählungen annähern, desto mehr werden sie Teil der narrativen Gemeinschaft: Immer öfter werden ihre Erzählungen positiv von etablierten Lehrern bestärkt. Einvernehmlich werden bestimmte Schüler nun als untragbar oder strukturelle Vorgaben der Schulbehörde als unzumutbar beschrieben. In Form von narrativen Praktiken werden stille Abkommen über grundlegende Haltungen und Sichtweisen getroffen, die hinter den Türen der Klassenzimmer ihre Wirkung entfalten.

2.2.4.2 Spielen

Das Pädagogikseminar bietet im Gegensatz zu den drei Fachseminaren, die stark auf die Vermittlung fachdidaktischer Kompetenzen ausgerichtet sind, die Möglichkeit, sich auch mit anderen Bereichen des Lehrerjobs auseinanderzusetzen. Beispielsweise die Elternarbeit ist eine zentrale Aufgabe der Lehrkräfte, die oftmals konfliktreich ist und die Referendare vor schwierige Aufgaben stellt. Insbesondere die Anwärterposition der Referendare (vgl. Resümee I) führt hier zu Problemen: Es geht den Eltern zum Teil um schwerwiegende Probleme ihrer Kinder, über die sie dringend sprechen

79 Es kursieren bspw. Anekdoten von einem aus dem Schuldienst entlassenen ehemaligen Kollegen, der regelmäßig alkoholisiert in der Schule aufgetaucht war, kam und ging, wann er wollte und aufgrund seiner unzureichenden Vorbereitungen von den Schülern nicht ernst genommen wurde. Dies habe bei ihm regelmäßig zu Wutausbrüchen geführt, bis er dann schließlich entlassen wurde.

wollen. Jedoch stehen ihnen in diesen Gesprächen nun ‚Lehrer auf Probe' gegenüber, die sich in eben dieser ernsthaften Situation austesten müssen. Die Elternarbeit ist für die Novizen einerseits wegen ihres Status und der hiermit verbundenen Autoritätsprobleme sehr schwierig zu bewältigen, andererseits stellt sie eine Aufgabe dar, auf die die Novizen kaum vorbereitet sind. Während die Unterrichtspraxis und die hier behandelten Themen immer wieder intensiv besprochen und kritisch diskutiert werden, bleiben vermeintliche ‚Randbereiche' des Lehrerjobs zumeist vernachlässigt und verlangen den Novizen Improvisationstalent und Einfühlungsvermögen für die ihnen unbekannten Situationen ab.[80] Es stellt sich die Frage, wie die Novizen im Rahmen des Referendariats auf solche Aspekte des Lehrerjobs vorbereitet werden können. In einer der von mir beobachteten Sitzungen des Pädagogikseminars wird das Thema ‚Elternarbeit' explizit in den Mittelpunkt gerückt. Die hier agierenden Akteure wenden sich diesem Thema in Form von szenischen Darstellungen typischer Situationen zu und erproben dabei verschiedene Rollen. Bereits im Voraus werden die Möglichkeiten des Rollenspiels von der Seminarleiterin im Rahmen der Veranstaltung betont:

„Es ist eine wichtige Erfahrung, sich auch mal in die Situation der Eltern zu versetzen, da man so die Gelegenheit erhält, ein Verständnis für die Eltern zu erwerben, für die es ja auch nicht immer leicht ist, der Schule die eigenen Kinder anzuvertrauen. Ich kann mir vorstellen, dass man ganz anders mit dem Thema oder, wenn man will... der Situation der Elternarbeit konfrontiert wird, wenn man so ein Gespräch wirklich mal führt. Wie fühlt man sich eigentlich, wenn man da so als Lehrer sitzt und angegriffen wird bzw. wie fühlen sich eventuell auch die Eltern? Da werden Sie auch selbst überrascht sein, wie man in bestimmten Situationen reagiert. Man ist gezwungen, sich sofort und ohne groß nachzudenken für irgendeine Antwort oder Reaktion zu entscheiden. Das übt und ich denke, dass Ihnen das auch Spaß machen könnte, oder?"

80 Weitere ‚Randbereiche' sind bspw. die Gremienarbeit, das Leiten von Elternabenden, die Organisation von Schulfesten oder das Erarbeiten schulinterner Curricula.

Bereits in der vergangenen Sitzung wurde im Rahmen des Seminars über ‚die Elternarbeit' diskutiert und die Referendare entwickelten von ihnen so benannte ‚allgemeine Regeln der Gesprächsführung' sowie typische Phasen eines Elterngesprächs. Auf DIN-A4-Zetteln wurden diese Phasen festgehalten und hängen nun an der Tafel:

- Kontakt/Begrüßung
- Problem verstehen
- Problemsicht erweitern
- Ausnahmen, Ressourcen erfragen
- Ziele definieren
- Lösung konstruieren
- Zusammenfassung der Ergebnisse
- Verabschiedung

Die Referendare teilen sich in kleine Gruppen von vier Personen auf und entwickeln hier konkrete Situationen der Elternarbeit. Sie bekommen kein bestimmtes Problem vorgegeben, sondern einigen sich innerhalb ihrer Gruppe auf eine Situation und im weitesten Sinn auch auf die Entwicklung, die zu diesem konkreten Problem, einem Konflikt oder Ähnlichem geführt haben könnte. Während sich einige Gruppen in den Flur begeben, erarbeiten zwei Gruppen innerhalb des Seminarraums ihre Szenen. Ich sitze bei einer der Vierergruppen und verfolge die Entwicklung der Szene.

Die Vierergruppe sitzt an zwei Tischen direkt am Fenster und legt Schreibutensilien bereit. Während eine der Referendarinnen das ‚Ruder in die Hand zu nehmen' versucht, scheinen die übrigen Gruppenmitglieder nicht besonders von der ihnen bevorstehenden Aufgabe überzeugt zu sein. Einer der Referendare äußert seinen Unmut: *„Jetzt müssen wir hier auch noch Theater spielen!"* Dennoch beginnen sie mit dem Sammeln von Ideen. Die szenische Darstellung eines Elternabends und der Umgang mit Eltern am ‚Tag der offenen Tür' wird abgelehnt. Man einigt sich auf die Darstellung eines Gesprächs mit den Eltern einer Schülerin, die sich über die ‚offenen Unterrichtsformen' einer jungen Lehrerin beschweren. Besonders der jungen motivierten Referendarin liegt dieses Thema am Herzen, weil sie sich nach eigenen Angaben nie so ganz sicher sei, mit „dieser offenen Art des Unterrichts". Da ihnen nur eine Viertelstunde zur Verfügung steht, einigen sie sich rasch auf die Eckpfeiler der Szene und vertrauen die konkrete Umsetzung ihrem Improvisationstalent an. Die Akteure einigen sich darauf, dass die ‚Eltern' nichts vom offenen Unterricht halten sollen, weil dieser zu „*undiszipliniert*" sei und ihre ‚Tochter' auf diese Weise nicht lernen könne. Weiterhin beschließen sie, dass es zuvor ein „heftiges Telefonat" zwischen ‚Lehrerin' und ‚Eltern' gegeben haben soll, in dem das bevorstehende Treffen vereinbart worden sei. Außerdem wird verabredet, dass die ‚Eltern' aus dem Flur hereinkommen sollen, damit man auch gleich die Begrüßungsszene dabei habe, die ja „*immer total wichtig*" sei. Eine Referendarin aus der Gruppe erörtert den Zuschauern die bevorstehende Szene. Ein Referendar spielt die den offenen Unterricht praktizierende Lehrerin Frau T. und ein Referendar und eine Referendarin übernehmen das ‚Elternpaar Meyer'. In der Mitte des Raums positionieren sie drei Stühle; zwei werden direkt nebeneinander gestellt, ein weiterer steht diesen beiden Stühlen gegenüber. Das ‚Elternpaar Meyer' klopft von außen an die Tür und wird freundlich hereingebeten.

Mutter:
„*Hallo.*"
Lehrerin:
„*Schönen guten Tag.*"
Mutter:
„*Ja. Guten Tag.*"
Lehrerin:
„*Kommen Sie rein.*"
Mutter:
„*Ja. Wir konnten das ja leider am Telefon nicht klären.*"
Lehrerin:
„*Ich habe das hier schon vorbereitet. Setzen Sie sich bitte mal hin.*"
(Auffälliges Räuspern aus den ‚Rängen' der Zuschauer. Die ‚Lehrerin' bietet ihren Gästen die nebeneinander stehenden Stühle an und setzt sich selbst mit Aktenordner, Stift und Brille ausgerüstet auf ‚ihren' Platz. ‚Sie' positioniert ein Blatt auf dem Aktenordner, legt einen Stift daneben und führt das Gespräch fort.)
„*Haben Sie gut hergefunden?*"
(Lächelt)
Mutter:
„*Ja!*"
Lehrerin:
„*Das ist ja auch gut und ist ja auch schön, dass Sie den Termin wahrnehmen konnten. So, wir hatten ja leider schon so ein unerfreuliches Telefonat, muss ich ja wirklich sagen, weil wir haben uns ja vorher eigentlich so ganz gut verstanden und dann gabs ja irgendwie ziemliche Unstimmigkeiten. […] Ähm, darum würd´ ich Sie jetzt einfach bitten, wir hatten zwar am Telefon*

schon drüber gesprochen, aber wie ist es jetzt oder warum sind Sie ... ich sag es jetzt einfach so salopp, warum sind Sie so wütend auf mich?"

(Eine Zuschauerin lacht. Sie hört jedoch schnell wieder auf, als sie bemerkt, dass keiner mit ihr lacht.)

Mutter:

„Naja, was heißt auf Sie? Aber unsere Tochter die... also mit Ihren Unterrichtsformen... die weiß ganz oft nicht, was ihre Hausaufgaben sein sollen, weil alles so unstrukturiert... für uns wirkt das so und sie weiß ja nie, was sie machen soll. Das kriegst du doch auch mit."

(Der die Lehrerin spielende Referendar schlägt mit etwas Mühe seine Beine auf dem sehr niedrigen Stuhl sitzend übereinander, positioniert einen Aktenordner auf seinem rechten Oberschenkel, rückt das darauf liegende Papier zurecht, nimmt den Kugelschreiber in die rechte Hand und legt den Kopf in eine abwartende Zuhörerpose. Dabei beginnt er für kurze Zeit zu lächeln, verkneift es sich aber schnell wieder, als die Zuschauer zu lachen beginnen.)

Vater:

„Ja, wenn sie da zu Hause sitzt, weiß sie nicht, was sie machen soll, weiß auch nicht, was von ihr erwartet wird. Normalerweise müssten Sie ihr das doch auch verdeutlichen können."

Lehrerin:

„Hhmm."

Vater:

„Sie sind doch Lehrer oder nicht?"

(Schmunzeln und Unruhe in den Reihen der Zuschauer. Auch die Seminarleiterin lacht.)

Mutter:

„Sie sagt auch immer im Unterricht... alle Kinder machen immer irgendwas und in allen möglichen Ecken und sie weiß aber gar nicht, wo sie zuerst hingehen soll. Wir verstehen das eigentlich gar nicht, weil unsere Tochter... auf der alten Schule kam sie immer gut klar."

Lehrerin:

„Hmmm... also zum einen sind... sind die Probleme bei den Hausaufgaben, dass sie nie so richtig weiß, wie sie die nun machen oder erledigen soll... also, hör ich da jetzt raus ... auf der einen Seite und andererseits ist es so, dass sie sagen, dass sie halt, wenn sie allgemein vom Unterricht berichtet, dass sie sagt, das läuft alles komisch und sie bekommt nichts mit. Also wenn ich das richtig verstehe."

Mutter:

„Ja genau. Und das ist eigentlich ... eigentlich ist sie doch, ist Anika doch immer... ein aufgeschlossenes Mädchen."

Vater:

„Ist sonst immer ganz gut, oder?"

Mutter:
„Ja, genau, und wenn wir zuhause mit ihr üben, das läuft alles. […]Aber in der Schule, ich seh´ ja auch ihre Hefte, da steht ja auch nichts drin. Kriegen Sie das gar nicht mit?“
Lehrerin:
„Äh, dass in den Heften nichts drinsteht?“
(Starkes Lachen der Zuschauer. ‚Lehrerin‘ lacht kurz und muss sich danach mühsam beruhigen.)
Mutter:
„Ja ja, sie muss ja irgendwie wissen, was sie machen muss.“
(Das Lachen der Zuschauer hält an. Darsteller lachen nun auch alle.)
Lehrerin:
„Ja das ist ähm…“
(Zuschauer beginnen zu reden.)
Lehrerin:
„Sind wir jetzt nicht schon mit unserm, ähem…“
(Alle lachen. ‚Lehrerin‘ blickt auf den Boden und sammelt sich.)
Lehrerin:
„Dass in den Heften nichts drin steht, nee, das muss ich Ihnen […] ehrlich sagen, das hab ich noch nicht mitgekriegt.
(‚Lehrerin‘ muss lachen.)
„…weil auf der anderen Seite, ähm, seh´ ich Anika natürlich im Unterricht […] Die Einschätzung, die Anika ihnen bringt, kann ich gar nicht so teilen, weil ich ja nun mal den offenen Lehr… den offenen Unterricht in meinen Klassen praktiziere, […] Das ist jetzt nicht ´ne Modellklasse, wo ich das mache, also das mache ich schon wirklich länger … und weil auch die andern Kinder wirklich gut damit klarkommen und ich hatte nicht den Eindruck, dass jetzt, dass Anika, ähm, nicht mitkommt.“ […]
Vater:
„Aber das müssten Sie als Lehrer aber doch schon sehen, wenn da jemand nicht klar kommt.“
Lehrerin:
„Ja, wie gesagt, ich habe…“
(Blickt zu den lachenden Zuschauern)
„Achso…was?“
(Sammelt sich)
„Ehm…Ich hab halt schon ´n andern Eindruck davon und ich würd Sie einfach jetzt … ehm bitten oder ich hätte einfach ´n Vorschlag zu machen: Gucken Sie sich das mal an und schauen sie sich das an und ehm… Ich weiß, dass Sie arbeiten…“
Vater:
„Ja, das ist richtig, das weiß ich, aber vielleicht können wir auch noch mal ´n andern Termin finden, aber wir sind jetzt auch schon über die, wir sind schon jetzt viel zu weit, also…“
(Alle lachen. Das Rollenspiel wird aufgelöst.)

Das Rollenspiel ist von der ersten Minute an für die Frage, der in dieser Arbeit nachgegangen werden soll, interessant: Novizen werden im Rahmen des pädagogischen Seminars aufgefordert, die ihnen im Feld der Schule entgegentretenden Subjektformen spielerisch nachzuempfinden. Ebenso ist es ihre Aufgabe, sich mit den Beziehungen zwischen unterschiedlichen Subjektpositionen auseinanderzusetzen. Sie sollen, wie Schauspieler, für kurze Zeit in die Rolle eines Lehrers oder eines Elternteils schlüpfen und auf diese Weise ein Gefühl für die wechselseitigen Erwartungen, Abhängigkeiten oder Machtspiele in der konkreten Situation des Elterngesprächs erwerben. Welche Vorstellungen haben bspw. die Eltern der Schüler und in welchem Verhältnis stehen sie zur Schule oder zum Lehrer? Die Seminarleiterin selbst verweist auf die Möglichkeiten des Rollenspiels: Sie sagt, dass man hier die Gelegenheit erhalte, ein Verständnis für die Eltern zu erwerben. Darüber hinaus deutet sie auf die Erfahrungen hin, die man vor allem für die eigene Arbeit als Lehrer sammeln kann: *„Wie fühlt man sich eigentlich, wenn man da so als Lehrer sitzt und angegriffen wird […]?“* Die Novizen werden also explizit aufgefordert, sich bestimmten Bereichen des Lehrerjobs spielerisch zu nähern. Einerseits handelt es sich hier explizit um ein Spiel, andererseits soll in diesem Spiel vor den Augen der Seminarleiterin – die nicht zuletzt für die Bewertung der Referendare zuständig ist – aufgeführt werden, wie man sich als Lehrer in bestimmten Situationen verhalten würde. Obgleich die Akteure in weiten Phasen dieser Szene Ernsthaftigkeit bewahren, ist doch für Außenstehende sofort erkennbar, dass es sich nicht um den Rahmen eines ernsten Elterngesprächs handelt. Genauer: Es ist ebenso erkennbar, dass es hier nicht um den ernsthaften Versuch einer überzeugenden Theateraufführung geht. Die Akteure sind darauf bedacht, den spielerischen Charakter der Szene in ihren Performanzen stets mitzuführen. Im Verlauf der Szene ist das auf mehreren Ebenen zu erkennen: Die Akteure – Zuschauer wie Darsteller – lassen sich zwar phasenweise erkennbar auf das Bühnenstück ein, jedoch kommt es mehrfach zu Unterbrechungen, kollektivem Gelächter und dem hiermit verbundenen Herausfallen aus den Rollen. Der Zuschauer gewinnt in einigen Szenen den Eindruck, dass die Referendare nicht ernsthaft versuchen, sich in die Situation ihrer Figuren einzufühlen. Hierbei korrelieren die sprachlichen und inhaltlichen Übertreibungen mit den mimischen und gestischen. Die Referendare nehmen in dieser Szene so extreme Positionen ein, dass ihre Aufführungen schnell überzeichnet wirken. Es entwickelt sich ein Spiel zwischen

Zuschauern und Darstellern, die hier in ein bestimmtes Verhältnis treten. In Szenen, in denen es den Spielern gelingt, sich vollständig innerhalb der etablierten Subjektgrenzen zu bewegen, tauchen Zuschauer, wie Darsteller in die imaginäre Welt des Dargestellten ein. Ähnlich wie Kinder sich in die Welt des Spiels – bspw. beim Räuber- und Gendarm-Spiel – vertiefen oder auch Erwachsene sich von einem guten Film in den Bann ziehen lassen können, sind auch in der hier betrachteten Szene die Beteiligten in der Lage, sich dem ‚Bühnenstück' für einzelne Phasen hinzugeben. Der Charakter des Spiels unterscheidet sich aber grundlegend von einem Theaterstück, in dem es den Darstellern darum geht, die Zuschauer so lange, wie möglich in die Welt des Imaginären zu entführen. Die Akteure scheinen darauf bedacht zu sein, den spielerischen Charakter der Szene zu verdeutlichen. Bereits die Besetzung der Rolle der Lehrerin mit einem männlichen Darsteller sorgt dafür, dass das Einfühlen in die Situation immer wieder gestört wird. Brüche und das Herausfallen aus den Rollen sind nicht zwangsläufig auf das Unvermögen der unerfahrenen ‚Schauspieler' zurückzuführen, sondern scheinen von den Darstellern auch systematisch herbeigeführt zu werden. Was auf den ersten Blick als Persiflage gedeutet werden kann, die es den Akteuren gestattet, im Rahmen einer für sie ungewohnten und eventuell nicht zu ihrem Habitus passenden Aufführung dennoch Haltung zu bewahren – sie distanzieren sich in diesem Akt von dem gemeinsam vollzogenen Rollenspiel – hat auf den zweiten Blick eine weitere Funktion: Die Referendare ‚tasten' sich in solchen Situationen immer wieder langsam an die Grenzen dessen heran, was das Kollektiv als angemessen anerkennt. Wie an einer Stellschraube scheinen sie – der eine einfühlsamer, der andere eher gröber – ihre Performanz immer weiter auszureizen, bis sie schließlich förmlich aus ihren Rollen herausfallen. Es ist zu erkennen, in welchen Momenten sie sich den Grenzen ihrer Rolle nähern. Sie beginnen, die Zuschauer anzublicken oder zu schmunzeln, bekommen die Wörter nicht mehr ohne zu lachen über die Lippen oder blicken kurzfristig auf den Boden, um sich zu sammeln.

Der die Lehrerin spielende Referendar setzt sich bspw. auf den bereitgestellten Stuhl, positioniert einen Aktenordner auf seinem Oberschenkel, rückt das darauf liegende Papier zurecht und nimmt den Kugelschreiber in die Hand. Eine im Rahmen des imaginären Elterngesprächs überzeugend wirkende Haltung, die zugleich ein gewisses Ordnungsverständnis, Interesse an den Problemen der Eltern, eine akribische Arbeitsweise und Geduld signalisiert. Erst als er auch noch die Beine übereinander schlägt und versucht, eine angemessene Zuhörerpose einzunehmen, scheinen die Grenzen des ‚Glaubhaften' erreicht zu sein. Ebenso probieren die Akteure in dieser Szene verbale bzw. inhaltliche Überzeichnungen aus – sie behaupten, dass die Hefte ihrer ‚Tochter' unbeschrieben seien oder versuchen die ‚Lehrerin' mit sehr aggressiven Untertönen herauszufordern. Die Darsteller selbst, wie auch einige der Zuschauer, beginnen in diesen Szenen zu schmunzeln. Das Überschreiten der Grenzen führt kurzzeitig zur kollektiven Unterbrechung des imaginären Geschehens. Für eine Phase verlassen Zuschauer wie Darsteller den Rahmen des Bühnenstücks und finden sich im Rahmen des Pädagogikseminars wieder. In kurzen Blicken und im Akt des gemeinsamen Schmunzelns oder Lachens verständigen sich die Beteiligten auf die soeben in der Praxis des Bühnenstücks aufgeführten, aber dennoch tatsächlich kollektiv und praktisch erfahrenen Grenzen. Die Subjektform der Lehrerin wurde in dieser Szene gewissermaßen zur Kenntlichkeit überzeichnet.

Die Referendare testen die Grenzen ihrer Rollen spielerisch aus und erhalten über die Reaktionen der Zuschauer Rückmeldungen. Auf diese Weise lässt sich die Praxis des Rollenspiels als Strukturübung beschreiben, in der die Akteure feldtypische Subjektformen kollektiv nachzeichnen. Es handelt sich um gemeinsame (An-)Erkennungspraktiken, die hier auch als Aushandlung beschrieben werden können: Nicht in allen Situationen sind sich die Akteure einig über die praktisch erfahrenen Grenzen: Mitunter wird auch das Lachen Einzelner als unpassend sanktioniert. Wenn nur einer der Zuschauer laut zu lachen beginnt, während alle anderen dem ‚Stück' weiterhin folgen, wird er quasi nicht in seiner Wahrnehmung bestärkt und es entsteht ein für ihn vermeintlich unangenehmer Moment, in dem er der Gruppe allein gegenüber steht.

Es ist auffällig, dass bereits die Vorbereitung für diese Aufführung so angelegt ist, dass die Absprachen für eine möglichst authentisch wirkende Darbietung nicht getroffen werden können. Die Vorbereitungszeit von nur zwanzig Minuten erlaubt es den Referendaren lediglich, Eckpfeiler des Handlungsstrangs festzulegen und die Positionen der Protagonisten mit wenigen Sätzen zu umschreiben. Nur grob werden einige Aspekte des Settings diskutiert: „*Dort ist die Eingangstür. Von da kommt ihr rein*" oder „*Hier können wir ja einfach drei Stühle hinstellen. Das ist doch ok für ein Elterngespräch.*" Die Zeit reicht weder für eine Auseinandersetzung mit den einzunehmenden Rollen, noch konnte eine Art *story board* entwickelt werden, in dem der Gesprächsverlauf oder Ähnliches festgelegt worden wären. Das hier beobachtete Rollenspiel fordert von den Novizen, sich auf wenige Eckpfeiler des Bühnenstücks zu einigen, die ihnen beim Entwickeln der Geschichte *in situ* helfen können, jedoch bleiben sehr große Leerstellen, die von Akteuren spontan ausgefüllt werden müssen. Es gibt weder Manuskript noch Regieanweisungen und ebenso wenig wurde festgelegt, wie die Darsteller ihre Rollen konkret verkörpern sollen. Es ist nicht das Ziel dieser Übung, konkrete Vorgaben zu erfüllen, sondern die besondere Aufgabe der Referendare ist es, im Akt der Aufführung selbstständig und spontan Handlung, Text, Gesten und Haltungen hervorzubringen, die eine situative Passung aufweisen. Diese Übung verlangt den Darstellern ein hohes Maß an Kreativität ab. Der im Akt der Aufführung auftretende Zeitdruck zwingt sie, auf eigene, bereits vorhandene Erfahrungen und Vorstellungen, Haltungen und Gesten zuzugreifen. Auf diese Weise präsentieren die Darsteller im Rahmen des Rollenspiels immer auch sich selbst, bringen eigenes habituell geprägtes Verhalten spielerisch auf die Bühne und machen dieses im selben Akt sichtbar. Im Zugriff auf vorhandene und im ‚wirklichen Leben' erworbene Bilder erhalten die Akteure nun die Gelegenheit, mit eben diesen – ihren eigenen – Bildern zu spielen, sie zu karikieren und sich in der *relativ* geschützten Welt des Spiels mit ihnen aktiv auseinanderzusetzen (vgl. Gebauer/Wulf 1998: 187). Wichtig ist, dass hier Ordnungsprinzipien aus der ‚realen' Erfahrungswelt entliehen werden. Spiele ermöglichen demnach eine Auseinandersetzung mit eben denselben Ordnungsprinzipien, die auch im Alltag wirkungsmächtig werden. Die beobachtete Szene lässt sich als Prozess des Einspielens eigener innerer Ordnungen einerseits und praxisspezifischer Ordnungen andererseits beschreiben; als Entwicklung, in der die Akteure auf impliziter Ebene spielerisch prüfen, was passt und was im Rahmen dieser Praktik eher nicht auf Resonanzen stößt. Durch die Aktivierung des von Bourdieu beschriebenen Körpergedächtnisses kann auf diese Weise eine Dimension sozialer Praxis ans Licht gebracht werden, die im Alltag auf der Ebene körperlicher Routinen implizit bleibt.

Das Bild des kollektiven Nachzeichnens von Subjektformen im Akt des Rollenspiels muss auf der Grundlage dieser Beobachtungen jedoch leicht verändert werden: Die große Vielfalt der Interpretationsmöglichkeiten, die den Darstellern beim Ausfüllen ihrer Rollen zur Verfügung steht, begründet die Annahme, dass es sich nicht um das Nachzeichnen und Sichtbarmachen normativer Subjektgrenzen handelt, sondern dass es hier eher um das gemeinsame Ausloten von Passungsverhältnissen geht. Man könnte sich eine Vielzahl von Handlungen, Haltungen, Aussagen, Bewegungen oder Einstellungen der im Spiel involvierten Akteure vorstellen, die gleichermaßen ins Setting eines Elterngesprächs passen würden. Es kann hier keine Grenze unabhängig von der konkreten Situation festgelegt werden. Vielmehr wird deutlich, dass solche Grenzen außerhalb konkreter Situationen als abstraktes Gebilde gar nicht existieren, sondern dass diese vielmehr ausschließlich in der Praxis selbst hervorgebracht werden. Im Rollenspiel bringen die Darsteller immer wieder neue Ideen und Impulse auf die Bühne, probieren bspw. Sitzweisen und Formen des aktiven Zuhörens aus und stellen deren Passung zum Rahmen des Elterngesprächs indirekt zur Disposition. Es werden somit keine klaren Grenzen nachgezeichnet, sondern – der Herstellung einer Kollage ähnlich – werden hier immer wieder neue Bilder zusammengesetzt und auf Harmonie und Zugehörigkeit geprüft. Passt der Tonfall des die Lehrerin spielenden Referendars, so bleiben Zuschauer wie Darsteller dem imaginären Elterngespräch zugewandt. Wirken die von ihm ausprobierte Sitzhaltung und das verständnisvolle Nicken überzeichnet, so wird ihm dies über den kollektiv – durch das gemeinsame Lachen – vollzogenen Rahmenwechsel gespiegelt. Das von ihm aufgeführte Bild einer Lehrerin scheint so nicht mehr zu passen. Die partizipierenden Akteure erhalten ein recht genaues Bild davon, bis zu welchem Punkt das aufgeführte Verhalten noch gerade eben passt und in welchem Moment sie den kollektiv erzeugten Rahmen verlassen.[81]

---

81 Aus praxistheoretischer Perspektive wird hier erkennbar, wie praxisspezifische Normativität *in actu* hervorgebracht wird: Insbesondere die Tatsache, dass es sich um Novizen handelt, die sich zum ersten Mal in dieser Situation befinden – es sind daher kaum eingespielte Interaktionen und Abläufe beobachtbar –, bietet die Gelegenheit, die situativen Brüche und die wechselseitige Verständigung über die Art und Weise, wie eine solche Situation ablaufen könnte, zu beobachten. Es wird deutlich, dass praxisspezifische Normativität keine Grenzen außerhalb der Praxis selbst besitzt, sondern dass die Anerkennbarkeit der in dieser Szene aufgeführten Performanzen *in actu* von den partizipierenden Akteuren ausgehandelt wird. Der gemeinsamen Erstellung einer Kollage ähnlich, werden in der beschriebenen Situation Passungsverhältnisse zugleich praktisch verhandelt und konstituiert.

2.2.5 DAS LEHRERZIMMER

Das Lehrerzimmer wird von den Lehrerinnen als Rückzugsraum beschrieben, der notwendig ist, um der Vielzahl von Schülern zumindest für einige Momente am Tag entgehen zu können. Auch Eltern werden nur in seltenen Fällen hineingebeten. Hier wird gefrühstückt und durchgeatmet; man unterhält sich über dieses und jenes.

Die Schulleiterin:
„Das Lehrerzimmer hat bei uns einen ganz hohen Stellenwert. Das wurde erst im letzten Jahr gemacht und war auch relativ teuer. Wir haben hier extra richtige Holztische genommen, weil das ja auch für die Kollegen ein Rückzugsraum sein soll. Hier kann man dann auch in Freistunden sehr schön sitzen und hat seine Ruhe vor den Schülern. Mit den neuen Gardinen und dem Teppich... das hat jetzt richtig Atmosphäre."

Oft sind es schulische Themen, die besprochen werden (vgl. Kapitel 2.2.4.1), aber auch Privates, das Befinden der eigenen Kinder oder die Umbaumaßnahmen im heimischen Wintergarten stehen hier im Mittelpunkt. In den kleinen Kollegien fällt es schnell auf, wenn einzelne Lehrkräfte in den Pausen nicht im Lehrerzimmer erscheinen.

Das Lehrerzimmer ist für die geringe Anzahl der hier arbeitenden Lehrer sehr geräumig. Orangefarbene Vorhänge tauchen diesen Raum bei entsprechender Sonne in ein angenehmes warmes Licht. Es ist einer der wenigen Räume dieser Schule, die mit Teppichböden versehen sind. Links neben der Eingangstür befindet sich eine funktionale Küchenzeile mit Geschirrspülmaschine, Kühlschrank, einem Wasserkocher und zwei (Filter-)Kaffeemaschinen, darüber hinaus sind Hängeschränke für Teller, Tassen und Besteck sowie ein Spülbecken vorhanden. An der der Fensterfront gegenüberliegenden Wand sind einfache Holzregale positioniert, in denen Unterrichtsmaterial, mehr oder weniger aktuelle Informationsbroschüren, die Rahmenlehrpläne, Verordnungen etc. untergebracht werden. Auch CD-Player, Laminiergeräte und ein Telefon stehen hier bereit. Der Kopierer wurde in einem anderen Raum untergebracht, damit man hier seine Ruhe habe, wenn die Kollegen kopieren müssten, wie es die Schulleiterin verdeutlicht. Im hinteren Bereich des Lehrerzimmers wurden vier durch ihr noch sehr helles Holz auffallende Tische so zusammengeschoben, dass sie eine große Tischfläche ergeben. Es gibt keine Tischdecke oder

Dekoration, nur dann und wann bringt jemand Blumen mit. Auf allen Seiten stehen gepolsterte Stühle bereit. An den Kopfseiten haben jeweils drei Personen ausreichend Platz, an den Längsseiten stehen für jeweils vier Personen Stühle zur Verfügung; es gibt also 14 Plätze, die nur dann vollständig besetzt werden, wenn alle Lehrkräfte, Vertretungslehrer und Betreuer gleichzeitig anwesend sind. Jedoch hat sich eine relativ feste Sitzordnung etabliert, was auch deshalb funktional zu sein scheint, weil oftmals eine Fülle von Unterrichtsmaterialien der einzelnen Lehrer auf den Plätzen deponiert wird. So müssen die Lehrkräfte nicht immer alles mitnehmen, sondern nur die Hefte und Bücher, die sie für die nächsten Stunden benötigen. Außerdem hat so jeder seinen Platz für Brotdosen und Teetassen; es entsteht ein Stück Privatsphäre. Auf der rechten Seite der Eingangstür befindet sich eine Pinnwand, die mit einer Vielzahl von Zetteln bestückt ist. Zumeist handelt es sich hierbei um Mitteilungen, Projekt- oder Fortbildungsangebote. Neben der Pinnwand hängt eine Magnettafel, auf der die Einsatzpläne der Lehrkräfte abgelesen werden können. Am Kühlschrank hängt ein Plan für den im Rotationsverfahren verteilten Spül- bzw. Aufräumdienst. In den beiden 20-minütigen Pausen kommen zumeist alle an diesem Tag diensthabenden Lehrkräfte und oft auch das übrige Personal im Lehrerzimmer zusammen. Der Kaffee ist dann zumeist schon fertig.

Das verspätete Erscheinen im Lehrerzimmer wird schnell negativ ausgelegt. Wer es häufiger nicht schafft, in den großen Pausen in das Lehrerzimmer zu kommen, dem wird in scheinbar beiläufigen Bemerkungen unterstellt, unorganisiert und überfordert zu sein bzw. das Geschehen im Klassenraum noch nicht so richtig im Griff zu haben. Passiert dies öfter, wird gar die Vermutung nahegelegt, dass die dem Lehrerzimmer scheinbar systematisch fernbleibenden Novizen sich hier offenbar nicht wohlfühlen und ohnehin nicht so richtig in die Runde zu passen scheinen. Einen Ort zum ‚Krafttanken' stellt das Lehrerzimmer nur für diejenigen dar, die hier ‚zu Hause' sind und sich in aller Gelassenheit den ihnen hier entgegengebrachten Erwartungen stellen. Für die Novizen ist das Lehrerzimmer nicht in allen Fällen mit Erholung verbunden. Während im Unterricht ein gewisser Grad an Angespanntheit noch toleriert und als nachvollziehbar beurteilt wird, erfordern die Praktiken des Lehrerzimmers unbedingt einen Gestus der Souveränität und Gelassenheit. Ein Referendar äußerte sich zu den Aufenthalten im Lehrerzimmer wie folgt:

„Manchmal würde ich wirklich viel lieber einfach in der Klasse bleiben. Ich finde das oft so nervig, mich da die ganze Zeit unterhalten zu müssen. Das ist manchmal anstrengender als der Unterricht."

Im Lehrerzimmer sind die Novizen gefordert, unvorbereitet und spontan im ‚lockeren' Rahmen eines kurzen ‚Schwätzchens' zu schulischen Fragen Stellung zu beziehen und in diesen Momenten ihren Überblick über die Zusammenhänge und Eigenschaften der Schule zu beweisen. Sie müssen die Namen der Schüler und Eltern kennen, die in den erzählten Geschichten auftauchen und ebenso gilt es, die hier verwendeten schulbezogenen Schlagwörter einzuordnen. Der ‚offene Unterricht', die ‚Wochenpläne', die ‚verlässliche Grundschule', die ‚Eingangsstufe', der ‚Schuldezernent', das ‚Montessori-Konzept' der ‚Schulrat' das ‚Eulenheft', die ‚Elternvertreter', die ‚I-Klasse', all dies sind Begriffe, die verstanden und flexibel im Gespräch gehandhabt werden müssen. Hier laufen die Novizen Gefahr, als ‚Noch-Nicht-Eingeweihte' aufzufliegen. Viele der hier erwähnten Abläufe, Verfahren oder Begriffe kennen sie nicht. Trotzdem gilt es, unter diesem Druck Entspannung, Gelassenheit und Souveränität zur Aufführung zu bringen. Darüber hinaus wird indirekt gefordert, auch Privates preiszugeben und bspw. in den Schilderungen des letzten Urlaubs, eigene Weltsichten und Einstellungen offenzulegen. Betrachtet man die Praktiken des Lehrerzimmers, so wird deutlich, dass auch bzw. insbesondere die vermeintlich nebensächlichen und alltäglichen Praktiken, die nicht unmittelbar zur Profession des Lehrers zu gehören scheinen – wie das gemeinsame Kaffeetrinken und Plaudern oder das Abräumen des Geschirrs – in diesem Rahmen überaus voraussetzungsvoll und für die Anerkennung der Novizen als vollwertige Partizipanden im Setting der Schule wichtig sind. Es beginnt bereits mit der Frage, wie und wo sich die Novizen im Lehrerzimmer platzieren, wenn sie das Feld neu betreten.

Der Referendar hat noch keinen konkreten Platz im Lehrerzimmer zugewiesen bekommen. Es ist der Beginn seiner zweiten Woche an dieser Schule und bisher hat er sich auf unterschiedliche Plätze gesetzt, wurde jedoch schon einmal von einer älteren Kollegin gebeten, seinen Platz zu räumen. Schließlich holt er sich einen zusätzlichen Stuhl und stellt ihn zu den anderen Stühlen an den Tisch, jedoch gibt es auf dem Tisch keinen Platz für seine Bücher und Materialien. Als alle Lehrkräfte im Lehrerzimmer erscheinen, zeigt sich, dass die Platzwahl ungünstig war. Während auf der einen Seite des Tisches noch zwei Plätze frei sind, sitzt der Referendar mit vier weiteren Lehrerinnen auf der anderen Tischseite sichtlich bedrängt. Am nächsten Tag hat vermutlich der Reinigungsdienst den zusätzlichen Stuhl wieder entfernt, so dass der Referendar vor demselben Problem steht wie am Vortag. Nach nun mehr als einer Woche ohne festen Platz äußert er seinen Unmut schließlich im Kreis der Kolleginnen im Beisein der Schulleiterin und erklärt, dass er jetzt schon seit einer Woche nicht wisse, wo er sich hinsetzen dürfe und dass er zwar nicht so oft in der Schule sei wie die anderen Lehrer, aber dass ihm doch auch ein Platz zustünde. Während die Schulleiterin sofort erwidert, dass das doch selbstverständlich sei, und ihn auf einen der Plätze verweist, der ohnehin nur dann und wann vom Hausmeister verwendet wird, reagiert eine der älteren Kolleginnen pikiert und stellt fest, dass man so etwas doch auch direkt besprechen könne und dass man dazu doch nicht auf die Anwesenheit der Schulleiterin warten müsse. Dies sei keine Art und nicht besonders kollegial. Man müsse einfach mal den Mund aufmachen, wenn einen etwas störe, sonst würde man als Lehrer ohnehin nicht weit kommen.

Die Positionierung am Tisch des Lehrerzimmers erscheint hier bereits als erhebliches Zugangsproblem für den Novizen. Seine eigenen Platzierungsversuche scheitern und in der Art und Weise, wie und in welchem Rahmen er das Problem zur Sprache bringt, verstößt er gleich gegen mehrere unausgesprochene Regeln des Feldes: Das Problem im Beisein der Schulleiterin anzusprechen, wird von einer älteren Lehrerin als offizielle Beschwerde bei der Dienstherrin interpretiert; im selben Zug veröffentlicht diese Kollegin ihren ersten Eindruck von dem Anwärter. Sie stellt den Referendar erstens öffentlich als „nicht besonders kollegial" und somit vermeintlich als nicht teamfähig dar. Zweitens bemerkt sie, dass der Novize sich vorher den Kollegen gegenüber hätte äußern und somit für sein Anliegen hätte eintreten müssen. Drittens verdeutlicht sie, dass sie das Gesagte keineswegs nur auf das Verhalten des jungen Kollegen in der Pause und den Lehrern gegenüber bezieht, sondern ebenso auf seine Fähigkeiten als Lehrer.

Das scheinbar lockere Beisammensein der Kolleginnen und Kollegen im Lehrerzimmer ist bei näherem Hinsehen überaus voraussetzungsvoll. Es gibt hier, ebenso wie im Klassenraum, klare Absprachen unter den Kollegen und die hier gewohnten Abläufe sind langjährig eingespielt. Es gibt Verhaltensweisen, die angemessen sind und solche, die anecken; Performanzen, die Anerkennung finden und solche, die zumindest argwöhnisch beäugt und in diesem Akt sanktioniert werden. Praktiken der Anerkennung und der Sanktionierung wirken gleichsam als *in situ* hervorgebrachte Grenzziehungen, in denen schulische Ordnungen permanent erneuert werden. Die oftmals impliziten Ordnungen lassen sich hier nicht unmittelbar explizieren, jedoch können mittels dichter Beschreibungen situative Muster erfasst werden, deren Zusammenschau ein Gefühl für die eingespielten Ordnungen des Feldes vermitteln kann. Die Ordnungen des Lehrerzimmers werden auf diese Weise nicht beschrieben, sondern vielmehr wird ein Gefühl für diese Ordnungen im Leser erzeugt.

1. Szene im Lehrerzimmer: Frau M.

Frau M. hat erst zur vierten Stunde Unterricht, kommt jedoch bereits zur ersten großen Pause um 9:35 Uhr. Damit man sich auch noch mal mit den Kollegen unterhalten könne, sei sie schon etwas eher gekommen, sagt sie. Bereits an der Eingangstür ist sie in ein erstes Gespräch verwickelt und während sie die Jacke nebenan zur Garderobe bringt, redet sie etwas lauter, so dass man sie auch noch im Lehrerzimmer verstehen kann. An ihrem Platz angekommen, setzt sie sich und holt aus ihrer großformatigen Ledertasche zunächst einen Ordner, entnimmt diesem drei verschiedenfarbige Hefter und legt alles oben an die rechte Tischkante, so dass die Kanten der Ordner mit den Kanten des Tisches sauber abschließen. Daraufhin holt sie ein Lederetui aus der Tasche, positioniert es neben den Ordnern, nimmt ihre Brille von der Nase, putzt die Gläser sehr gründlich mit einem Tuch und legt die Brille dann direkt vor das Etui. Zuletzt entnimmt sie der Tasche eine Brotdose aus Aluminium und legt diese auf die andere Ecke des Tisches, ebenfalls abschließend mit der Tischkante. In einem Notizbuch sind die Namen von Schülern säuberlich aufgelistet. Sie macht an vielen Stellen Haken und notiert einzelne Worte in anderen Spalten. Nun schließt sie das Buch, legt es auf den Tisch auf die Ordner und blickt noch kurz in ihren Kalender, der die gleiche Farbe hat wie auch das Notizbuch, einer der Hefter und ihr Stift. Mit einem kurzen Nicken schließt sie auch den Kalender und positioniert diesen in einem – wie hierfür vorgesehenen – Fach in ihrer Schultasche. Dann wendet sie sich wieder einer Kollegin zu und erkundigt sich, wie denn die Proben für das Theaterspiel in der nächsten Woche gelaufen seien und fragt, ob sie ihr auch einen Kaffee mitbringen solle. Die Kollegin war zufrieden mit den Proben und würde nur gerne noch einmal einen Blick auf die Einladung zum ‚Tag der offenen Tür' werfen, in dessen Rahmen das Theaterstück stattfinden soll, um sich des Ablaufs noch einmal zu vergewissern. Kurz darauf kommt Frau M. mit zwei Kaffeetassen wieder, öffnet den roten Hefter auf dem Stapel oben rechts an der Tischkante, findet augenblicklich die besagte Einladung und reicht sie der Kollegin. Wenn sie diese kurz kopieren wolle, so sei dies kein Problem, aber sie brauche die Einladung wieder zurück. Im Anschluss holt sie aus der Aluminiumbox eines von vier zusammengeklappten, mit Käse und Salat belegten Graubroten sowie ein Apfelstück, schließt die Brotbox und nutzt deren Oberseite nun als Ablage für die Brote.

2. Szene im Lehrerzimmer: Der Referendar

Der Referendar kommt nach einer Unterrichtsstunde abgehetzt in das Lehrerzimmer und regt sich darüber auf, dass seine Schüler schon wieder alles falsch verstanden hätten und nur die Hälfte der Schüler die Hausaufgaben gemacht habe. Noch mit seinem Rucksack, der mit einem Träger über seiner Schulter hängt, und einem Stapel von Heften geht er direkt zur Kaffeemaschine links neben der Tür, holt mit der freien Hand eine der Tassen aus dem Schrank und schenkt sich dann Kaffee ein. Als er die Tasse aufnimmt, um zu seinem Platz zu gehen, verschüttet er etwas Kaffee auf der Arbeitsfläche und ruft in den Raum, dass er das gleich wegmachen werde. An seinem Platz angekommen versucht er, erst die Hefte auf dem Tisch abzulegen, die ihm aber mehr oder weniger aus der Hand fallen und sich über den Tisch verteilen, da sein Rucksack im Moment des Herunterbeugens von der Schulter rutscht. Dann setzt er sich und nimmt erst einmal einen Schluck Kaffee. Sein Rucksack liegt hinter seinem Stuhl im Gang. Als eine der älteren Lehrerinnen mit etwas Mühe über den Rucksack hinwegsteigt, um auf ihren Platz zu gelangen, nimmt der Referendar diesen auf den Schoß, kramt darin herum und holt ein in Papier eingepacktes Brötchen aus dem Rucksack. Er reißt es in der Mitte durch, justiert eine der Salamischeiben nachträglich und legt die zweite Hälfte mit dem Papier auf die Hefte. Die Brötchenkrümel bedecken die Hose des Referendars ebenso wie den Tisch und die Hefte. Als er der überall herumliegenden Krümel gewahr wird, legt er das Brötchen aus der Hand, stellt seinen Kaffee unterwegs auf der Fensterbank ab, säubert die Arbeitsfläche und geht mit dem Mülleimer zu seinem Platz, um mit seiner Hand die Krümel dort hinein befördern zu können; die Hefte müssen einzeln befreit werden. Als er sich wieder setzt, klingelt es und stöhnend erhebt er sich, um in den Unterricht zu gehen. Erst nach einigen Minuten kommt er wieder und holt die Hefte, die er auf dem Tisch vergessen hat. Seine halb gefüllte Kaffeetasse steht nach wie vor auf der Fensterbank.

Die in Lehrerzimmern häufig vorzufindenden Brotdosen erscheinen aus bestimmter Perspektive als materialisiertes Zeichen für *Ordnung*[82] und *Vorsorge.* Zum einen signalisieren sie eine *vorausschauende Haltung* ihrer Besitzer und verweisen auf eine *solide Vorbereitung auf zukünftige Situationen*; sie avancieren zum Sinnbild der *vorausschauenden Fürsorge* im Setting der Schule. Zum anderen demonstrieren sie die *innere Ordnung* ihrer Nutzer. Säuberlich abgetrennt von allen anderen Dingen innerhalb der Schultasche bewahrt die Brotdose Brote, Gemüse oder Obst *schützend* in ihrem Innern auf und sorgt für *Übersicht* und *Trennung des nicht Zusammengehörigen. Sorgfalt* und der *Blick für das Detail* lassen sich mit dem demonstrativ ausgiebigen Putzen einer Brille oftmals eindrucksvoller und nachhaltiger aufführen als durch die stundenlange Vorbereitung einer Unterrichtsstunde. Die *penibel* in eigenen farblich zueinander passenden Heftern *sortierten* Papiere verweisen auf ein bestimmtes *Ordnungsverständnis* der Lehrerin. Die farbliche Abstimmung vieler Accessoires, das die Füller, Anspitzer und Bleistifte *schützende* Ledertui und die *unerschütterliche* Brotdose vermitteln eindrucksvoll das Bild einer *soliden und bedachten Person.* Der Eindruck der *inneren Kohärenz* und eines *soliden Charakters* wird den dieser Szene beiwohnenden Kollegen indirekt vermittelt. Eindrucksvoll demonstriert die Lehrerin *geistige Präsenz* und *Überblick,* als sie innerhalb von Sekunden das nachgefragte Blatt aus ihren *systematisch geordneten* Heftern hervorholt.

Der Auftritt des Referendars ist ein anderer. Das *verspätete* Eintreffen im Lehrerzimmer in *übersteigerter Eile* verweist direkt auf das verspätete Abschließen der vergangenen Unterrichtsstunde. Das Tragen des Rucksacks an nur einem Träger wirkt *nicht etwa lässig oder souverän,* sondern in diesem Zusammenhang *flüchtig und nachlässig.* Das Vorhaben, die Kaffeetasse und die Hefte der Schüler zeitgleich transportieren zu wollen, demonstriert *Ungeplantheit* sowie ein *mangelndes Verständnis für die Situati-*

82 Die in diesem Kapitel kursiv gedruckten Beschreibungen heben besonders charakteristische Merkmale dieser Situationen hervor, die in ihrer Zusammenschau einerseits einen Eindruck von den in diesem Feld anerkannten und als positiv bewerteten Eigenschaften, Einstellungen und Idealen vermitteln; andererseits werden solche Verhaltensweisen hervorgehoben, die unangemessen erscheinen und dementsprechend auf Widerstand der Etablierten stoßen.

on und *unzureichende Antizipationsfähigkeit.* Das *sorglose* Hinterlassen des Rucksacks offenbart sowohl den *nachlässigen Umgang mit dem Material* als auch *mangelnde Rücksichtnahme* auf die Kollegen, denen hierdurch der Weg versperrt wird. Die Aufführung von *unzulänglicher Kollegialität* und *übersteigertem Eigensinn*, die auch beim Hinterlassen von Geschirr als solche interpretiert wird, führt im Lehrerzimmer schnell zu Unmut und Ermahnungen. Die mit Krümeln versehenen Hefte der Schüler erzeugen kurze Blickwechsel zwischen den Lehrerinnen und hinterlassen einen nachhaltigen Eindruck. Wie den anschließenden Gesprächen der noch anwesenden Lehrerinnen zu entnehmen ist, ist ihnen offenbar ebenfalls kaum eines der Details dieser Szene entgangen. Die anschließende Rückkehr des Referendars, der seine Hefte vergessen hatte, scheint hier nun niemanden mehr zu verwundern. Ein Blick der anwesenden Lehrerin, die ihre Stirn in Falten legt und mit dem demonstrativ langsamen Verschieben ihres Blicks in Richtung der auf der Fensterbank stehenden Tasse auch unsere Blicke dorthin zu verschieben vermag, spricht Bände.

Zwei Darbietungen, die unterschiedlicher nicht sein könnten. Es sind die kleinen Details, die Art und Weise, wie man seine Sachen ordnet und auf dem Tisch platziert, die *Sorgfalt*, mit der man sich dem Putzen seiner Brille widmet oder die Materialität der Dinge, mit denen man sich umgibt, die nachhaltige Eindrücke bei den Kollegen hinterlassen und zu Anerkennung oder Ablehnung führen können. Nachhaltig sind solche ‚alltäglichen Eindrücke' *erstens*, weil sie den Beobachtern zumeist als körperliche Repräsentationen entgegentreten und somit untrennbar mit dem Charakter des Novizen in Verbindung gebracht werden, *zweitens*, weil sie in scheinbar ‚alltäglichen Situationen' erfolgen, die den Charakter des Privaten tragen und den Novizen daher vorgeblich so zeigen, ‚wie er nun einmal' ist, und *drittens*, weil sie auch zukünftige Blicke auf den Novizen perspektivieren können. Das heißt, dass die Etablierten in solchen Praktiken in Bezug auf die einzelnen Novizen Wahrnehmungsweisen ausbilden, die auch die Wahrnehmung dieser Novizen in zukünftigen Situationen prägen. Es werden fortan Eindrücke selektiert, die das einmal erzeugte Bild festigen.[83]

---

83 Die Grundschule ist ein Ort, der zu einem großen Teil von Frauen besetzt wird. Bundesweit liegt hier der Anteil der weiblichen Lehrkräfte zurzeit bei ca. 85% (vgl. Informationen auf www.bmfsfj.de/doku/Publikationen/genderreport/1-

Zugespitzt bedeutet dies, dass es die Aufgabe der Novizen ist, Engagement, Interesse, Aufgeschlossenheit, Lernbereitschaft, Kreativität, Organisationstalent, Herzlichkeit und Durchsetzungsvermögen im Lehrerzimmer im Rahmen alltäglichster Praktiken zur Aufführung zu bringen. Im Lehrerzimmer gilt es, die Zugehörigkeit zur Schule in Praktiken zu präsentieren, die ‚scheinbar' nicht unmittelbar zum ‚Geschäft' des Lehrers gehören. Die vermeintliche Erholungsstätte, das Lehrerzimmer, wird für diejenigen, die seine impliziten Ordnungen nicht kennen, zu einem „Seiltanz" (vgl. Kapitel 2.1.2.1) inmitten eines scheinbar unverbindlichen und lockeren Treibens. Wie schaffe ich es durch die Positionierung von Brotdose und Heftern *Strukturiertheit* und *Sorgfalt* aufzuführen? Wie erzeuge ich den Eindruck von *Einfühlsamkeit* und *Interesse* beim Kaffeeklatsch? Wie demonstriere ich *Fairness*, *Souveränität* und *Durchsetzungsvermögen* beim Anschneiden und Verteilen eines Geburtstagskuchens? Dies scheint für die Anerkennung der Novizen im Setting der Schule ebenso wichtig zu sein, wie das professionelle Handeln im Unterricht.

RESÜMEE II: SUBJEKTIVIERUNG IN EINANDER PERSPEKTIVIERENDEN TRAININGSRÄUMEN

Die Phase der Ankopplung lässt sich zunächst als sukzessive Annäherung der Novizen an die Spiele der Schule beschreiben. Diese Annäherung ist kein zeitlich gerahmter Prozess, sondern eine je individuelle Entwicklung, deren Fortschreiten sich allein an den Reaktionen der etablierten Akteure

Bildung-ausbildung-und-weiterbildung/1-4-Schulische-bildung/1-4-4-lehrkraefte.html am 2.8.2012). Es wäre in weiterführenden Studien zu hinterfragen, inwiefern geschlechtsspezifische Differenzen im Prozess der Grundschullehrer-Ausbildung erkennbar sind und ob es für männliche Referendare eventuell eine zusätzliche Schwierigkeit darstellt, im Rahmen dieser zweiten Ausbildungsphase in einem Feld ‚Fuß zu fassen', das als Frauendomäne beschrieben werden kann und vermeintlich entsprechende Dispositionen der partizipierenden Akteure voraussetzt.

des Feldes bemessen lässt. Erhalten die Verhaltens-, Sprech- oder Verfahrensweisen, die Bewegungen, Haltungen oder Gesten der Novizen (An-)Erkennung von den Akteuren der Schule oder sind die Novizen noch nicht in der Lage, in erkennbaren Formen zu agieren? Dies sind die zentralen Fragen, wenn man das Gelingen oder Nicht-Gelingen des Ankopplungsprozesses einzuschätzen versucht. Es geht hier nicht um die Frage einer vollständigen Passung zwischen den Habitus der Novizen und den Bedingungen des Feldes, sondern eher um die Frage danach, ob die Habitus der Novizen Ankopplungsstellen für die Bedingungen des Feldes bereithalten und ob es ihnen gelingt, diese auszubauen und sich zumindest in einzelnen Situationen zeitweise zu einem Teil der aufeinander eingespielten Gemeinschaft zu machen. In kleinen Schritten machen sie sich in den dargestellten Szenen für die Akteure des Feldes erkennbar. Dies geschieht in unterschiedlichen Praktiken, Situationen und mittels verschiedener Verfahrensweisen: Einerseits widmen sich die angehenden Lehrer in expliziten ,Trainingseinheiten' systematisch bspw. dem körperlichen Einsatz an der Tafel oder üben angemessene Haltungen in Elterngesprächen in Form von Rollenspielen. Sie wenden sich einzelnen Aspekten der Lehrertätigkeit explizit und systematisch außerhalb des eigentlichen Unterrichts zu und eignen sich die hierfür erforderlichen Techniken an.[84] Im Rahmen dieser Übungen nehmen die Akteure den Prozess ihrer Lehrerwerdung selbst in die Hand und trainieren die hierfür notwendigen Techniken, Haltungen oder Bewegungen. Losgelöst vom Druck der Praxis verschaffen sie sich in diesen Übungsphasen Zeit und Spielräume. Mit Ruhe und der notwendigen Gelassenheit gelingt es bspw. einer Referendarin schließlich, sich die Schwünge der vereinfachten Ausgangsschrift anzueignen oder sich an das Schreiben an der Tafel zu gewöhnen. Es wird deutlich, dass der Erwerb der für die Schule charakteristischen Kulturtechniken den Novizen im Unterricht einen Zeitgewinn gegenüber den Schülern verschafft und ihnen allmählich zu einem souveränen Auftreten im Klassenzimmer verhilft. Andererseits zeigte sich jedoch ebenso, dass zwar einzelne Techniken in ausgelagerten Trainingseinheiten eingeübt werden können, dass sich viele Fähigkeiten und Fertigkeiten aller-

84 Als systematisch bezeichne ich dieses Vorgehen, weil es planvoll und im Hinblick auf eine erfolgreiche Partizipation in einzelnen ,Trainingseinheiten' erfolgt.

dings ausschließlich im Vollzug der Praxis selbst – also in ‚realen Situationen' – erwerben lassen. Der Blick für bestimmte Situationen oder die Fähigkeit, den kollektiven Umbau bestimmter Unterrichtsordnungen zu initiieren, eignen sich die Novizen im Zuge ihrer praktischen Teilhabe an. Der Erwerb eines praktischen Sinns für die schulischen Situationen bedarf der Anwesenheit der etablierten Akteure, auf deren Reaktionen die Novizen angewiesen sind. Ich unterscheide also zunächst zwischen expliziten Subjektivierungspraktiken in ausdrücklichen Übungssituationen, in denen sich die Novizen vom zeitlichen und psychischen Druck ‚realer Situationen' befreien, und impliziten Subjektivierungspraktiken, die als vorbewusste Anpassung an die schulischen Praktiken im Zuge der praktischen Teilhabe beschrieben werden können.

Betrachtet man die Praktiken, in denen sich die Novizen zu Subjekten der Schule machen, genauer, so fallen weitere Unterschiede auf: Es erscheint, als würden die Novizen in einigen Praktiken allmählich in die für sie vorgesehene Subjektform und -position ‚hineingezogen' werden, während sie in anderen Praktiken eher dort ‚hineingeschoben' werden. Subjektpositionen mit Vorbildcharakter – andere Lehrerinnen und Lehrer – ‚ziehen' die Novizen im Sinne der mimetischen Übernahme von Bewegungen, Gesten usw. in bestimmte Subjektformen hinein, während die Akteure auf anderen Subjektpositionen – Schüler, Hausmeister oder Sekretäre – die Novizen eher in ihre Positionen zu ‚schieben' scheinen, indem sie sich gegen Ungewohntes sperren. Das Mentorenprinzip sieht das gemeinsame bzw. wechselseitige Agieren in den Praktiken des Unterrichts vor und stellt den Novizen somit von Beginn an ein Vorbild zur Seite. Implizit bedienen sich die Referendare nicht nur der Blicke ihrer Mentoren, um das Feld aus ihren Augen sehen zu lernen (vgl. Kapitel 2.2.1), sondern adaptieren darüber hinaus bestimmte, in diesem Setting anerkannte Verfahrensweisen. In mimetischen Praktiken machen sie sich ihren – auf der von ihnen angestrebten Subjektposition platzierten – Vorbildern ähnlich, übernehmen deren Haltungen und Bewegungen; sogar Intonation und Wortwahl sind in einigen Beispielen identisch. Auf diese Weise eignen sie sich organisationsspezifische Gesten an und machen sich zu einem Teil der Schule. Dabei muss ihnen die Funktion dieser Gesten zunächst keineswegs bewusst sein; die Funktionalität bzw. Dysfunktionalität ihrer Bewegungen erfassen sie nicht zwangsläufig in Form rationaler Einsichten, sondern sie treten ihnen in der Praxis, in Form der (An-)Erkennung bzw. Nicht-(An-)Erkennung durch die

Akteure der Schule, praktisch entgegen. Ähnlich scheinen Narrationspraktiken zu funktionieren, in denen die Novizen sich selbst gegenüber anderen zur Disposition stellen: In ihren selbstbezüglichen Erzählungen konstituieren die Novizen Subjektbilder, deren Angemessenheit sie im Akt des Erzählens über die Reaktionen ihrer Gesprächspartner prüfen und in die sie sich – insofern ihre Funktionalität bestätigt wurde – zukünftig ‚hineinbilden' können (vgl. Kapitel 2.2.4.1). Nicht zuletzt dienen auch die im gemeinsamen Rollenspiel konstituierten Subjektentwürfe als Vorbilder, die den Referendaren auch in zukünftigen Situationen Orientierungshilfen sein können. Die in den beschriebenen Praktiken von Spielern und Zuschauern im Hinblick auf ihre Angemessenheit geprüften Bilder ziehen ihre Subjekte nach sich.

In anderen Praktiken stoßen die Körper der Novizen eher auf Widerstand und sind gefordert, sich anzupassen, um im Setting der Schule nicht als störend aufzufallen. Die Artefakte der Schule formen gewissermaßen ihre Körper bzw. die Körper formen sich im Umgang mit den Dingen des Feldes (vgl. Kapitel 2.2.2). In diesem Prozess müssen sie allmählich lernen, die Haltungen des Feldes zu übernehmen bzw. die Dinge auf die hier (an-)erkannte Weise zu gebrauchen. Ebenso scheinen die beschriebenen Klatschpraktiken die Novizen in bestimmte Richtungen zu ‚schieben'. Der Klatsch konstituiert die den Novizen gegenübertretende Gemeinschaft und justiert ihre Blicke. Der Fokus auf konkrete Eigenschaften oder Verhaltensweisen der Referendare, die keine Passung zu den Ordnungen der Schule aufweisen und die hiermit zusammenhängenden indirekten Sanktionen (vgl. Kapitel 2.2.4.1) fordern die Novizen auf, bestimmte Verhaltensweisen zu unterlassen bzw. zu ändern. Es sind einerseits die Auseinandersetzungen mit den sich gegen Unbekanntes sperrenden Akteuren des Feldes und andererseits der Umgang mit den Dingen der Schule, die das Verhalten der Novizen bis in die Haltungen der Hände und die Intonation der Stimme hinein justieren und formen. In diesen Praktiken scheinen die Novizen in tradierte Subjektformen und -positionen hineingeschoben zu werden. Schüler, Hausmeister oder Eltern fungieren hier als Sparringspartner der angehenden Lehrer.

Das hier aufgebaute Bild des Schiebens und Ziehens muss auf den zweiten Blick jedoch modifiziert werden, da die Novizen auf diese Weise als passive Subjekte konstruiert werden, obgleich sie in nahezu allen Szenen selbsttätig handeln: Sie bedienen sich der Materialität der Schule und bringen sich in der Auseinandersetzung mit Kreide, Tafel und Glockenspiel aktiv in die geforderten Haltungen. Sie sind es, die sich in zahlreichen Versuchen den Haltungen ihrer Mentorinnen ähnlich machen. Es sind also eher Praktiken des Folgens und Weichens, des Sich-Ähnlich-Machens einerseits und des Vermeidens von nicht-anerkanntem Verhalten andererseits. Beiden Mechanismen ist das Sich-Ausprobieren in zahlreichen Variationen gemein: Sowohl die Annäherung an die beschriebenen Vorbilder als auch das Vermeiden der nicht-anerkannten Umgangsformen ist mit einem der Praxis zugewandten Ausprobieren verbunden, das jedoch durch die umfassende Sichtbarkeit und Kontrolle der Novizen in vielen Fällen eingeschränkt wird.

Das Referendariat tritt den Novizen aus der hier eingenommenen Perspektive als Bündel heterogener Praktiken entgegen, die sie zu bewältigen haben und die auf bestimmte Weise zusammenzugehören scheinen. Der Unterricht, die Verwendung von Tafel und Glockenspiel, das Rollenspiel in den begleitenden Seminaren, die zahlreichen Flurgespräche mit Eltern, Schülern und Kollegen, die Schreibübungen im eigenen Arbeitszimmer sowie der Aufenthalt im Lehrerzimmer und die hier zu meisternden Gespräche sind Praktiken, die je unterschiedliche Anforderungen an die Novizen stellen, deren Beherrschung für sie jedoch gleichermaßen wichtig zu sein scheint; unangemessenes Verhalten der Novizen führt im Lehrerzimmer oder in kurzen Flurgesprächen ebenso wie im Unterricht zu negativen Reaktionen der anderen Lehrer. Der subjektivierungstheoretische Blick auf diese Praktiken stellt den Betrachter vor die Frage, inwiefern die Teilhabe der Novizen an der Vielzahl dieser heterogenen und doch zusammengehörigen Praktiken konstitutiv für die Prozesse der Lehrerwerdung ist. Eventuell erfahren die Novizen in den einzelnen Praktiken je unterschiedliche Dinge über die Geheimnisse des Feldes, über interne Abmachungen oder Gepflogenheiten. Was ist z.B. der Grund für die enorme Bedeutung, die dem Lehrerzimmer von den Akteuren des Feldes in der Praxis beigemessen wird? Warum trifft man sich hier in jeder geeigneten Pause? Weshalb scheint die Partizipation an den Praktiken im Lehrerzimmer für viele Referendare eine Prüfung der besonderen Art darzustellen? Und warum entscheidet sich hier offenbar ebenso wie in den Situationen des Unterrichts, wer ins Setting der Schule passt und wer nicht? Es wird deutlich, dass die alltäglichen Praktiken im Lehrerzimmer, die zunächst scheinbar nicht allzu viel mit der bisher betrachteten Lehrerprofession gemeinsam haben, dennoch einen mittelbaren Bezug aufweisen. Das Lehrerzimmer stellt sich als voraussetzungsvoller Trainingsraum dar, der von den Novizen keineswegs immer als Rückzugsraum empfunden wird, der jedoch auf besondere Weise auf die Ansprüche, die an einen Lehrer gestellt werden, vorbereitet. Diese Räume verlangen den Novizen einen in höchstem Maß flexiblen und souveränen Umgang mit den hier üblichen Abläufen und Umgangsformen ab. Bemerkenswerterweise – und dies stellt den Kern meiner folgenden Argumentation dar – scheinen die Praktiken im Lehrerzimmer auf dieselben Muster zu verweisen, die auch im Unterricht zu beobachten sind. Viele der im Lehrerzimmer am Beispiel der beschriebenen Lehrerin verdeutlichten Verhaltensmuster (vgl. Kapitel 2.2.5) tauchen auch in den Besprechungen der Kollegen, Mentoren oder Seminarleiter mit den Referendaren im Hinblick auf deren Verhalten im Unterricht immer wieder auf: Die Novizen werden aufgefordert, *strukturierter* zu arbeiten und *transparenter* vorzugehen. Bereits am Anfang ihrer Ausbildung erwähnt eine Referendarin, dass das Erste, was man lerne, sei, *sich selbst zu organisieren* (vgl. Kapitel 2.1.2.1), und sie werde des Öfteren ermahnt, im Unterricht *vorausschauender zu agieren*. *Sorgfalt* und der Blick für das Detail sind im Lehrerzimmer ebenso angesehen wie im Unterricht und die Performanz von *Einfühlsamkeit* und *Interesse an der Situation anderer* ist im Rahmen des beschriebenen Rollenspiels ebenso gefragt wie in den Lehrerzimmergesprächen und im Unterricht der Novizen. Die Beschreibung der Szene im Lehrerzimmer verdeutlicht, dass diese in Beratungsgesprächen vielfach diskutierten und situationsübergreifend erkennbaren Haltungen und Eigenschaften – deren Erwerb als Voraussetzung für die erfolgreiche Ausbildung der Lehrer von Mentoren benannt wird – über Haltungen des Körpers, über die Art und Weise, wie man Dinge auf dem Tisch anordnet oder wie man sein Frühstück aufbewahrt, zur Aufführung gebracht und somit für andere erkennbar gemacht werden müssen. Die unterschiedlichen Praktiken der Schule – so different sie auch erscheinen mögen – sind vor diesem Hintergrund aus ‚demselben Holz geschnitzt' bzw. weisen zumindest vergleichbare Muster auf.

In einem weiteren Schritt ließe sich nun plausibilisieren, dass nicht nur die Praktiken des Lehrerzimmers, sondern sämtliche schulischen Praktiken auf gemeinsame Muster verweisen. Also auch Elternabende, Schulfeste, Gesamtkonferenzen oder auch der Museumsbesuch einer Klasse müssten als der Schule zuzurechnende Praktiken erkennbar sein. Aus dieser Perspektive erscheint die Organisation Schule als Bündel heterogener Praktiken, die sich in ihrem Duktus auf ähnliche Muster beziehen und diesen Bezug auch nach außen wahrnehmbar zur Aufführung bringen. All diese einander zugehörigen Praktiken ließen sich somit als sich gegenseitig ergänzende Perspektivierungsräume fassen, die für die hier untersuchten Subjektivierungsprozesse von besonderer Bedeutung sind. Zunächst möchte ich jedoch in einem dritten Schritt das hier in den Blick genommene Bündel heterogener Praktiken um wesentliche Elemente erweitern: Wie ich im Kapitel 1.2.3 gezeigt habe, erzeugen Praktiken unmittelbar ein selbstreflexives Moment in Form von Diskursen, die ich mit Reckwitz als Repräsentationspraktiken gefasst habe. Die von Reckwitz in diesem Zusammenhang benannten Praxis-Diskurs-Formationen sind Komplexe aufeinander Bezug nehmender und sich wechselseitig hervorbringender diskursiver und nichtdiskursiver Praktiken. Im Feld der Schule erscheinen solche Komplexe bspw. als Unterricht, der untrennbar mit dem Sprechen bzw. dem Schreiben über den Unterricht verbunden ist. Das in der Praxis vorgenommene Beurteilen von Schülern mit Migrationshintergrund im Unterricht ist aus dieser Perspektive bspw. unmittelbar an die in diskursiven Praktiken – über Fotos, Dokumentationen, Sachbücher oder Zeitungsartikel – vermittelten Bilder solcher Schüler gekoppelt. Mit dieser theoretischen Erweiterung wären die eine Praktik betreffenden Erzählungen, das Schreiben über eine Praktik oder auch das Photographien einer Praktik ebenso wie der Aufenthalt im Lehrerzimmer, eine Klassenkonferenz oder ein Betriebsausflug als einander perspektivierende Trainingsräume zu verstehen, in denen Referendare sich zu Lehrern machen. All diese Praktiken ließen sich als ein Bündel organisationsspezifischer Praktiken beschreiben, die im Verweis auf dieselben Muster eine wiedererkennbare ‚Handschrift' und somit Zugehörigkeit aufweisen.

Aus subjektivierungstheoretischer Sicht lässt sich nun ein interessanter Schritt vornehmen: Die Schule tritt den Novizen als Bündel heterogener Praktiken entgegen. Besonders die Verschiedenartigkeit der einzelnen Situationen und der ihnen hier entgegentretenden Ansprüche überfordert sie zunächst auf voller Linie. Allerdings ermöglicht ihnen gerade das Partizipieren an den verschiedenen – jedoch immer aufeinander verweisenden – schulischen Praktiken, die hier auftretenden impliziten Muster aus je anderen Perspektiven zu erfahren. Bewegung und Perspektivwechsel erscheinen als Voraussetzung für das implizite Erfassen dieser Muster und als Bedingung der Möglichkeit, Unterscheidungen treffen zu können. Grenzen dieser

Muster sowie die Grenzen der eigenen Subjektform können nicht von einem Standpunkt ausgehend erfasst werden. Dies gelingt nur, wenn die Novizen die Gelegenheit haben, sich in einander perspektivierenden Trainingsräumen auszutesten und sich im Vollzug verschiedener, aufeinander Bezug nehmender Praktiken den gemeinsamen Mustern *in actu* anzunähern. Durch das sukzessive Erkennen und Erfahren von Handlungs-, Verhaltens-, Sprach- und Bewegungsmustern in den unterschiedlichen Perspektivierungsräumen erwerben die Novizen allmählich ein Gefühl für die Ordnungen der Schule.[85] Sukzessive eignen sie sich auf diese Weise einen praktischen Sinn für die unterschiedlichen schulischen Situationen an: Sie inkorporieren diese Ordnungen Schritt für Schritt in variierenden Praktiken und erwerben einen Lehrerhabitus, der in der Lage ist, auch seinerseits in unterschiedlichen Situationen Praktiken hervorzubringen, die trotz ihrer Heterogenität eine gewisse Kohärenz aufweisen.

85 Zum sukzessiven Erfassen und Beschreiben impliziter (Bewegungs-)Ordnungen mittels Variation vgl. Schindler 2009.

2.3 Kopplung

2.3.1 Zur Ruhe kommen im Setting der Schule

„Wenn man sich ein wenig an die Vorschläge der Kollegen hält, dann sind doch auch alle zufrieden, dann gibt's da ... ich meine, dann gibt's auch nicht immer Probleme. Inzwischen haben wir uns eigentlich ganz gut arrangiert."

Je kleiner die Ausbildungsschulen der angehenden Lehrer sind, desto weniger Rückzugsmöglichkeiten bleiben diesen (vgl. Kapitel 2.1.4). Die auf gewohnte Umgangsformen achtenden Schüler sowie die in den angrenzenden Klassenräumen jede übermäßige Lautstärke registrierenden Kollegen umgeben die Novizen während des Unterrichts, und auch die Pausen im Lehrerzimmer bedeuten für viele der Referendare eine ebenso große Stresssituation wie der Unterricht selbst. Auf unterschiedliche Weise versuchen die Novizen, sich innerhalb des schulischen Alltags Ruheräume zu schaffen, in denen sie sich für kurze Zeit den Blicken der anderen entziehen können. Während Referendare in den etwas größeren Schulen davon berichten, sich in einigen Pausen in ihre Autos zurückzuziehen, schließen andere einfach nach dem Unterricht die Tür und nutzen die Ruhe in einem der leer stehenden Klassenräume. Jedoch sind es die Reaktionen der Kollegen, die sie auf Dauer davon abhalten, diese Ruheräume weiterhin zu nutzen: Die kleinen ‚familiären' Strukturen und die enge Bindung an die wenigen Kollegen erschweren es, sich dem gemeinsamen Pausen zu entziehen. Das Fernbleiben führt dazu, dass sich Kollegen besorgt nach dem Grund für das

Verpassen der gemeinsamen Pausen erkundigen; die Idee, sich innerhalb des Lehrerzimmers mit seinem Kaffee zurückziehen zu können, ist in diesem Setting kaum umsetzbar. Die ununterbrochene Sichtbarkeit setzt die Novizen unter Druck und lässt ihnen keinen Raum für Besinnung und Muße.

Nicht nur die beschriebene umfassende Sichtbarkeit führt zu dem hohen Druck, der auf den Novizen lastet, sondern ebenso wird das Handeln im Setting der Schule als „Seiltanz" beschrieben. Jede Abweichung von den gewohnten sozialen Umgangsformen, von typischen Ordnungen und Gepflogenheiten ruft die Etablierten auf den Plan und führt zu direkten oder indirekten Ermahnungen. Diese werden als konkrete Ratschläge oder eher indirekt geäußert, können jedoch auf Dauer ebenso die Form interner sozialer Isolation annehmen. Im Rahmen des Unterrichts sind es maßgeblich die im Feld der Schule sozialisierten und sich gegen jede Form der Abweichung sperrenden Schülerkörper, die die Referendare nicht zur Ruhe kommen lassen. Jeder Versuch, von den in dieser Klasse eingespielten Verfahrensweisen abzuweichen, ist für die Novizen mit einem großen Kraftakt verbunden und läuft letztendlich Gefahr zu scheitern. Unter permanenter Aufsicht wird jeder ihrer ‚Fehltritte' bemerkt. Es ergibt sich ein nur schwer zu durchbrechender Kreislauf, in dem sich die Novizen befinden: Abweichungen sorgen immer wieder dafür, dass das Kollektiv der Etablierten quasi aufschreckt und die Novizen umso genauer in Bezug auf ihre Fehltritte in den Blick nimmt. Jedes unpassende Verhalten bzw. jedes Erschüttern der tradierten Ordnungen irritiert die Etablierten in ihrem Innersten, da es eben dieselben Ordnungen sind, die ihr Innerstes konstituieren. Jede Gefährdung der eingespielten Ordnungen ist somit eine Gefährdung ihrer Gewohnheiten und nicht ferner eine Bedrohung ihrer selbst. Die indirekt ausgetragenen Kämpfe zwischen Etablierten und den Novizen können aus dieser Perspektive als Angriffe auf den eigenen Körper verstanden werden und in der Tat: Sie tragen mitunter eine ähnliche Wucht in sich. Der Streit um die Art und Weise, wie eine Geschirrspülmaschine eingeräumt wird oder zu welchem Zeitpunkt man diese anschalten sollte, ist nur zu verstehen, wenn man ihn als indirekten Angriff auf die hier sozialisierten Körper betrachtet. Es wird so verständlich, warum das sich in solchen Momenten konstituierende Kollektiv der Alteingesessenen die Novizen als potenzielle Bedrohung nicht aus den Augen lässt bzw. warum jede weitere Abweichung die Blicke potenziert und differenziert. Nicht selten wird in den Lehrerzimmern über konkrete Dinge gesprochen, die einer der Novizen immer wieder falsch macht. In solchen Momenten vereinen sich die Etablierten und richten den Fokus auf das bedrohlich abweichende Verhalten (vgl. Kapitel 2.2.4.1). Je stärker jedoch das ‚Auge des Kollektivs' auf die Novizen gerichtet wird, desto weniger Spielräume stehen diesen zur Verfügung, um sich auszutesten. Auf diese Weise greift ein sehr wirksamer Mechanismus: Je mehr einer der Novizen von den in der Schule eingespielten Ordnungen abweicht bzw. je weniger Ankopplungsstellen sein Habitus für die Bedingungen des Feldes bereithält, desto mehr ‚Aufmerksamkeit' wird ihm von den etablierten Akteuren des Feldes entgegengebracht; Kontrolle und Sichtbarkeit werden im Maße seiner Abweichung verstärkt. Damit einher geht die Verkleinerung seiner Spielräume.

Es ergeben sich aus subjektivierungstheoretischer Perspektive hieran anschließende Probleme für die Novizen: Ihre Spielräume werden im Maße ihres abweichenden Verhaltens zunehmend eingeschränkt, jedoch benötigen sie eben diese Spielräume, um spielerisch durch Versuch und Irrtum zu einem für sie passenden Umgang mit den schulischen Ordnungen finden bzw. um diese überhaupt erkennen zu können. Wie ich bereits verdeutlicht habe, ist die mimetische Aneignung sozialer Ordnungen unmittelbar an ein Moment des Spielerischen geknüpft, an die Möglichkeit, sich auszuprobieren und die schulischen Ordnungen aus mehreren Perspektiven erfahren und erkennen zu können (vgl. auch Kapitel 2.3.4). Subjektivierungsprozesse sind somit an eine gewisse Form der Beweglichkeit geknüpft, die hier umso mehr eingeschränkt wird, je mehr Schwierigkeiten die Novizen beim Erfassen der etablierten Ordnungen haben. Der Habitus ist in der Lage, Missklänge oder kritische Momente im Vollzug der Praxis spielerisch selbst zu korrigieren – Bourdieu spricht hier von einem „praktischen Reflektieren, einem situativen, in die Handlung eingebundenen Nachdenken, das erforderlich ist, auf der Stelle die vollführte Handlung oder Geste zu beurteilen und eine schlechte Körperhaltung zu korrigieren, eine unvollkommene Bewegung zurückzunehmen" (Bourdieu 1997a: 209). Fehltritte werden also durch spielerisches Ausprobieren im Vollzug der Praxis korrigiert, ohne dass dieser Prozess auf eine bewusste Justierung des eigenen Verhaltens angewiesen wäre. Bourdieu verdeutlicht dies am Beispiel eines Tennisspielers, der „einen mißlungenen Schlag wiederholt, um durch einen Blick oder eine Geste den Effekt dieser Bewegung oder den Unterschied zwischen ihr und derjenigen zu prüfen, die es auszuführen galt" (ebd.: 208).

Obwohl die Referendare in vielen Situationen ein Gefühl dafür entwickeln, dass irgendetwas schiefzulaufen bzw. etwas nicht zu passen scheint – dies beschreiben sie in mehreren Gesprächen – wagen sie es dennoch nicht, ihr Verhalten zu variieren und eventuell weitere Fehltritte zu riskieren. Die von einem – im Rahmen dieser Forschung nicht explizit begleiteten – Referendar beschriebene ‚Starre', die der vollständigen Handlungsunfähigkeit nahekommt und mit dem Nicht-Bestehen des Referendariats endete, lässt sich auf diese Mechanismen zurückführen. In einem Gespräch beschrieb er seine enorme Angst, etwas falsch zu machen, die oft dazu führe, dass er gar nicht mehr wisse, was zu tun sei. Die Schule bietet den Novizen nur wenige Ruhe- und Spielräume und setzt sie der permanenten Sichtbarkeit aus. Abweichendes Verhalten, das Irritieren der aufeinander eingespielten Praktiken des Feldes und nicht zuletzt der damit verbundene indirekte Angriff auf die Körper der Etablierten verstärken und differenzieren die Blicke auf die Referendare; die indirekte Kontrolle der Novizen und der auf ihnen lastende Anpassungsdruck steigen. Dennoch gelingt es den meisten Referendaren allmählich, sich im Rahmen des Kollegiums wohler zu fühlen. Sie berichten – der eine früher, der andere später – dass man inzwischen ‚angekommen' sei und das der Druck nachgelassen habe.

„Wenn man sich ein wenig an die Vorschläge der Kollegen hält, dann sind doch auch alle zufrieden, dann gibt's da ... ich meine, dann gibt's auch nicht immer Probleme. Inzwischen haben wir uns eigentlich ganz gut arrangiert."

Die einzige Möglichkeit, die Blicke nicht ständig auf sich zu ziehen, scheint es zu sein, die in diesem Setting vorgesehenen Wege zu beschreiten. Zur Ruhe kommen im Setting der Schule heißt, sich in etablierten Formen zu bewegen. Im Vollzug der Praktiken machen sich die Novizen den Ordnungen des Feldes ähnlich. Sie tauchen in die Welt der Etablierten ein und je mehr es ihnen gelingt, sich den hier eingespielten Ordnungen ähnlich zu machen, desto weniger fallen sie auf. Sie machen sich im Prozess des ‚Sich-Ähnlich-Machens' sukzessive ‚unauffällig' für das unnachgiebige Regime der Blicke. Sie erleben den Prozess der Anpassung als „erholsam" und geben an, „allmählich anzukommen". Das Agieren in den etablierten Formen bietet ihnen nicht nur Verhaltenssicherheit und (An-)Erkennung, sondern darüber hinaus eine Möglichkeit, sich den normierenden Blicken des Kollektivs zu entziehen. Die praktische Herstellung von (An-)Erkennung im Setting der Schule ist auf diese Weise mit dem Aspekt der Tarnung verknüpft und eröffnet den Novizen gewisse Ruhe- und Spielräume. Dies bedeutet, dass denjenigen, deren Habitus bereits von Beginn an relativ gut ins Setting der Schule passt, auch mehr Spiel- und Ruheräume zur Verfügung stehen als anderen.

2.3.2 VERKÖRPERTER GLAUBE UND GEWISSHEIT MITTELS PERSPEKTIVIERUNG

In den Gesprächen mit den von mir begleiteten Referendaren in den ersten Wochen der zweiten Ausbildungsphase betonten diese in vielen Situationen ihre Distanz zur Schule. Hauptkritikpunkte waren die starren Lehrpläne und die Pflicht, Schüler permanent maßregeln zu müssen. Eine Referendarin sagte, dass sie es auf Dauer nicht aushalte, immer nur über Erziehung und über die Sachen, die Schüler angestellt hätten, zu reden; ihr falle es schon manchmal schwer, die Gespräche mit den Kollegen ernst zu nehmen. Es wurde erwähnt, dass man das Referendariat nur machen wolle, um erst mal ‚etwas zu haben', aber dass man eigentlich noch in anderen Bereichen zu arbeiten gedenke. Der Abstand der Referendare zum eigenen Verhalten in ihren ersten Unterrichtsversuchen wurde von einigen Anwärtern ebenfalls expliziert; die Novizen fühlten sich fremd in der von ihnen so benannten Lehrerrolle. Dies spiegelte sich zu Beginn der Ausbildung in Gesprächen wider, die sie im Anschluss an die Seminare führten. In Bezugnahme auf die ersten eigenen Unterrichtsversuche fielen Aussprüche wie: „*Man macht sich da auch gerne mal zum Affen*" oder es wurde allgemein im Hinblick auf die permanente ‚Ruhigstellung' der Schüler im Unterricht mit ironischem Unterton gefragt: „*Wie mache ich mich als Dompteur*?" Die Referendare bezeichneten es als sehr widersprüchlich, einerseits eigenständige Schüler ausbilden zu wollen bzw. zu sollen und sie andererseits immer wieder zum Schweigen bringen zu müssen. Insbesondere die „*bedrohliche Stille*" im Klassenzimmer wurde als „*völlig strange*" oder auch als „*unnatürlich*" bezeichnet. Sie bescheinigten sich eine bestimmte, offenkundig kritische Einstellung gegenüber bestimmten Ordnungen der Schule, denen sie sich dennoch, in Abhängigkeit ihrer je spezifischen Dispositionen, teils mit Selbstironie, teils ängstlich und überfordert annäherten. Um partizipieren zu können, ist es für die Referendare zunächst nicht notwendig, von Beginn an vollständig in ihre neue Rolle zu passen. Sie müssen jedoch in der Lage sein, in für die Schüler erkennbaren Formen zu agieren. Es scheint, als übernähmen die Novizen für kurze Phasen die Rolle des Lehrers; sie partizipieren auf ihrer spezifischen Subjektposition zunächst mit einem Augenzwinkern, das sie im Laufe der Zeit zu vergessen scheinen.

In der ersten Phase der Ankopplung, in der die Novizen zumeist als Zuschauer im Feld positioniert werden, wird deutlich, dass die etablierten Akteure zunächst über ihre Blicke, ihre Positionierung gegenüber den Dingen und die von ihnen eingenommenen Perspektiven auch die Wahrnehmung der Novizen justieren (vgl. Kapitel 2.2.1). Das Verhalten der Etablierten erscheint für die Novizen indirekt als permanenter Verweis auf etwas, das sie noch nicht zu sehen in der Lage sind, jedoch erkennen müssen, um teilhaben zu können. Durch die praktische Justierung ihrer Blicke werden die Novizen auf die bedeutenden Dinge oder Zusammenhänge des Feldes indirekt hingewiesen. Die ebenfalls darauf bezogenen Kommentare der Etablierten geben Auskunft über den Stellenwert, der dem Gezeigten hier beigemessen wird. Die Novizen beginnen die in den Spielen der Schule konstituierten Bedeutungen und Zusammenhänge nach und nach zu erkennen. Im Gegensatz zu verbalen Hinweisen, die immer auch kritische Rückfragen erlauben, erzeugt das mit der Praxis verwobene indirekte Zeigen Evidenzen und vermag durch seinen an ‚reale Körper' und ‚natürliche Situationen' gebundenen Charakter zu überzeugen. Insbesondere die Gleichgerichtetheit aller hier wirkenden Akteure bzw. die in einem Feld kollektiv ausgebildeten Perspektivierungen und Standpunkte, sind in der Lage, den hier geronnenen Werten, Regeln und Sinnzusammenhängen den Anstrich des ‚Natürlichen' und ‚Selbstverständlichen' zu geben. Der Akt des Erkennens der feldspezifischen Ordnungen zieht deren Anerkennung mit sich. Sind die Ordnungen als solche erst einmal erkannt, können sich die Akteure zwar positiv oder negativ ihnen gegenüber positionieren; jedoch bestätigen und reproduzieren sie diese in beiden Fällen.

In einem zweiten Schritt werden die Novizen aufgefordert, an den Praktiken zu partizipieren. Schnell wird deutlich, dass auch hier ‚Orientierungsangebote' in Form von materialen Ordnungen, Narrationen und Körpertechniken für sie bereitgehalten werden. An einem Beispiel möchte ich verdeutlichen, auf welche Weise die Novizen in die sozialen Spiele der Schule hineingezogen werden und wie sie im selben Akt die hier sedimentierten Sicht- und Denkweisen inkorporieren: In Kapitel 2.2.3 wurden wiedererkennbare körperliche Haltungen als soziale Gesten beschrieben, deren Übernahme es den Novizen erlaubt, an den Spielen der Etablierten zu partizipieren. Die hier beschriebene Novizin übernimmt in mimetischen Praktiken die Haltungen ihrer Mentorin. Sie bedient sich einer Pose, die sie an den zwischen der Mentorin und den Schülern eingespielten Praktiken der kollektiven Erzeugung von Ruhe im Klassenraum teilhaben lässt. Die Schüler demonstrieren ihre Anerkennung auf unterschiedliche Weise. Die geglückte Performanz machte die Referendarin vorübergehend zu einem (an-)erkannten Mitglied der sich in diesen Praktiken formierenden Gemeinschaft – ein erster Erfolg, der sichtlich Erleichterung bei ihr auslöste. In solchen Momenten greifen die erworbenen Körpertechniken mit den Anforderungen des Feldes ineinander; es entstehen Situationen der Harmonie, die von ihr positiv empfunden werden. Die Mentorin äußert sich lobend und auch die Referendarin gibt an, dass diese Szene für Sie mit einem schönen Gefühl verbunden sei, mit dem Gefühl, etwas geschafft und bei den Schülern erreicht zu haben. Bei der Übernahme typischer Gesten zur Erzeugung von Ruhe wird es offenbar auch für die Referendarin unmittelbar erstrebenswert, die Stille im Klassenraum wortlos zu erzeugen. Mit ‚Haut und Haaren' verstrickt sie sich in die Praktiken des Unterrichts und beginnt im Sinne der bereits etablierten Spielregeln zu denken. Sie beschreibt die von ihr und anderen Referendaren zuvor ‚belächelten Praktiken' nun als sinnvoll und scheint erfreut über die erzeugte Ruhe und Konzentration im Klassenraum.

In solchen Situationen, in denen die beschriebenen körperlichen Resonanzen erzeugt werden, entstehen Momente wechselseitigen Erkennens. Die anderen Akteure beginnen, die ihnen vertrauten Ordnungen des Feldes in den Haltungen der Novizin zu identifizieren und auch die Novizin erkennt in den Reaktionen der Schüler eine Antwort auf ihr Verhalten. Das Ineinandergreifen körperlicher Bewegungen führt zur Wahrnehmung des Eigenen im Anderen und umgekehrt; dies scheint ein Gefühl von Vertrautheit zu erzeugen. Das Verschränken der Arme vor der Brust und der gleichsam unantastbare, entpersonalisierende Blick der Referendarin dienen den Schülern als Zeichen für die Herstellung der beschriebenen Unterrichtsordnung. Die Blicke der Schüler, die alle, nachdem Ruhe eingekehrt ist, auf die Referendarin gerichtet sind, dienen wiederum ihr als Zeichen dafür, nun fortfahren zu können. Die Reaktionen der Schüler verleihen dem Agieren der Referendarin in dieser Situation unmittelbar Sinnhaftigkeit. Es entstehen körperliche Praktiken, die aus sich selbst heraus Stimmigkeit und Evidenz erzeugen und quasi beiläufig die Herstellung der beschriebenen Ordnung als sinnvoll erscheinen lassen. Wesentlich sind es die nun auftretenden Resonanzen zwischen Habitus und Feld, die die Subjekte in ihren Bann ziehen:

„In der Begegnung zwischen Habitus und Feld, zwischen dem Sinn für das Spiel und dem Spiel selbst, ergeben sich die Einsätze, konstituieren sich die Ziele, die nicht ohne weiteres vorgegeben sind, sondern objektive Potentialitäten darstellen, die, obgleich außerhalb dieser Beziehung gar nicht vorhanden, innerhalb ihrer als notwendig und völlig selbstverständlich ins Auge springen. Das Spiel präsentiert sich demjenigen, den es ‚gefangennimmt' und absorbiert als ein transzendentes Universum, das seine Ziele und Normen bedingungslos durchsetzt [...]." (Bourdieu 1997a: 193 f.)

Die Novizen begeben sich nicht nur in Interaktionen mit den ihnen in diesen Praktiken zur Seite gestellten menschlichen Akteuren, sondern sie erwerben ebenso Fertigkeiten im Gebrauch der schultypischen Artefakte. Sie machen sich zu einem Teil dieses aufeinander eingespielten Kollektivs aus menschlichen und nicht-menschlichen Akteuren. Mit Maurice Merleau-Ponty (1949) beschreibt Gebauer

„die Übereinstimmung des Wahrnehmenden mit anderen Menschen und den Dingen, die in einer Situation präsent sind, als *coincidence* [...], als ein Zusammenstimmen des Menschen mit der Welt, die sich auf der Grundlage körperlichen Empfindens bildet. Zwischen der Welt und dem Subjekt bildet sich ein Gewebe, [...] ein Überkreuzen der Bezüge und Bindungen, das ein gemeinsames *chair*, Fleisch bildet, in dem alle an einer Situation Beteiligten, einschließlich der Dinge, miteinander verbunden sind." (Gebauer 2009: 166 f.)

Das Ineinandergreifen der aufeinander abgestimmten Handlungen, die aufeinander bezogene Ausrichtung der Körper und Dinge sowie das Phänomen, dass die Akteure bereits auf die Aktionen ihres Gegenübers zu warten scheinen, bevor diese tatsächlich vollzogen werden (vgl. Kapitel 2.2.2), erzeugen Formen der Evidenz, die in der Lage sind, die Subjekte vollständig einzunehmen. Die Architekturen und Dinge, die menschlichen Akteure, ihre Haltungen und Bewegungen, Kleidungs- und Sprachstile, Sitzordnungen und Verfahrensweisen sind auf bestimmte Weise miteinander verbunden, erzeugen ein feldspezifisches Weltbild und tragen Vorstellungen und Ideologien in sich. In dieses Netz eingebunden beginnen die Novizen, die Phänomene feldadäquat wahrzunehmen. „Es ist, als vergrößere der Spieler mit dem *chair* seine sinnliche Oberfläche und als entstünde so eine gemeinsame empfindende Körperlichkeit (*inter-corporéite*), die ihn mit den anderen Individuen und den Dingen verbindet." (Gebauer 2009: 166/167) Es ist, als nähme er die Ereignisse und Bedingungen durch die ihn umgebenden menschlichen und nicht-menschlichen Akteure hindurch wahr.

Betrachtet man nun die Vielfalt der unterschiedlichen Bereiche des Referendariats, so wird deutlich, dass insbesondere das ‚Training' in den unterschiedlichen Perspektivierungsräumen zur Ausbildung eines feldspezifischen Glaubens beiträgt. Das in diesen Räumen etablierte Netz aufeinander verweisender, sich gegenseitig stützender Ordnungen, erzeugt aus sich heraus Evidenz und Stimmigkeit. Das Vorfinden vergleichbarer Muster und Regelmäßigkeiten, entsprechender Vorstellungen und Ideologien in den unterschiedlichen ‚Trainingsräumen' (vgl. Resümee II) – in Seminaren, im Lehrerzimmer, in Flurgesprächen sowie im Klassenzimmer – führt zur Ausbildung einer ‚mehrperspektivischen Gewissheit'. Dies ließe sich als eine Art implizite, in die Praxis eingebundene Triangulation[86] beschreiben, die es den Akteuren zunächst erlaubt, die Ordnungen der Schule überhaupt zu erkennen und im selben Schritt als stimmig und sinnhaft zu erfahren. Auch hier erkennen sie die einmal wahrgenommenen Muster in anderen Kontexten wieder; sie wirken dann bereits vertraut und werden allmählich *selbst*verständlich. In der täglichen Einübung des Lehrer-Seins in diversen

86 Bei der Triangulation in der sozialwissenschaftlichen Forschung geht es darum, unterschiedliche Sichtweisen auf das gleiche Phänomen auszubilden bzw. verschiedene Daten zur Erforschung eines Phänomens zu wählen, um die Schwächen oder ‚blinden Flecken' der einzelnen Zugänge wechselseitig ausgleichen zu können. Auf diese Weise soll eine höhere Validität gewährleistet werden. In ähnlicher Weise begeben sich auch die Novizen in unterschiedliche Perspektivierungsräume und bedienen sich in bestimmter Hinsicht auch unterschiedlicher Methoden – Narrationspraktiken, mimetische Praktiken oder die Auseinandersetzung mit den Dingen des Feldes – um die schulischen Bedingungen zu erfassen.

'Trainingsräumen' bilden sie feldspezifische Wahrnehmungs- und Denkweisen aus. Mit der Einverleibung der Bedingungen des Feldes geht, so lässt sich im Anschluss an Bourdieu (1999: 126) formulieren, die Ausbildung eines praktischen Glaubens an die Ordnungen, Hierarchien und impliziten Regeln des Spiels einher. Die Gewöhnung der Körper an die Ordnungen schulischer Praxis lässt sich im Sinne Bourdieus als „heimliche Überredung durch eine stille Pädagogik" (ebd.: 128) beschreiben, in der auch bestimmte Bilder und organisationsstimmige Vorstellungen transportiert werden. Folgt man diesem Gedanken, so bilden die Akteure bei der Übernahme schulischer Gesten eine Akzeptanz der bestehenden Ordnungen aus und erleben die hier vollzogenen 'Spielweisen' allmählich als sinnvoll und plausibel. Indem sie sich in lehrertypischen Haltungen in die Organisation einbringen, partizipieren sie praktisch an ihren Abläufen und lernen, adäquat auf ihre komplexen, oftmals widersprüchlichen Anforderungen zu reagieren. Ein wesentliches Merkmal dieser subtilen Formen körperlicher Gewöhnung ist – so Bourdieu – der Effekt, dass die Antinomien der Praxis sowie die Distanz zum eigenen Handeln im körperlichen Vollzug oftmals aufgelöst werden (vgl. ebd.: 93). Wenn alles passt, wenn das Verhalten der Novizen auf Resonanz stößt, greifen die Handlungen der Beteiligten ineinander und es entstehen Momente des Spielflusses, die von den Akteuren augenscheinlich unmittelbar als sinnvoll erfahren werden (vgl. ebd.: 123). So wie ein Fußballspieler im Vollzug eines Doppelpasses den Sinn des Fußballspiels kaum grundsätzlich in Frage stellt – er wäre dann nicht spielfähig – scheint auch der kritische Blick der Referendare auf die Ordnungen des Unterrichts umso mehr zu verblassen, je erfolgreicher – im Sinne der in diesem Feld etablierten Sicht – sie in diesen agieren. Durch das wiederholte und vielschichtige Einschreiben der hier etablierten Ordnungen in die Körper der Novizen werden bestimmte Verhaltens-, Denk- und Wahrnehmungsweisen permanent gefestigt, während andere Bereiche ihres Habitus ins Hintertreffen geraten können (vgl. Bourdieu 2001: 206).

Es wird deutlich, dass der Körper als Medium der Adaptation neuer Ordnungen fungiert; über ihn finden die Novizen Zugang zu den ihnen unbekannten Spielen. Über die sukzessive Einbindung der Körper in die sozialen Spiele der Schule werden die Novizen an die tradierten Ordnungen herangeführt. Besonders die Einbindung der Körper erschwert es den Novizen, Distanz zu den hier materialisierten und verkörperten Vorstellungen zu halten, denn „was der Leib gelernt hat, das hat man nicht, wie ein wiederbetrachtbares Wissen, sondern das ist man" (Bourdieu 1987: 135). „Zu unseren Gewißheiten gehört wesentlich, daß wir uns unseres Körpers sicher sind." (Gebauer 2009: 160) Der „unumstößliche[...] Glauben an die Beschaffenheit unseres Körpers und der Spiele, in denen er verwendet wird" (ebd.), führt zur Anerkennung der Ordnungen, in die sich dieser Körper allmählich verstrickt. Die sich dergestalt vollziehende Annäherung an die Praktiken des Feldes bringt Subjekte hervor, die sich allmählich in die Spiele hineinziehen lassen und die die Strebungen, Ziele und Werte des Feldes im Zuge der Übernahme der feldspezifischen Haltungen in sich aufnehmen. Durch die erfolgreiche Übernahme von Körpertechniken und die Einbindung in die Praktiken des Feldes verlieren die Referendare zunehmend ihre Distanz zur Organisation und damit den kritischen Blick für deren Ordnungen. Sie brauchen die Ordnungen und Ideale der Schule nicht rational zu erfassen und wissentlich zu befolgen, um sich ihnen dennoch zu fügen: Sie erwerben deren Struktur im praktischen Vollzug. Zumal der Körper aus dieser Perspektive immer schon handelt, bevor der Kopf die Situation erfasst, erscheinen die den Akteuren hier entgegentretenden Ordnungen nicht nur evident, sondern bereits auf besondere Weise vertraut. „In diesem Prozeß stellt sich eine Identifikation mit der Institution her, deren Ansprüche und Geltung durch den Vollzug der Gesten jedesmal bestätigt werden." (Gebauer/Wulf 1998: 97) Es festigt sich ein verkörperter Glaube an die Bedingungen und Strebungen der Organisation Schule, der maßgeblich durch eine körperliche Verstrickung mit den hier etablierten Ordnungen in unterschiedlichen, einander zugehörigen Trainingsräumen erworben wird.

2.3.3 Der Lehrer als Verkehrszeichen

Schwerpunkt dieser Arbeit sind Praktiken der Subjektivierung in der zweiten Phase der Lehrerbildung; es geht um die Frage danach, wie Lehramtsanwärter zu Lehrern werden. In diesem Zusammenhang wird die Subjektform des Lehrers an vielen Stellen in Ausschnitten skizziert: Anerkannte Verhaltensweisen und Gesten werden ebenso beschrieben wie die von Lehrern zu beherrschenden Körpertechniken. Es werden auch Eigenschaften erwähnt, die im Setting der Schule nicht anerkannt sind. Darüber hinaus wird die relationale Subjektposition des Anwärters, insbesondere seine Positionierung gegenüber den Schülern, an mehreren Beispielen beschrieben (vgl. Resümee I). Eine Beschreibung der im Rahmen meiner Forschung von den Referendaren angestrebten Subjektform des Lehrers kann nicht umfassend erfolgen, jedoch möchte ich meinen Blick auf einen, in zahlreichen Situationen wiederkehrenden, Aspekt richten, der von Beginn an auffällig und in besonderer Weise charakteristisch für die hier ausgebildeten Lehrersubjekte war.

Betrachtet man die Prozesse, innerhalb derer sich die Novizen zu tragenden Subjekten der Schule machen, als Übernahme von Bewegungsordnungen, lässt sich die Frage anschließen, welche relationalen Subjektpositionen innerhalb dieser Ordnungen indirekt durchgesetzt werden. Konkreter möchte ich folgend betrachten, wie die Subjektpositionen des Lehrers und des Schülers in den hier beobachteten Situationen relational zueinander positioniert werden bzw. wie sich die Subjekte wechselseitig positionieren. Hierzu werde ich rückblickend einige der bereits beschriebenen Szenen erneut aufgreifen und auf die hier praktisch hergestellten Relationen eingehen: Die im Kapitel 2.2.3 beschriebenen (Körper-)Haltungen im Umgang mit ‚Unterrichtsstörungen' sind als wiederkehrende Bewegungsabläufe beschreibbar. In nahezu jeder Stunde entstehen Situationen, in denen die Lehrkraft Ruhe und eine bestimmte Unterrichtsordnung durchsetzt. Im oben bereits beschriebenen Umgang mit ‚Ruhestörungen' scheint die Lehrkraft schrittweise zu ‚versteinern'. Sie lässt sich nicht mehr von den Schülern ansprechen und scheint sich dem Geschehen zuletzt vollständig zu entziehen. Sie wird gleichsam durch das Vorbild ihrer Mentorin und durch die Reaktionen der Schüler in Position gebracht. Zur Erzeugung von Ruhe nimmt sie vor der Tafel eine bestimmte Haltung ein und positioniert sich mit vor der Brust verschränkten Armen vor den Schülern. Es entsteht eine Situation kollektiver Anspannung, in der die Schüler anfangen, sich gegenseitig zu ermahnen. In diesem Prozess transformiert sich die lebendige Lehrperson temporär in eine erstarrte Machtpose und fungiert für kurze Zeit ausschließlich als verkörpertes und unbestechliches Zeichen für die Schüler. Ebenso wie kein Verkehrsteilnehmer auf die Idee kommen würde, ein Stoppschild zu bestechen, ergeben sich auch die Schüler und fügen sich der dergestalt eingeforderten Ordnung.

Die zweite Szene, die ich in diesem Zusammenhang erneut aufgreifen möchte, ist die im Kapitel 2.2.2.2 beschriebene Initiierung eines Unterrichtsphasenwechsels, der am Beispiel des feldspezifischen Umgangs mit dem Glockenspiel beschrieben wurde. Es wurde gezeigt, wie voraussetzungszungsvoll der Einsatz des scheinbar so einfach zu bedienenden Instruments ist. Seine situativ angemessene Verwendung – die Erzeugung des richtigen Klangvolumens zum richtigen Zeitpunkt – führte schließlich zu einer besonderen Aufführung: Ohne weitere direkte verbale Aufforderungen der Lehrkraft beendeten die Schüler allmählich ihre Aufgaben, verstauten ihre Materialien minutenlang an den dafür vorgesehenen Orten und kamen schließlich, einer nach dem anderen, jeder auf seinem Platz zur Ruhe. Wie auch schon im vorherigen Beispiel wird hier der Wechsel in eine bestimmte Unterrichtsordnung quasi wortlos, hier in Form eines akustischen Signals, durchgesetzt.

Diese Szenen lassen sich einer Gruppe weiterer strukturähnlicher Praktiken zuordnen, deren Ähnlichkeit vor allem in ihrer Sprachlosigkeit, ihrer Effizienz und in der spezifischen Position, die die Lehrperson gegenüber den Schülern einnimmt, liegt. So wird beispielsweise von der Lehrerin auch nicht mündlich angekündigt, welche Unterrichtsphase als nächstes folgen wird. Stattdessen hält die Schule eine ganze Sammlung von Magnetschildern bereit, deren Abbildungen unterschiedliche Aufforderungen in sich tragen: Hängt die Lehrerin die Abbildung zweier flüsternder Kinder an die Tafel, so gilt dies beispielsweise als Zeichen für die anstehende Partnerarbeit. Die Abbildungen einer Banane, eines Brotes, einer Pausenmilch und eines Apfels verkünden den Schülern hingegen, dass die Frühstückspause demnächst beginnen soll. Die Abbildung eines an den Mund geführten, ausgestreckten Zeigefingers verweist auf die folgende Stillarbeit.

Der Einsatz dieser Zeichen sowie die Geste zur Herstellung von Ruhe im Klassenraum und die akustische Initiierung eines Unterrichtsphasenwechsels weisen einen wesentlichen Unterschied zu konkreten verbalen Aufforderungen auf: In all diesen Praktiken wird den Schülern ein bestimmtes – wenn auch nur sehr geringes – Maß an ‚Freiheit' eingeräumt, das es ihnen ermöglicht und sie dazu verpflichtet, selbst zu entscheiden, wann genau sie sich hinsetzen, ob sie noch für kurze Zeit in ihren Tornistern kramen oder noch einmal zum Mülleimer laufen, bevor sie sich schließlich in die durch Zeichen vermittelten Ordnungen begeben. Sie werden angehalten, selbst Initiative zum Handeln nach den ihnen bekannten Regeln zu ergreifen. Schilder, körperliche Gesten und akustische Signale lassen sich aus dieser Sicht als entpersonalisierte Verkehrszeichen des Unterrichts beschreiben, die – obgleich sie nicht nur durch den Lehrkörper eingesetzt, sondern schließlich sogar durch ihn verkörpert werden – auf besondere Weise losgelöst von der Person des Lehrers ihre Wirkung zeigen.

Ich verstehe diese Praktiken als subtile Übergänge und als Vorbereitung der Schüler auf sogenannte ‚offene' Unterrichtsformen, in denen Schülern vermehrt Handlungsspielräume eröffnet werden sollen. Unter den Aspekten der Offenheit, Freiheit und Eigenverantwortlichkeit wird vor allem im Unterricht der dritten und vierten Klassen in ‚Freiarbeit', ‚Teamarbeit' oder nach sogenannten ‚Wochenplänen' gearbeitet.[87] Das führende Lehrersubjekt verschwindet in diesen Unterrichtsformen, „um als Projektberater oder Evaluationsmanager wieder aufzuerstehen" (Pongratz 2004: 256). Die minutiöse Kontrolle der Handlungen und die direkte Einwirkung auf die Schüler werden durch eine neue Form der Führung abgelöst. Durch die sukzessive Zurücknahme verbaler Anweisungen und den verstärkten Einsatz organisationsspezifischer Zeichen werden die Schüler systematisch auf diese Umgangsformen vorbereitet. Wurden in der „alten Lern und Drillschule" (ebd.: 252) noch Tugenden wie Ordnung, Pünktlichkeit, Gehorsam oder die korrekte Körperhaltung beim Schreiben unter direkter Führung des Lehrers, teilweise in unmittelbarem Körperkontakt, eingeübt, so werden in den hier beobachteten Praktiken erste Grundsteine für unternehmerische Tugenden wie Eigenverantwortung, Flexibilität und Selbststeuerung gelegt (vgl. Bröckling 2007). Es zeichnet sich ein Übergang „zu dynamischeren, innengeleiteten Arbeitsformen" (Pongratz 2004: 252) ab, die darauf abzielen, „möglichst früh Fremd- in Selbstregulierung zu überführen" (ebd.).

Im Prozess der zeicheninduzierten Übernahme körperlicher Positionen und Haltungen werden mithin bestimmte Führungs- und Selbstführungstechniken im Unterricht installiert. In dieser kaum merklichen Autonomisierung der Schüler, in ihrer Entbindung von direkten Anweisungen und Befehlen, wird auf Dauer ein viel effektiverer Zugriff auf sie möglich. Es handelt sich um eine Form des Klassenmanagements, um eine beginnende Effektivierung organisationsspezifischer Prozesse, die deshalb so stabil und effizient sind, weil sie die Verantwortung für die Erfüllung schulischer Regeln auf die Schüler selbst übertragen. Nach und nach übernehmen diese die Initiative und fordern in den beschriebenen Beispielen schließlich von sich aus Ruhe und Ordnung von ihren Mitschülern ein. Ich habe zu zeigen

87 Siehe zu diesen Formen des Unterrichts auch Jürgens (2002).

versucht, wie über die Einübung organisationsspezifischer Bewegungsordnungen im Setting der Schule bestimmte Führungsformen installiert werden, in denen die Schüler systematisch zu Eigeninitiative und Selbstführung aufgefordert werden. Es bedarf spezifisch trainierter (Lehr-)Körper, die diese Strategien in der Organisation Schule zu verlebendigen in der Lage sind. Das auf den ersten Blick evident erscheinende Bild von führenden Lehrer- und geführten Schülersubjekten in den Klassenräumen gerät aus dieser Perspektive ins Wanken: Es sind die in der Schule eingespielten Praktiken, die ihre Subjekte formen und positionieren. Die Tatsache, dass jedem Novizen – seien es Schüler oder Lehrer – immer schon alteingesessene, an die tradierten Ordnungen gewöhnte Akteure, zur Seite gestellt werden, gewährleistet die Subjektivierung in etablierten Formen. Die Novizen avancieren über die Formung ihrer Körper zu anerkannten Zeichen der Organisation Schule und fungieren in diesem spezifischen Setting als Medium der Führung von Selbstführungen.

2.3.4 ÜBERNAHME UND MODIFIKATION

Wer es geschafft hat, in etablierten Formen zu agieren, macht sich für die Akteure der Schule erkennbar und wird zugleich unauffällig in diesem Setting (vgl. Kapitel 2.3.1). Die Novizen entziehen sich den Blicken und der Kontrolle durch Kollegen und Schüler in dem Maß, in dem sie sich den eingespielten Ordnungen der Schule ähnlich machen. Wenn der Unterricht der Referendare im Sinne der Mentoren ‚läuft', nehmen diese nur noch selten am Unterricht der Novizen teil; diese tragen dann allein die Verantwortung für ihre Stunden.[88] Während einige Referendare noch sehr häufig begleitet werden bzw. sogar für den Zeitraum des ersten halben Jahres „doppelt gesteckt"[89] werden, unterrichten andere bereits nach kurzer Zeit eigen-

88 Von diesem Zeitpunkt an planen und unterrichten die Referendare selbstständig. Die Mentoren stehen weiterhin beratend zur Verfügung, besuchen den Unterricht der Referendare aber nur noch selten. Fortan werden die Referendare nur noch im Rahmen der Unterrichtsbesuche ihrer Seminarleiter kontrolliert.

89 In der Schule wird mit dem Begriff des „doppelt Steckens" der planmäßige zeitgleiche Einsatz zweier Lehrkräfte im Unterricht einer Klasse bezeichnet. Dies ist

verantwortlich. In Abwesenheit von Mentoren und Seminarleitern müssen die Novizen von nun an mit Konflikten, Schwierigkeiten oder Unklarheiten im Unterricht alleine zurechtkommen; es sitzt dann niemand mehr für die Beantwortung eventueller Nachfragen in der Klasse und auch Probleme mit einzelnen Schülern müssen die Anwärter von diesem Zeitpunkt an ohne die Hilfe ihrer Mentoren bewältigen. Es zeigte sich jedoch, dass den Referendaren im Rahmen des eigenverantwortlichen Unterrichts innerhalb bestimmter Grenzen auch größere Spielräume eröffnet werden. Sie erhalten die Möglichkeit, erworbene Fähigkeiten zu erproben, ohne von Mentoren oder Seminarleitern beobachtet zu werden. Nur vorsichtig wagen sie es, sich auszutesten und etwas auszuprobieren, da zu große Abweichungen und Besonderheiten schnell über die Schüler auch den Kollegen und Eltern mitgeteilt werden. (vgl. Kapitel 2.2.4.1) Die Referendare gehen mit den nun auftretenden Spielräumen sehr unterschiedlich um: einige nutzen sie sehr souverän, andere scheinen hiermit überfordert zu sein. Sie halten sich sehr genau an eingeschliffene Verhaltensmuster und versuchen dadurch, Sicherheit zu erlangen.

Ich möchte folgend das Verhalten zweier Referendarinnen gegenüberstellen, die im Rahmen meiner Forschung den größten Kontrast im Hinblick auf den Umgang mit den ihnen hier zur Verfügung stehenden Freiräumen aufweisen.[90] Obgleich die beiden Anwärterinnen das Referendariat erfolgreich absolvierten, unterschieden sich ihre Einstellungen zur Schule, die Art und Weise, wie sie den ihnen hier entgegentretenden Anforderungen begegneten und ihr Zugang zu den hier etablierten Praktiken deutlich.

---

insbesondere für die Einarbeitung der Referendare vorgesehen, wird aber auch in Förderklassen mit besonders ‚auffälligen' Schülern von bereits erfahrenen Lehrkräften praktiziert.

90 Im Rahmen dieser Forschung konnten im Voraus keine im Hinblick auf soziale Herkunft, Geschlecht oder andere Parameter kontrastierenden Fälle ausgesucht werden, da nur die Referendare begleitet wurden, die sich freiwillig hierfür gemeldet hatten. Obgleich alle begleiteten Referendare ihre Ausbildung erfolgreich absolvierten, waren doch deutliche Unterschiede in der Art und Weise zu erkennen, *wie* sich die Novizen zu einem Teil der schulischen Gemeinschaft machten und inwiefern sie bestrebt waren, eigene Vorstellungen gegen die etablierten Verfahrensweisen durchzusetzen.

Referendarin 1

Die erste Referendarin bezeichnet den Beruf der Lehrerin als ihren Traumberuf, da sie sehr gerne mit Kindern arbeite und in diesem Beruf optimale Bedingungen vorfinde, um später sowohl die Versorgung ihrer eigenen Familie als auch das Geldverdienen kombinieren zu können. Nach dem Abschluss des Abiturs entschied sie sich, Grundschullehramt zu studieren – obwohl ihre „beiden besten Freundinnen" zur selben Zeit eine Erzieherinnenausbildung begonnen hatten – da sie gerne mehr Geld verdienen wollte und sich nicht vorstellen konnte, auf Dauer mit Kindern im Kindergartenalter zu arbeiten. In den Seminarsitzungen zieht sie insbesondere durch ihre Fragen zu konkreten Situationen des Unterrichts die kritischen Blicke der anderen Referendare auch noch im dritten Semester ihrer Ausbildung auf sich und positioniert sich immer wieder als Hilfesuchende. Sie schreibt akribisch alle Hinweise ihrer Mentorin auf. Ihre Aufzeichnungen während der Seminare umfassen zumeist drei bis vier dicht beschriebene DIN A4-Seiten. Sie erwähnt, dass sie auch zu Hause fast jeden Tag den eigenen Unterricht und auch Seminarsitzungen nachbereite. Regelmäßig tauchen dabei für sie Fragen zum Unterricht oder zu bestimmten Themen der Seminare auf, die sie am Anfang der Seminarsitzungen mit der Seminarleiterin zu klären versucht. Sie betont zu Beginn der Ausbildung mehrfach, dass sie sich noch nicht vorstellen könne, ohne „Begleitperson" zu unterrichten.

„Ich weiß wirklich nicht, wie ich das alles machen soll. Ich hab voll Schiss, dass die mir die ganze Zeit auf der Nase rumtanzen. […] Die nehmen mich irgendwie noch gar nicht so ernst, hab ich das Gefühl. Ich kenne mich auch mit dem Thema gar nicht so gut aus."

Im Unterricht ohne die Anwesenheit ihrer Mentorin ist sie bis zum Ende ihrer Ausbildung relativ nervös. Sie hält sich strikt an den oftmals mit ihrer Mentorin zuvor abgesprochenen Unterrichtsverlauf und ist darauf bedacht, die von ihr notierten, in dieser Klasse üblichen Rituale und Zeichen einzusetzen. Jedoch hat sie auch am Ende des zweiten Semesters noch Probleme damit, in für die Schüler eindeutig erkennbaren Formen zu agieren; dies versucht sie über verbale Erklärungen auszugleichen. Regelmäßig hospitiert sie auch im dritten Semester noch im Unterricht ihrer Mentorin, obwohl ihr dies freigestellt wird. Auf meine Frage, warum sie dies eigentlich mache, antwortet sie, dass es erstens praktisch sei, weil man für den eigenen Unterricht viele Anregungen und Tipps bekäme, weil sie zweitens anschließend oft die Materialien von der Mentorin kopieren dürfe, weil sie es drittens spannend fände, die Schüler auch in anderen Fächern zu sehen und weil es viertens einen guten Eindruck bei den Seminarleitern und der Mentorin hinterlasse. Sie selbst unterrichtet überwiegend in ‚geordnetem' Frontalunterricht oder Einzelarbeit und wagt sich nur ungern an Gruppenarbeiten, weil diese für sie so unübersichtlich seien.

„Ich weiß ja, dass wir auch viel Stationsarbeit und so was machen sollen und ich finde das ja auch eigentlich richtig gut. Die lernen da ja auch nochmal ganz andere Kompetenzen, das weiß ich ja auch... und wenn ich das bei anderen sehe, finde ich das gut... aber ich krieg' da irgendwie die Krise, wenn alle da so hin- und herlaufen. Ich weiß dann gar nicht mehr, wer wie weit ist und dann ist das immer so laut und so unübersichtlich. Das kann ich gar nicht ab. [...] Wenn [Name der Mentorin Gestrichen] dabei ist, also wenn eine Begleitperson dabei ist, dann geht das ja. Dann kann sie auch mitgucken und mir vielleicht Hinweise geben, aber alleine klappt das irgendwie nicht so gut... Da mache ich das lieber einfacher."

Die umfassenden Konzeptpapiere, die ihr als Denkstützen für die Durchführung des Unterrichts dienen, legt sie auch während des eigenverantwortlichen Unterrichts in Abwesenheit der Mentorin selten aus der Hand. Passiert etwas Unvorhergesehenes, wie bspw. in einer Situation, in der sie die Arbeitsbögen für die Schüler im Auto vergessen hatte, reagiert sie hilflos und nervös; sie fragt einen der beiden anwesenden Forscher, nachdem sie mehrere Minuten im Buch nach ähnlichen Aufgaben gesucht hat, ob dieser die Arbeitsbögen aus dem Auto holen könne.

Sie schreibt Arbeitsaufträge regelmäßig auf die Innenseite des aufklappbaren linken Flügels der Tafel und achtet dabei sehr auf Lesbarkeit und Verständlichkeit.

„Ich versuche das immer ganz transparent zu machen. Die Schüler wissen bei mir immer, wo was steht und was sie machen sollen. Ich achte da immer sehr drauf, weil, wenn ich mir das so bei anderen angucke, dann wissen die ja... ich meine die Schüler wissen dann ja oft gar nicht, was sie machen sollen. Ich lass' die auch immer alles ins Hausaufgabenheft schreiben."

Die Referendarin arbeitet in ihrem Deutschunterricht überwiegend mit den in dieser Klasse bekannten Übungs- und Schreibheften. Die meisten ihrer Stunden folgen einem bestimmten Schema: Zu Beginn werden die Hausaufgaben verglichen, indem sie einzelne Schüler vorlesen lässt. Vergisst ein Schüler die Hausaufgaben zu machen, notiert sie dies in ihrem bereitgelegten Heft; die nachträgliche Kontrolle am nächsten Tag vergisst sie nie. In einer zweiten Phase erklärt sie die in dieser Stunde zu bearbeitende Aufgabe und schreibt diese zusätzlich ggf. mit entsprechender Seitenzahl an die Tafel. Einen Großteil der Stunde verbringen die Schüler anschließend mit dem Bearbeiten dieser Aufgaben. Oft handelt es sich um Lückentexte, um Fragen zu einer kurzen Geschichte oder um die Zuordnung von unterschiedlichen Satzbausteinen. Während der Bearbeitungsphase geht die Referendarin zwischen den Schülern hin und her, beantwortet Fragen zu den Aufgaben und sieht sich die Arbeiten an. Nach Ablauf der vorgesehenen Zeit werden die Aufgaben dann gemeinsam verglichen; wenn es machbar ist, versucht die Referendarin die Ergebnisse an der Tafel festzuhalten. Die Hausaufgaben werden zum Ende der Stunde von ihr auf die Hinterseite des rechten Tafelflügels geschrieben. Sie vergewissert sich regelmäßig, ob die Schüler diese in ihr Hausaufgabenheft übertragen.

Sie hat ein System aufeinander aufbauender Sanktionsmaßnahmen von ihrer Mentorin übernommen, das sie in dieser Klasse konsequent zum Einsatz bringt, sobald einzelne Schüler für sie zu laut sind oder nicht wie vorgesehen mitarbeiten. Unter anderem setzt sie den sogenannten ‚Geduldsfaden' ein: Wenn ein Schüler sich aus ihrer Sicht störend verhält, beginnt sie langsam, einen Strich vom oberen Rand der Tafel ausgehend nach unten zu ziehen. Der oder die mit diesem Akt adressierten Schüler erkennen dies zumeist augenblicklich. Beachten sie die Referendarin nicht, räuspert sich diese auffällig, bis die Schüler sie bemerken. Sobald die ‚Störung' behoben wird, hört sie mit dem Anzeichnen des Strichs auf. Beim Eintritt der nächsten ‚Störung' setzt sie den Strich fort; ist dieser innerhalb einer Stunde am unteren Rand der Tafel angelangt, ‚reißt der Geduldsfaden' und die entsprechenden Schüler erhalten eine ‚Zusatzarbeit'. Schließlich notiert sie die Namen der Schüler, die eine Strafarbeit machen müssen, auf einem kleinen Kärtchen und heftet dieses mit einer Büroklammer an einen Faden, der offen sichtbar an einem der Regale hängt. Am Ende des Monats ist so für alle erkennbar, wie viele Strafarbeiten jeder einzelne Schüler machen musste. Dies teilt die Referendarin dann in monatlichen Elternbriefen den Erziehungsberechtigten mit. Auch diese ‚Methode' hat sie im Unterricht ihrer Mentorin kennengelernt. Sie übernimmt nicht nur ‚Methoden' oder Noten- und Anwesenheitstabellen von ihr, die bereits bestimmte Kategorien wie „mündliche Beteiligung" und „Betragen", beinhalten, sondern sie verwendet auch viele der Unterrichtsmaterialien. In einem Reflexionsgespräch über eine ihrer Vorführstunden, die nach dem beschriebenen Schema verlief, äußert sie, dass sie inzwischen eigentlich ganz zufrieden sei und dass sie für sich ihren Weg inzwischen gefunden habe. Sie habe den Eindruck, dass auch die Schüler ganz konzentriert arbeiten würden. Es gebe immer eine klare Linie in ihrem Unterricht und den Schülern sei auch bekannt, welche Konsequenzen es habe, wenn sie nicht mitmachten. In der Niederschrift zu ihrem letzten besonderen Unterrichtsbesuch vor der Staatsexamensprüfung[91] tragen die Haupt- und Fachseminarleiter unter der Rubrik „Vorzüge" ein, dass sie „strukturiert arbeite", ein „gutes Zeitmanagement" habe und darüber hinaus „funktionale Tafelbilder" anfertige. Unter der Rubrik „Hinweise" vermerken sie, dass die „Bindung zu den Schülern" ausgebaut werden müsse, dass sie zukünftig „eine Differenzierung der Schülermaterialien" vornehmen und die „Kommunikation zwischen den Schülern fördern" müsse. Die ebenfalls anwesende Mentorin war nach eigenen Aussagen „vollauf zufrieden" mit dem Unterricht ‚ihrer' Referendarin.

Referendarin 2

Die zweite Referendarin, die ich in diesem Zusammenhang noch einmal rückblickend beschreiben möchte, gibt im Rahmen eines Interviews an, eigentlich gar nicht dauerhaft Lehrerin sein zu wollen, da sie viel mehr Lust habe, etwas mit Sprache zu machen. Sie sei sich nicht sicher, aber Überset-

91 Während der Unterrichtsbesuche werden Protokolle über den Verlauf des Unterrichts und der anschließenden mündlichen Prüfung (Reflexionsgespräch) geführt. Diese Protokolle bestehen aus einem vorgefertigten Kopf, in den die Namen der anwesenden Prüfer, Lehrer und der Referendarin eingetragen werden. Dann werden unter der Überschrift „Besprechung des Unterrichts" Stichpunkte zum Reflexionsgespräch über die Stunde vermerkt. Zuletzt werden „Vorzüge" und „Hinweise" ebenfalls in Stichpunkten festgehalten. Einige dieser Protokolle wurden mir von den Referendarinnen zur Verfügung gestellt.

zungen würden ihr sehr viel Spaß machen oder vielleicht das Konzipieren englischsprachiger Schulbücher. Sie habe auch darüber nachgedacht, im Anschluss an das Referendariat im Bereich der Englisch-Didaktik zu promovieren. Sie ist von Beginn an im Feld der Schule deutlich selbstsicherer als die zuerst beschriebene Referendarin. Sie unterrichtet in einzelnen Unterrichtsphasen bereits in der zweiten Woche des Referendariats und scheint mit Kritiken und Hinweisen ihrer Mentorin deutlich lockerer umzugehen. Schnell gelingt es ihr, in den eingespielten Ordnungen der Klasse zu agieren. Umso verwunderlicher ist es, dass ihre ersten eigenverantwortlichen Stunden schließlich sehr ‚chaotisch' verlaufen. Sie sind durch ein Testen und Austarieren der Grenzen von Seiten der Schüler wie der Referendarin gekennzeichnet. Mit Missverständnissen oder Problemen geht die Referendarin jedoch spielerischer um als noch unter Aufsicht der Mentorin; ihr Verhalten ist verglichen mit ihren Unterrichtsversuchen in seinem Beisein relativ ‚locker'. So setzt sie sich zum Vorlesen einer Geschichte auf das Pult, lässt die Beine baumeln und wirkt weniger distanziert im Umgang mit den Schülern. Dies zeigt sich auch an ihrer Sprache: Diese wird zunehmend distanzloser, sie verwendet gegenüber den Schülern freundlich gemeinte Anreden wie „du Quatschkopf" und lässt ironische Bemerkungen einfließen, die die Schüler allerdings nur selten verstehen. Ihre Unterrichtsvorbereitungen sind weiterhin sehr umfangreich, sie verwendet bspw. viel Zeit auf das Herstellen von eigenem Unterrichtsmaterial, jedoch hält sie das minutiöse Planen der einzelnen Phasen für unangebracht. Oftmals nehmen ihre Stunden einen völlig anderen Verlauf als geplant; spontan weitet sie bspw. in einem Fall den für eine Viertelstunde vorgesehenen Morgenkreis, in dem die Schüler ihre Erlebnisse des Wochenendes mitteilen dürfen, auf die gesamte Unterrichtsstunde aus und weicht somit vollständig von ihren Plänen ab. Darüber hinaus findet sie einen eigenen Umgang mit bestimmten Paragraphen der Schulordnung: Zwar erlaubt sie den Schülern das untersagte Tragen von Basecaps im Unterricht nicht explizit, jedoch sanktioniert sie dieses auch nicht, so dass Schüler mit Schirmmützen für mehrere Monate zum alltäglichen Bild ihres Unterrichts gehören.

„Ich weiß, dass das nicht so ganz ok ist, aber mir ist das wirklich zu blöd, denen zu verbieten, diese Mützen aufzusetzen. Ich finde man sollte tragen dürfen, was man will. Ich lass mir doch auch nicht vorschreiben, was ich anziehen darf und was nicht. Das gehört doch auch zur Identität."

Im Vergleich zum Unterricht ihrer Mentorin hat sie mehrere neue Regeln in den von ihr unterrichteten Klassen eingeführt. Die Schüler dürfen bei ihr während des Unterrichts, ohne zu fragen, zum Waschbecken gehen und etwas trinken. Des Weiteren hat sie einen von ihr so benannten ‚Ausruh-Tisch' in der hinteren Ecke des Klassenzimmers eingerichtet, an den sich einzelne Schüler zurückziehen dürfen, wenn sie zu müde sind, um dem Unterricht folgen zu können; sie nutzt diesen Tisch darüber hinaus, um ‚sehr unruhigen' Schülern für kurze Zeit eine ‚Auszeit' zu gewähren. Mit den ‚Verwarnungskarten'[92] ihre Mentorin arbeitet sie nicht.

„Ich finde das irgendwie eine Art für mich, damit umzugehen, die irgendwie doch besser ist, als wenn man immer nur am Bestrafen und Maßregeln ist. Mit dem Tisch wirkt das so, als wenn ich denen ja vielleicht sogar einen Gefallen tue. Die sind ja auch wirklich manchmal richtig müde. Die haben doch den ganzen Tag Unterricht, müssen morgens um halb sieben aufstehen… ich verstehe das schon, dass die kaputt sind und auch mal Quatsch machen. Dann setzen die sich für zehn Minuten da hin, malen was und dann kommen die ja auch von selbst wieder. Das klappt inzwischen echt gut. Am Anfang wollten da natürlich dann alle sitzen, aber die haben eigentlich ganz gut kapiert, wofür der Tisch da ist."

Die Funktion dieses Tisches erklärt sie den Schülern ausführlich mithilfe von Beispielen. Sie gibt vor, dass man sich dort hinsetzen solle, wenn man zu müde sei oder wenn man vielleicht wütend oder traurig sei und für kurze Zeit seine Ruhe brauche. Ebenfalls erwähnt sie, dass die Schüler, sobald sie wieder Kraft getankt hätten, wieder auf ihre Plätze zurückkehren sollten, um wieder mit neuer Energie weiterzuarbeiten. Sie vergleicht dies im Rahmen ihrer Erklärung mit der den Schülern bekannten Freiarbeit und weist darauf hin, dass sie da ja auch selbst bestimmen, wann sie Pause machen und wann sie arbeiten und dass es in diesen Situationen ja auch funktioniere. Immer wieder bezieht sie sich in den folgenden Stunden auf den ‚Ausruh-Tisch', und nutzt konkrete Situationen, in denen sie einzelne Schüler,

---

92 Die Mentorin hat eine gelbe und eine rote Karte in ihrem Pult. In Anlehnung an die Verwendung dieser Karten im Fußball gilt die gelbe Karte als Verwarnung für Schüler, die die vorgesehene Ordnung stören. Zeigt der Mentor einem Schüler dann die rote Karte, so ist dies mit einer ‚Strafarbeit' verbunden.

die müde wirken oder sehr unruhig sind, als Beispiel nimmt, um die Funktionen des Tisches situativ zu demonstrieren.

In Phasen zu großer Unruhe greift sie regelmäßig auf die von ihrer Mentorin abgeschaute und im Kapitel 2.2.3. beschriebene Geste zurück. Die Schüler wissen dann, was zu tun ist und begeben sich allmählich in die gewünschte Ordnung. Ebenso führt sie akribisch Buch über nicht gemachte Hausaufgaben und erbrachte Leistungen und beschreibt die Tipps ihrer Mentorin diesbezüglich als gewinnbringend:

„Da hab ich viel von ihr gelernt. Das konnte ich auch nicht – eigentlich bin ich da gar kein Typ für, aber es ist echt wichtig, sich die ganzen Sachen zu notieren, weil die sonst auch enttäuscht sind. […] Zum Beispiel, wenn du jemandem Hausaufgaben aufgibst und die dann nicht nachguckst, kann das für die ja auch voll enttäuschend sein. Auch mit Strafarbeiten: Wenn man so was aufgibt, muss man das sich auch aufschreiben und nachgucken. Die merken das schon, was du für ein Typ bist, ob du da genau bist oder nicht und dann werden die sonst eben auch schludrig. Nee, das ist schon echt wichtig und da kann man von ihr viel lernen."

In der Niederschrift zu ihrem ersten besonderen Unterrichtsbesuch tragen die Haupt- und Fachseminarleiter unter der Rubrik „Vorzüge" ein, dass ihre „Arbeitsmaterialien funktional" seien und bemerken eine „gute Lehrer-Schüler-Bindung". Unter der Rubrik „Hinweise" wurde vermerkt, dass sie auf die „Einhaltung der Unterrichtsphasen" achten und dass sie „eindeutigere Regeln einführen" müsse. Darüber hinaus solle sie darauf achten, keine umgangssprachlichen Formulierungen zu benutzen. Es wurde hervorgehoben, dass sie es versäumt habe, zwei Schüler darauf hinzuweisen, ihre Mützen abzunehmen. Die ebenfalls anwesende Mentorin betonte, dass sie genau diese Punkte bereits mehrfach mit der Referendarin besprochen habe. Die Einführung des ‚Ausruh-Tisches', der auch in dieser Vorführstunde zum Einsatz kam, wurde hingegen von allen Anwesenden positiv bewertet. Im Hinblick auf den nächsten Unterrichtsbesuch achtete die Referendarin in den folgenden Wochen darauf, das Tragen von Basecaps und das Trinken während des Unterrichts zu unterbinden.

Unsicherheit und Übernahme

Die erste Referendarin ist bemüht, die Verfahrensweisen, Zeichen und Regeln ihrer Mentorin zu übernehmen, soweit es ihr möglich ist. Sie benötigt fast zwei Semester, um in den erkennbaren Formen agieren zu können. Dabei nähert sie sich den ihr fremden Verfahrensweisen sehr mechanisch, indem sie sich Formulierungen von Arbeitsaufträgen, die sie im Unterricht verbal mitteilen möchte, zuvor notiert, sich überlegt, in welchen Unterrichtsphasen sie an welchen Orten der Klasse stehen möchte und das Schreiben an der Tafel morgens vor dem Unterrichtsbeginn übt. Dabei ist sie bis zum Ende ihrer Ausbildung sehr nervös und angespannt: Viele ihrer ,Gehversuche' im Unterricht ähneln dem Nachschreiten vorgezeichneter Schrittfolgen im Tanz, die jedoch nur wenig mit einem schwungvollen Tanz gemeinsam haben. Sie gibt an, dass ihr der Unterricht in unübersichtlichen Arbeitsformen besser gelinge, wenn ihre Mentorin anwesend sei. Sie baut in keine der von mir beobachteten Stunden etwas ,Außergewöhnliches' ein; vor allem Unterrichtsmethoden und Arbeitsformen gleichen dem Unterricht ihrer Mentorin. Sie ist bestrebt, ihre Haltlosigkeit mit der Einführung zahlreicher Regeln zu kompensieren und sieht die von der Mentorin übernommenen Sanktionsmaßnahmen als sehr funktional an. Darüber hinaus adaptiert sie so viele ,Methoden' und Verfahrensweisen, wie es ihr möglich ist und hospitiert freiwillig zusätzlich im Unterricht ihrer Mentorin, um weitere Tipps zu erhalten. In mehreren Situationen notiert sie sich die Aufträge, die sie den Schülern im Unterricht mündlich erteilen möchte sogar vorher auf einem Blatt, um sicherzugehen, dass sie die Operatoren richtig verwendet. Sie strebt quasi in die ihr angebotenen (Verhaltens-)Formen und übernimmt die bereits vorhandenen Klassenregeln; nicht zuletzt versucht sie sogar, die ihr von der Mentorin nahegelegten Formulierungen zu verwenden und ist bemüht, das Unterrichtsgeschehen im Griff zu behalten. Daher wählt sie grundsätzlich übersichtliche, den Schülern vertraute Unterrichtsformen und übernimmt ein in dieser Klasse greifendes Sanktionierungssystem, mittels dessen sie ,Unruhe' oder ,Störungen' zumeist frühzeitig unterbindet. In der Schule wird sie von Mentorin und Seminarleitern hierfür gelobt, was sich nicht zuletzt in der Note spiegelt, mit der sie das Referendariat absolviert; nur ihre Bindung zu den Schülern wird bis zuletzt kritisch bewertet.

Souveränität und Modifikation

Die zweite Referendarin adaptiert ebenfalls viele der bereits eingespielten Verfahrensweisen, übernimmt anerkannte Haltungen und Gesten und sucht gerade in den ersten Wochen erkennbar nach Halt und Sicherheit. Jedoch unterscheiden sich die beiden Anwärterinnen bereits in der Art und Weise, wie sie sich den etablierten Ordnungen annähern: Der zweiten Referendarin gelingt es deutlich schneller, sich für Schüler und Kollegen erkennbar zu machen und eine Sprache im Unterricht zu finden, die – obgleich sie als zu umgangssprachlich von den Seminarleitern kritisiert wird – von den Schülern erfasst werden kann und eine vertraute Atmosphäre im Unterricht erzeugt; darüber hinaus ist sie sehr schnell in der Lage, die im Kapitel 2.2.3. beschriebenen Gesten ‚glaubwürdig' auszufüllen. Vor allem wirkt sie schon nach wenigen Wochen im Vergleich zur ersten Referendarin beweglicher und flexibler im Unterricht: Sie nimmt sich auch im Beisein ihrer Mentorin die Zeit, verbale Arbeitsaufträge so oft variierend zu wiederholen, bis sie von den Schülern verstanden werden; es gelingt ihr auch mittels dieser Beweglichkeit in (an-)erkannte Haltungen und Gesten zu finden. Ein deutlicher Unterschied zum Unterricht im Beisein ihrer Mentorin ist zu erkennen. Zwar eignet auch sie sich ein Standardrepertoire von den Schülern vertrauten Gesten und Haltungen an, jedoch beginnt sie dann vermehrt damit, eigene Vorstellungen und Ideen einzubringen. Zum einen adaptiert sie in einem ersten Schritt eingespielte Umgangsweisen und macht sich in diesem Prozess für die anderen Akteure erkennbar. In einem zweiten Schritt arbeitet sie jedoch an der sukzessiven Veränderung der Unterrichtsordnungen und formt diese innerhalb bestimmter Grenzen gemäß ihrer Vorstellungen und Dispositionen um. Sie variiert und probiert sich im Umgang mit den Schülern aus. Besonders deutlich sind die Unterschiede im Umgang mit den zeitlichen Strukturen zu erkennen: In Abwesenheit der Mentorin nimmt sie sich für viele Unterrichtsphasen mehr Zeit und akzeptiert im Gegenzug, dass die Schüler die Aufgaben nicht immer innerhalb der Stunde fertigstellen können. Auch die von allen Seminarleitern verlangte Gliederung der Stunden in Einführungs-, Erarbeitungs- und Sicherungsphase wird nur selten eingehalten; vielmehr könnten in ihrem Unterricht ganze Stunden, als Einführungs-, Erarbeitungs- oder Sicherungsstunden bezeichnet werden. Diese Phase des Ausprobierens verläuft nicht immer konfliktfrei und sorgt auch im Lehrerzimmer für Gesprächsstoff – vor den Kollegen muss die Referendarin den Einsatz des ‚Ausruh-Tisches' erklären und rechtfertigen – später wird diese Idee mehrfach von Kollegen lobend erwähnt. Vor allem führt jedoch die Tatsache, dass sie die Schüler während des Unterrichts trinken und Schirmmützen tragen lässt, zu Beschwerden der Kollegen; diese stoßen nämlich in ihrem eigenen Unterricht in dieser Klasse nun auf

Schüler, die sich den vertrauten und teilweise in der Hausordnung festgehaltenen Regeln widersetzen und dies damit begründen, dass sie hierfür die Erlaubnis der Referendarin erhalten hätten.

Vergleicht man die beiden Referendarinnen, so wird deutlich, dass die im Zuge der Entkopplung provozierte Unsicherheit und Haltlosigkeit der Novizen in beiden Fällen eine erhöhte Bereitschaft zur Übernahme organisationsspezifischer Ordnungen und Verhaltensweisen begründet. Die Fähigkeit, angemessen in den hier üblichen Formen agieren zu können, ist eine Voraussetzung, um von diesen in einzelnen Aspekten abzuweichen, um Neues ausprobieren und improvisieren zu können. Während der Unterricht unter Aufsicht der Mentoren wesentlich mit den Begriffen Anpassung und Adaptation beschrieben werden kann, entstehen in ihrer Abwesenheit Freiräume, in denen Spiel und Variation – innerhalb relativ enger Grenzen – möglich werden. Allerdings hängt es vom Habitus der Referendare ab, inwiefern sie in der Lage sind, diese Spielräume zu nutzen. Während sie der zweiten Referendarin Entfaltungsmöglichkeiten eröffnen und sie zum Ausprobieren unterschiedlicher Ideen und Methoden anregen, scheinen eben diese Freiräume die zuerst beschriebene Referendarin zu hemmen, sie einzuschüchtern und bei ihr das Gefühl der Haltlosigkeit zu provozieren. Das Spiel mit den eingespielten Ordnung ist für die zweite Referendarin nur möglich, weil sie in Krisensituationen auf bewährte und (an-)erkannte Verhaltensmuster zurückgreifen kann. In kurzer Zeit hat sie sich ein Repertoire in diesem Setting ‚greifender' Gesten und Verfahrensweisen angeeignet, die sie wie Stützen benutzt: Gerät sie beim Ausprobieren und Variieren ins ‚Wanken', findet sie hier den nötigen Halt. Der Erwerb (an-)erkannter Gesten, der feldadäquate Gebrauch der Artefakte sowie auch die Fähigkeit, sich selbst als Lehrer bspw. mittels der Initiierung bestimmter Arbeitsformen aus dem Mittelpunkt des Geschehens rücken zu können, stellen für die Referendare ‚Säulen' im Alltag des Unterrichts dar, an denen sie sich ‚festhalten' können; nicht zuletzt verschaffen diese ihnen im Unterricht Zeit und Atempausen. Beide Referendarinnen bedürfen dieser ‚Säulen', jedoch zeigen sich im unterschiedlichen Umgang mit den selbsttätig zu füllenden ‚Zwischenräumen' ihre voneinander abweichenden Habitus: Während die zweite Referendarin im eigenverantwortlichen Unterricht beginnt, diese Räume kreativ auszufüllen, zu variieren und mit eigenen Vorstellungen und Ideen zu gestalten, versucht die erste Referendarin das Netz der ihr (Handlungs-)Sicherheit gebenden ‚Säulen' im Unterricht so eng zu knüpfen, dass sie die Zwischenräume quasi kaum noch gestalten muss. Sie greift nach den von Mentoren, Seminarleitern, Kollegen und Schülern indirekt unterbreiteten Angeboten und versucht jedwede Unwegsamkeit im Voraus auszuschließen. Ein präzises Zeitmanagement, das übernommene Sanktionierungssystem – mit dem sie sich nicht zuletzt der Autorität ihrer Mentorin und der Schule bedient – und ihr Bemühen, die akribischen Unterrichtsvorbereitungen exakt umzusetzen, gewährleisten den planmäßigen und routinierten Ablauf ihres Unterrichts, der nur selten von Unerwartetem unterbrochen wird.

Es zeigt sich, dass der souveräne und gelassene Umgang mit den Ordnungen des Feldes und ein Gespür für das richtige Auftreten darüber entscheiden, wie die Anwärter adressiert werden; ob sie als ‚Zuschauer', ‚Praktikanten' oder als ‚ernstzunehmende Kollegen' (vgl. Resümee I) wahrgenommen werden. Wer die Ordnungen schnell überblickt und das Agieren in etablierten Formen souverän beherrscht, dem werden von den Akteuren des Feldes Freiräume zugestanden. Diese eröffnen die Gelegenheit, spielerisch von eben diesen Ordnungen abzuweichen. Es entstehen Spielräume, in denen die Akteure eigene Vorstellungen und Ideen einbringen und so die Bedingungen dergestalt modifizieren können, dass diese sich dem eigenen Habitus zumindest in Ansätzen annähern. Die Diskordanzen zwischen Habitus und Feld stellen einerseits Motoren für die Transformation des Habitus dar, andererseits können sie ein Potenzial für die Veränderung der Bedingungen des Feldes bergen. Es scheint vom Habitus der Akteure abhängig zu sein, inwiefern er entweder zu Übernahme und Anpassung tendiert oder beharrlich bleibt und bestrebt ist, die eigenen Existenzbedingungen zu erhalten. Zwar kann aus der Disharmonie zwischen dem Habitus und den Bedingungen des Feldes „eine Disposition zu Hellsichtigkeit und Kritik hervorgehen, die dazu führt, die Erwartungen und Anforderungen des Postens nicht als selbstverständlich hinzunehmen und beispielsweise den Posten den Anforderungen des Habitus anzupassen statt den Habitus den Erwartungen des Postens [...]" (Bourdieu 2001: 202), jedoch bedarf es eines praktischen Verständnisses für die Bedingungen des Feldes, eines Habitus, der in den Ordnungen der Schule vielleicht nicht zwangsläufig zu Hause ist, aber der zumindest Ankopplungsstellen für diese Ordnungen aufweist, damit er überhaupt zur Modifikation der etablierten Bedingungen in der Lage ist.

Die im Kollektiv der menschlichen und nicht-menschlichen Akteure eingespielten Gewohnheiten und Abläufe lassen sich von den Referendarinnen in den skizzierten Beispielen gewissermaßen nur von ‚innen heraus' verändern: Praktiken können erweitert oder verformt, variiert und eventuell kombiniert werden, jedoch sind diese Verformungen, Variationen und Kombinationen nicht beliebig, sondern sie müssen Passungen zu den vertrauten Formen aufweisen, um von den Akteuren des Feldes (an-)erkannt werden zu können. Die Chance, im Setting der Schule Neues hervorzubringen bzw. vielmehr Altes zu modifizieren und somit gleichsam sich selbst als Subjekt dieser modifizierten Ordnungen hervorzubringen, setzt aus der hier eingenommenen Perspektive die Fähigkeit voraus, in feldspezifischen Formen und somit in den Bereichen des Anerkannten agieren zu können. Wer den Voraussetzungen des Feldes zu fremd gegenübersteht oder aufgrund der zu großen Distanz hier nur unter hohem Druck und großer Anspannung bestehen kann, wem die Gelassenheit und der praktische Sinn für die hier eingespielten Praktiken fehlen, der ist damit hinreichend beschäftigt, überhaupt als Subjekt dieser Praktiken (an-)erkannt zu werden. Starke (Handlungs-)Unsicherheit drängen zur Übernahme des Bestehenden.[93]

Betrachtet man das bisher Skizzierte aus der Perspektive der Praktiken, so stellt sich die Frage, innerhalb welcher Grenzen und unter welchen Voraussetzungen Variationen und Veränderungen im Setting der aufeinander eingespielten und aneinander gewöhnten menschlichen und nicht-menschlichen Akteure der Schule eingeführt werden können. Was ist anschlussfähig und fällt in den Bereich des (An-)Erkennbaren und was führt zu Ausschluss und Nicht-Anerkennung? Auffällig war die kollektive Sank-

93 In diesem Zusammenhang wird die Frage danach interessant, welche Habitus zum Ausschluss aus der Schule führen. Wer findet auch nach zwei Versuchen, das Staatsexamen zu absolvieren, keinen Zugang zum Beruf des Lehrers? Wer wird von den hier agierenden Akteuren nicht (an-)erkannt? Eine umfassende Studie über die Habitus von, im Hinblick auf ihr Ziel Lehrer zu werden, gescheiterten Referendaren sowie die Untersuchung der Verfahren und Begründungen, die letztendlich zu deren Ausschluss aus der Organisation Schule führen, könnten dazu beitragen, die Ordnungen, Bedingungen und Ansprüche der Schule quasi *ex negativo* zu erfassen und würden die hier vorliegende Studie gewinnbringend ergänzen.

tionierung der Innovationen eins und zwei: Die Novizin erlaubte den Schülern indirekt das Tragen von Schirmmützen und explizit das Trinken während des Unterrichts. Die von Mentoren, Seminarleitern und Kollegen auf diese Varianten bezogene Kritik sorgte dafür, dass die Referendarin sich schließlich den etablierten Ordnungen fügte. Begründet wurde die Kritik unter anderem mit der Feststellung, dass man die Gesichter der Schüler beim Tragen von Basecaps nur noch teilweise sehen könne und dass man nicht mehr arbeiten könne, wenn die Schüler permanent zum Waschbecken liefen. Der ‚Ausruh-Tisch' wurde in dieser Klasse hingegen dauerhaft akzeptiert. Es wird deutlich, dass diese dritte Innovation die Routinen der Etablierten nicht dergestalt irritierte, wie die Innovationen eins und zwei: Zwar wurde die Novizin aufgefordert, hierzu Stellung zu nehmen, doch es gab keine nachhaltigen Kritiken oder Aufforderungen, den ‚Ausruh-Tisch' wieder aus der Klasse zu verbannen. Im Gegenteil: Er wurde sogar lobend erwähnt und von einigen Kolleginnen übernommen. Sieht man sich die drei Innovationen genauer an, so lässt sich plausibilisieren, dass es unterschiedliche Bedingung für die Etablierung von Neuerungen gibt bzw. vorsichtiger ausgedrückt: dass es zumindest Bedingungen gibt, die die (An-)Erkennung einer Innovation begünstigen.

Es scheint zunächst von Bedeutung zu sein, inwiefern etwas Neues die Routinen der Etablierten irritiert oder gar außer Kraft setzt. Je unberührter diese von den Veränderungen bleiben, desto weniger Reibungen entstehen. Somit hängt es auch von der Passung zwischen der Innovation und den Ordnungen des Feldes ab, inwiefern es überhaupt zu Irritationen und Konflikten kommt. Es gibt also solche Neuordnungen, die die Gewohnheiten der Etablierten erschüttern und eventuell verschieben und Innovationen, die nur eine Erweiterung des Bestehenden darstellen; das Vorhandene quasi unberührt lassen bzw. ausbauen. Ausgeschlossen scheint es für die Anwärterinnen zu sein, Innovationen einzuführen, die aufgrund ihrer Inkompatibilität nicht anschlussfähig sind. Aus dieser Perspektive erscheint es für die Möglichkeiten der Novizen, eigene Variationen einbringen zu können, wichtig, dass gewissermaßen das Alte im Neuen erkennbar sein muss. So verweist der ‚Ausruh-Tisch' in seiner hier beschriebenen Funktion auf die Ordnungen der in diesem Setting allen Akteuren bekannten Freiarbeitsphase. Die Schüler entscheiden selbstständig, wann sie eine kurze Pause machen und wann sie sich wieder der Arbeit zuwenden. Mit der Einführung dieses Tisches schafft die Referendarin eine hybride Arbeitssituation, die zum einen Aspekte des Frontalunterrichts in sich trägt und zum anderen den Schülern ein gewisses Maß an Eigenverantwortung im Sinne der beschriebenen Freiarbeit (vgl. Kapitel 2.1.2.2) gewährt. Der Prozess der Einführung dieser Innovation in der von ihr unterrichteten Klasse verdeutlicht, dass Erkennbarkeit und somit Anschlussfähigkeit praktisch hergestellt werden müssen: Verbal erläutert die Referendarin den Schülern die Neuerung und bringt ihnen die Funktion des Tisches situativ, an konkreten Beispielen näher. Immer wieder bezieht sie sich in ihren Beschreibungen auf die den Schülern bekannte Freiarbeitsphase und stellt auf diese Weise eine Anbindung der Innovation an die vertrauten Ordnungen her. Die Veränderung der etablierten Ordnung setzt somit ein praktisches Verständnis dieser Ordnungen voraus: Ihr praktischer Sinn für die Ordnungen des Feldes ermöglicht es ihr, Innovationen zu finden, die sowohl Ankopplungsstellen für die partizipierenden Akteure, Schüler und Kollegen, bereithalten, als auch ihrem eigenen Habitus Entfaltungsmöglichkeiten bieten.

RESÜMEE III: KOPPLUNGSWEISEN

Das Fußfassen im Setting der Schule ist für die Referendare mit unterschiedlichen Schwierigkeiten verbunden; während es den einen recht schnell gelingt, sich zugleich erkennbar und unauffällig im Setting der Schule zu machen (vgl. Kapitel 2.3.1), geraten andere in einen Kreislauf, der sie kaum mehr aus ihrer Position als ‚Störenfried' entlässt. „Wer sich in seiner Eigenschaft als Organisationsmitglied der ‚vorliegenden' Gesten [und Verfahrensweisen] nicht zu bedienen vermag, stört nicht nur die sich im Zusammenspiel von Räumen, Dingen und Verhaltensweisen zeigende ‚Identität' der Organisation, sondern droht auch die in der Organisation üblichen sozialen Spiele zu irritieren. Sein Verhalten lässt sich dann von den anderen Organisationsmitgliedern kaum antizipieren." (Alkemeyer/Pille 2008: 149) Je weniger es den Referendaren gelingt, organisationsadäquat zu agieren, desto mehr richten sich die Blicke der Etablierten auf sie; es bedarf eines Aktes großer Anstrengung, den einmal formierten kollektiven Blick auf die Referendare nachhaltig wieder zu verändern. Anstatt allmählich zur Ruhe zu kommen und erste Spielräume selbsttätig gestalten zu können – wie es bei einigen Referendaren bereits nach wenigen Monaten zu beobachten ist – geraten diejenigen, die als störend und unpassend wahrgenommen werden, zunehmend unter Beobachtung. Es wird nicht nur jeder ihrer Schritte verfolgt, sondern darüber hinaus führt die permanente Beobachtung dazu, dass es nur mühsam und – wenn überhaupt – nahezu mechanisch zu einer ,Verstrickung' mit den Praktiken des Feldes kommt. Die Distanz zur Organisation Schule, zu ihren Körpern und Materialitäten löst sich dann nicht im praktischen Vollzug auf, sondern wird durch die dauerhafte praktische Isolation der Novizen (vgl. Resümee I) stetig vergrößert. Kurz: Die im Kapitel 2.3.2 beschriebene ,Verstrickung' der Novizen mit den Praktiken der Schule, in deren Vollzug sie sich zu Körpern der Organisation machen und die hier aufeinander abgestimmten Handlungen und Verfahrensweisen allmählich als passend und stimmig erleben, gelingt nicht zwangsläufig, sondern setzt bereits einen Sinn für die Bedingungen der Schule voraus, der sie vor der beständigen praktischen Isolation (vgl. Resümee I) bewahrt. Das Scheitern der sukzessiven Involvierung und die hieraus resultierende Isolation führen bei denjenigen, die für die Ordnungen der Schule keine entsprechenden Ankopplungsstellen bereithalten, zu Missmut, Zögern und Distanz. Die Ausbildung eines praktischen, im Körper verankerten Glaubens an die hier etablierten Spiele – der die Widersprüche des Feldes in sich aufzulösen vermag und der für die Teilhabe an der sozialen Praxis von Bourdieu als konstitutiv beschrieben wird (vgl. Bourdieu 1997a: 193 f.) – scheint unter diesen Umständen kaum möglich zu sein. In solchen Extremfällen kommen die Referendare schlicht, für alle Akteure erkennbar, nicht ins Spiel.

Jedoch ist keine der im Rahmen dieser Studie begleiteten Referendarinnen gescheitert und es konnte gezeigt werden, wie es den Anwärterinnen in je unterschiedlicher Weise gelang, sich in die Spiele der Schule sukzessive ,einzufädeln'. Es wurde bezogen auf zwei Referendarinnen, die sich diesbezüglich am deutlichsten voneinander unterschieden, rückblickend ein kontrastierender Vergleich vorgenommen, in dem die je unterschiedlichen Umgangsweisen in der Auseinandersetzung mit den in der Schule etablierten Ordnungen aufgezeigt wurden (vgl. Kapitel 2.3.4). Deutlich wurde, dass nicht allen Referendaren gleiche Spielräume eröffnet werden und dass sie die offerierten Spielräume darüber hinaus unterschiedlich nutzen. Wer den Voraussetzungen des Feldes auch am Ende seiner Ausbildung noch mit Hochachtung und übersteigertem Respekt fremd gegenübersteht, wem eine gewisse Gelassenheit und die hiermit verbundene Beweglichkeit fehlen, hat ausreichend damit zu tun, als Subjekt der schulischen Praktiken (an-)erkannt zu werden und strebt weiterhin unter starker Beobachtung in die ihm offerierten Subjektformen. Sichtbar wurde, auf welche Weise sich die erste Referendarin zwar Routine im Unterricht aneignet, jedoch hierbei weitgehend auf die allen Schülern bekannten Umgangsformen zurückgreift. Den Mangel an Beweglichkeit und spielerischen Elementen ist sie in der Lage zu kompensieren: Sie erlangt Routine durch die Übernahme zahlreicher Rituale, Gesten, Unterrichtsmethoden und Arbeitsweisen, die sie aus dem Unterricht ihrer Mentorin zu kopieren versucht und schafft sich schrittweise ein dergestalt engmaschiges Netz in dieser Klasse eingespielter Verfahrensweisen, dass ihre in diesem Feld mangelnde Improvisationsfähigkeit nur noch selten auffällt.

Am Beispiel der zweiten Referendarin wurde schließlich gezeigt, inwiefern der Prozess der Subjektivierung im Rahmen des Referendariats dennoch Spielräume und Gestaltungsmöglichkeiten eröffnet, die eine Modifizierung der eingespielten Abläufe und somit eine Transformation der etablierten Subjektformen und -positionen innerhalb bestimmter Grenzen ermöglichen. Die Beherrschung feldtypischer Umgangsformen sowie die Ausbildung eines für Schüler und Kollegen erkennbaren Lehrkörpers, der die hier bekannten Gesten zu verlebendigen vermag, ist unter den beschriebenen Umständen auch für die zweite Referendarin eine grundlegende Voraussetzung für die spätere Variation und Umgestaltung der etablierten Ordnungen. Nachdem es ihr gelingt, zumindest ansatzweise in (an-)erkannten Umgangsformen zu agieren, wird sie allmählich regelmäßig als ‚ernstzunehmende Lehrerin' (vgl. Resümee: I) von den anderen Akteuren adressiert und ihr werden vermehrt Freiräume eröffnet. Diese Freiräume nutzt sie – im Gegensatz zur ersten Referendarin – für das spielerische Austesten der normativen Grenzen. Sie probiert sich im eigenverantwortlichen Unterricht in Abwesenheit ihrer Mentorin als Lehrerin aus, variiert die bestehenden Ordnungen innerhalb bestimmter Grenzen und setzt schließlich Innovationen durch, die die Ordnungen des Klassenraums ihren eigenen habituellen Dispositionen zumindest in Ansätzen näher bringen. Das Beherrschen der feldtypischen Ordnungen eröffnet ihr die Möglichkeit, diese zu transformieren und somit gleichsam sich selbst als Subjekt dieser modifizierten Ordnungen hervorzubringen.

Fazit

Das Ziel dieser Arbeit war es, zu untersuchen, wie angehende Lehrer in ihrer zweiten Ausbildungsphase, dem Referendariat, zu Agenten der Schule gemacht werden bzw. wie sie sich selbst zu wirkenden Kräften der Organisation machen. Die in dieser Arbeit vorgenommene Einteilung der empirischen Ergebnisse in die Kapitel *2.1 Einsetzung und Entkopplung, 2.2 Ankopplung* und *2.3 Kopplung* sind keine zeitlich voneinander getrennten Phasen, sondern aufeinander aufbauende und ineinandergreifende Prozesse, die die Novizen auf ihrem Weg zur Lehrer-Werdung durchlaufen. Je größer die Diskordanzen zwischen den habituellen Dispositionen der Novizen und den Positionen der Schule sind, desto deutlicher treten diese unterschiedlichen Prozesse in Erscheinung. Die im Akt der Vereidigung vollzogene Übertragung des Anwärterstatus löst die Novizen aus ihrem bisherigen Status heraus und bindet sie in einer konkreten, bereits etablierten Subjektposition an die Schule. Diese mit Bourdieu als *Einsetzung* beschriebene Zeremonie nimmt somit einen zweiphasigen Prozess vorweg, den die Anwärter im Rahmen des Referendariats durchlaufen werden. Es zeigt sich, dass die grundlegende Verunsicherung der Novizen in der Phase der *Entkopplung* und ihre spezifische Position als ‚Fremde' im Feld der Schule bzw. ihre integrative Isolation (vgl. Resümee I) konstitutiv für den folgenden Prozess der schulischen Sozialisation sind. Die Irritation ihrer körperlichen Routinen, die im Setting der Schule plötzlich nicht mehr zu passen scheinen, die beschriebene Haltlosigkeit und ihre Handlungsunfähigkeit erhöhen ihre Bereitschaft, die ihnen unterbreiteten Verhaltensangebote anzunehmen. Die ‚Kräfte der Organisation' okkupieren die Novizen nun ebenso, wie diese bestrebt sind, sich der schulischen Ordnungen zu bedienen. Die Organisation Schule hält für die Aufnahme von Novizen institutionalisierte Anwärterpositionen bereit (vgl. ebd.), auf der diese von den Akteuren des Feldes schrittweise an die hier eingespielten Praktiken herangeführt werden; in Abhängigkeit von den Ankopplungsstellen, die die habituellen Dispositionen der Novizen für die Ordnungen der Schule aufweisen, werden sie für kürzere oder längere Zeiträume zunächst als ‚Zuschauer', dann als ‚Sparringspartner' und schließlich als ‚Lehrer in ernsten Situationen' adressiert (vgl. ebd.). Der Prozess der Ankopplung erfolgt in diesen drei Schritten und soll einen schonenden und die Novizen nicht überfordernden Einstieg gewährleisten; jedoch zeigt sich, dass gerade die Tatsache, dass die Novizen nie genau wissen, wie sie in den unterschiedlichen Situationen adressiert werden bzw. welcher der drei Rahmen von ihrem Gegenüber situativ angelegt wird, eine der Ursachen für das Auftreten von Verhaltensunsicherheit und Irritation ist. Als institutionalisierte Subjektposition versetzt die Anwärterposition die Novizen systematisch in einen Zustand der Verunsicherung, der grundlegend für den anschließenden Prozess der Ankopplung ist und eine Offenheit gegenüber den Verhaltensangeboten der Schule provoziert.

Eine zweite wichtige Funktion der besonderen Subjektposition der Anwärterin lässt sich aus der Perspektive der Schule und der hier etablierten Praktiken erkennen: Praktiken brauchen ein ‚Außen', um in Abgrenzung hierzu das ‚Innen', also das Eigene, immer wieder konstituieren zu können. Die Grenzen dessen, was noch dazu gehört oder gerade nicht mehr (an-) erkannt wird, müssen permanent aufs Neue erzeugt werden. Eine solche Erzeugung der Zugehörigkeit und (An-)Erkennung von Praktiken und ihrer Subjekte bedürfen jedoch nicht eines beliebigen Gegenpols, sondern sie benötigen ein auf das ‚Innen' bezugnehmendes ‚Außen', das in Form einer integrativen Isolation zugleich am ‚Innen' partizipiert. Differenzen treten aus dieser Sicht nicht etwa zwischen Etablierten und beliebigen Außenseitern öffentlich zutage – es bestehen in den meisten Fällen ja kaum Berührungspunkte – sondern es sind bestimmte, in ihrem Handeln auf das ‚Innen' verweisende ‚Außenseiter', die in diesem Zusammenhang für den praktischen Vollzug feinjustierter Grenzziehungen bedeutsam werden. Die Anwärterposition erfüllt also auch eine besondere Funktion für die Praktiken der Schule: Sie offenbart die feinen Unterschiede zwischen ‚Eingeweihten' und ‚Noch-Nicht-Eingeweihten' und trägt im gleichen Schritt zur situativen und kollektiven Verständigung auf praxisspezifische Identitäten und somit zur Eingrenzung der hier vollzogenen Praktiken bei. In der kollektiven Auseinandersetzung mit den Anwärtern schaffen auch die Etablierten stetig neue Orientierungshilfen für ihr eigenes Handeln. Das starke Interesse der schulischen Akteure an den Novizen, das an allen Schulen der begleiteten Referendare zu beobachten war, erscheint aus dieser Perspektive nicht mehr ausschließlich als Unterstützung der Anwärter, sondern als Form einer der Praxis zugewandten Selbstreflexion, in der praktikspezifische Identität und die Grenzen des (An-)Erkennbaren – und damit auch die Grenzen der hier agierenden Subjekte – immer wieder neu ausgebildet werden.

Es wird aus der hier eingenommenen theoretischen Perspektive sichtbar, dass die Organisation Schule die Novizen im anschließenden Prozess der *Ankopplung* in unterschiedlichen ‚Trainingsräumen' an die etablierten Ordnungen heranführt. Der systematische Blick auf die Praktiken, in denen sich die Novizen zu Subjekten der Schule machen, verdeutlicht, dass Körpertechniken, Gesprächsformen oder Haltungen sowohl explizit in gesonderten Trainingseinheiten eingeübt werden – das Schreiben an der Tafel und die Formung der Buchstaben (vgl. Kapitel 2.2.2.1) werden ebenso außerhalb des Unterrichts, losgelöst vom zeitlichen und sozialen Druck, geübt, wie die für ein Elterngespräch angemessenen Körperhaltungen und Gesprächstechniken im Rahmen des Rollenspiels (vgl. Kapitel 2.2.4.2) – als auch implizit im Zuge ihrer praktischen Einbindung in die schulischen Praktiken. Schrittweise eignen sich die Novizen in den unterschiedlichen Trainingsräumen (an-)erkannte Umgangsformen an, indem sie den Akteuren auf den von ihnen angestrebten Subjektpositionen im Sinne der mimetischen Übernahme feldspezifischer Sprechweisen, Haltungen und Gesten ‚folgen' und den Akteuren auf anderen Subjektpositionen, die sich gegen Ungewohntes und ihnen Fremdes sperren, gewissermaßen ‚weichen'. In einem Kraftfeld der Routinen und Gewohnheiten, der impliziten wie expliziten Aufforderungen und Warnungen, das sich zwischen den menschlichen und nicht-menschlichen Handlungsträgern des beschriebenen schulischen Kollektivs ständig reproduziert und transformiert, werden die Novizen auf bestimmte Weise positioniert und streben gleichsam selbsttätig in die ihnen offerierten Formen. Die in Kapitel 1.2.3 mit Reckwitz hergeleitete theoretische Optik erlaubt es, das hier untersuchte Geschehen als Subjektivierung in „Praxis/Diskurs-Komplexen" (Reckwitz 2008) zu betrachten; das heißt der Prozess der Lehrer-Werdung kann als vielschichtige Praxis der Subjektivierung in den Blick genommen werden, die sich in körperlichen Formungsprozessen ebenso vollzieht wie in diskursiven und narrativen Praktiken. Die rückblickende Zusammenschau der verschiedenen Praktiken eröffnet eine Sicht auf den Prozess der Subjektivierung, die man nicht erhält, wenn man als Forscher nur einen dieser Orte untersucht: Die dem Geschehen oft impliziten Ordnungen können nicht einfach registriert werden, sondern müssen durch Perspektivierungen, Kontraste und Veränderungen des Fokus, also durch eine gewisse Beweglichkeit, beobachtbar gemacht werden (vgl. Kapitel 1.3.1). Nun stehen die Novizen vor einer ähnlichen Aufgabe: Um die den schulischen Praktiken inhärenten Ordnungen zu erfassen, ist es notwendig, dass sie diese aus unterschiedlichen Perspektiven erfahren. Lehrerzimmer, Klassenraum, Studienseminare, Prüfungsgespräche und Konferenzen stellen vor diesem Hintergrund ebenso geeignete Perspektivierungsräume dar, wie das gemeinsame Frühstück unter Kollegen. (vgl. Resümee II) Die hier vollzogenen Praktiken bieten den Anwärtern die Möglichkeit, ähnliche (Verhaltens-)Muster, Ansprüche oder Ideale in unterschiedlichen Situationen, Rahmen und Praktiken zu erfahren. Auf diesem Weg erfassen sie die Ordnungen der Schule implizit, schrittweise und mehrperspektivisch im Zuge ihrer praktischen Teilhabe und erwerben so allmählich einen Sinn für die Bedingungen des Feldes.

Mit der Übernahme (an-)erkannter Gesten, Techniken und Verfahrensweisen erlangen die Novizen Souveränität und Sicherheit und machen ihr Verhalten für die Akteure des Feldes anschlussfähig. Das Referendariat lässt in dieser Phase wenig Raum für Innovation und Kreativität. Die Übernahme des Vorhandenen scheint zunächst unumgänglich zu sein, um an den Praktiken der Schule partizipieren zu können. Es greift hier ein wirksamer Mechanismus: Die Etablierten verstärken die Beobachtung der Novizen in dem Maß, in dem diese von den gewohnten Verfahrensweisen abweichen und in diesem Sinne als störend wahrgenommen werden. Nur wer in den hier gewohnten Formen zu agieren in der Lage ist, macht sich zugleich erkennbar und unauffällig (vgl. Kapitel 2.3.1). Darüber hinaus sind es gerade die Grundschüler, die dem Verhalten der Novizen in besonderer Weise eine gewisse Eindeutigkeit abverlangen: Fragen, Aufforderungen und Anweisungen ebenso wie Schriftbilder oder Gesten verstehen die Schüler nur, wenn diese gewohnte Formen aufweisen und für sie eindeutig erkennbar sind. Dies macht die Grundschule im Hinblick auf die Untersuchung von immer auch somatischen Subjektivierungsprozessen zu einem besonders geeigneten Ort.

Die Novizen verstricken sich auf vielen Ebenen mit den schulischen Praktiken. Im Verlauf dieses Prozesses werden Verhaltensweisen entwickelt bzw. ausgebaut, an die die Organisation mit ihren Ansprüchen ankoppeln kann. Die Referendare formen sich sukzessive zu Subjekten der Schule. Es werden ‚Vernetzungen' zwischen der Organisation und ihren Subjekten hergestellt, die ich als *‚Kopplung'* beschreibe. Über die Formung ihrer Körper werden sie unbemerkt in ihre ‚sozialen Spiele' hineingezogen. Das eingangs thematisierte, größtenteils implizite Wissen der Lehrkräfte zur Bewältigung der komplexen Aufgaben im Unterricht (vgl. Kapitel 2.1.3) sowie der Glaube an die hier etablierten Ordnungen (vgl. Kapitel 2.3.2) werden aus der hier eingenommenen praxistheoretischen Perspektive wesentlich im Vollzug der Praxis selbst erworben. Dies erschwert den reflexiven Umgang mit den eigenen Formungsprozessen. Der Anpassungsdruck sowie das Verlangen nach Handlungssicherheit und Gruppenbestätigung führen dazu, dass im Prozess der Übernahme organisationsspezifischer Ordnungen zum einen Ziele und Ideale der Organisation verwirklicht und zum anderen das Bedürfnis der Novizen nach Zugehörigkeit und (An-)Erkennung befriedigt werden; im Prozess der *Ankopplung* werden die Strebungen der Akteure an die Ansprüche der Organisation herangeführt (vgl. Presthus 1962: 314). So erscheint „[die] Handlungsfähigkeit des Subjekts [...] als Wirkung seiner Unterordnung" (Butler 2001 zitiert nach Villa 2010: 267).

Ist das Referendariat aus der hier eingenommenen Perspektive ein Apparat zur Reproduktion konformer Lehrersubjekte? Bedarf also das Agieren in ihrem Setting der vollständigen Inkorporierung der ihnen entgegentretenden Ordnungen? Die hier aufgeworfenen und absichtlich zugespitzten Fragen vermitteln den Eindruck der Konstituierung von Lehrersubjekten, die dem von Bourdieu beschriebenen Apparatschik recht nahe kommen.

> „Der Apparatschik, der alles dem Apparat verdankt, ist der Mensch gewordene Apparat, der bereit ist, einem Apparat, der ihm alles gab, alles zu geben: [...] wie der Oblate ist er prädispositioniert, die Institution mit äußerster Überzeugung gegen die Drohungen zu verteidigen, die von den häretischen Abweichungen derer ausgehen, die ein außerhalb der Institution erworbenes Kapital ermächtigt und dazu tendieren läßt, sich von internen Glaubenssätzen und Hierarchien zu distanzieren." (Bourdieu 2001: 204)

Und in der Tat: Der Prozess der *Ankopplung* trägt Züge, die in der Praxis unmittelbar an diese Extreme erinnern.[94] Es stellt sich die Frage, wo im Rahmen dieser Ausbildung Momente der Veränderung etablierter Ordnungen zu finden sind. Genauer betrachtet schließen sich eigentlich zwei Fragen an: Wo liegen erstens aus der Sicht der Organisation Schule innovative Momente und Möglichkeiten der Veränderung des Bestehenden und wie gewährleistet die Schule die Anpassung an eine sich ändernde Gesellschaft? Und zweitens ist aus der Perspektive der Novizen zu klären, welche Chancen der kreativen Erneuerung und somit der Mitgestaltung der eigenen Konstitutionsbedingungen ihnen eingeräumt werden. Auf beide Ebenen wurden im Rahmen dieser Arbeit eingegangen: Gelegenheiten der Erneuerung zeigen sich bspw. in den wechselseitigen Irritationen der unterschiedlichen, aufeinander verweisenden diskursiven wie nicht-diskursiven Praktiken (vgl. Kapitel 1.2.3). Aus den sich hier ergebenden Spannungsverhältnissen resultieren regelmäßig Veränderungen. So lässt sich bspw. die Situation des Unterrichtsbesuchs als Implementierungsversuch innovativer Praxiselemente beschreiben: Unterrichtsbesuche, in dessen Rahmen Mentoren und Seminarleiter zugleich im Unterricht der Referendare hospitieren (vgl. Kapitel 2.1.4), zeigen, auf welche Weise diskursiv erzeugte Neuerungen in der Praxis wirkungsmächtig werden können: Die Referendare haben in diesen Situationen die Aufgabe, in den Seminaren besprochene und somit diskursiv erzeugte Innovationen in ihren Vorführstunden zumeist gegen die Gewohnheiten von Mentoren und Schülern durchzusetzen. Der prüfende Blick der Seminarleiterin und der anwesenden Gäste unterbricht in dem geschilderten Beispiel (vgl. ebd.) den Fluss der Gewohnheiten, implementiert systematisch Momente des Zögerns, die der Novizin Entscheidungen abverlangen und fordert sie gleichsam auf, sich in Bezug auf ihr Handeln für die abgesprochenen Verfahrensweisen zu entscheiden. In diesen Momenten

94 In selbstkritischer Auseinandersetzung mit dieser Arbeit wäre zu hinterfragen, inwiefern die hier in Anschlag gebrachte theoretische Optik dazu verleitet, die Aspekte der Reproduktion sozialer Verhältnisse in den Vordergrund zu rücken. Sowohl Foucault als auch Bourdieu stellen trotz ihrer zahlreichen Hinweise auf die in ihrer theoretischen Konzeption angelegten innovativen und kreativen Aspekte (vgl. Kapitel 1.2.1 und 1.2.2) die Mechanismen der Reproduktion sozialer Ordnungen in den Vordergrund.

werden die Praktiken ‚aufgebrochen' und in annähernd mechanischen Schritten neu zusammengesetzt. Dem reflektierten Nachschreiten vorgezeichneter Schritte ähnlich, sind Momente beobachtbar, in denen alle beteiligten Akteure eine diskursiv erzeugte Choreographie in Bewegung umzusetzen versuchen; Schüler und Referendarin versuchen in dieser Situation das Neue aufzunehmen und allmählich in den Fluss der vertrauten Praktiken einzubinden, was jedoch in dem skizzierten Beispiel nur in Ansätzen gelingt. (vgl. Kapitel 2.1.4) Es ist also das Spannungsverhältnis zwischen den unterschiedlichen diskursiven und nicht-diskursiven Praktiken, die im Setting der Schule ein innovatives Moment bergen (vgl. Reckwitz 2008 und Villa 2010). Jedoch treten regelmäßig Situationen auf, in denen die Ansprüche und Ideale ihrer Mentoren und somit die Ordnungen, innerhalb derer sie sich Tag für Tag zu Lehrern machen, von den Ideen ihrer Seminarleiter – von denen sie am Ende ihrer Ausbildung beurteilt werden – abweichen: Die Diskordanzen zwischen den Erwartungen von Seminarleitern und Mentoren können zum Verschwimmen der angestrebten Subjektformen führen. Das hier auftretende konfliktive Potenzial lässt sich zwar aus Sicht der Organisation Schule als Generator von Innovation und Anpassung an eine sich wandelnde Gesellschaft beschreiben; die Referendare stellt es jedoch vor die Aufgabe, sich zu Subjekten divergenter Ordnungen machen zu müssen[95]; ein Faktor, der sie grundlegend verunsichert und es ihnen erschwert, ein Gefühl für die von ihnen angestrebte Subjektform zu erwerben.

Wandel ist aus Sicht der Organisation gewährleistet, jedoch bleibt bisher unklar, welche Möglichkeiten für die Novizen bestehen, die Ordnungen der Schule und somit die Umgebung in der sie sich selbst zu Lehrersubjekten machen, in ihrem Sinne zu verändern und mitzugestalten? An mehreren Stellen wurde diesbezüglich deutlich, dass bei der Übernahme feldtypischer Haltungen und Gesten niemals identische Kopien erzeugt werden (vgl. Kapitel 2.2.3). Das Mimesiskonzept bietet die Möglichkeit, Kreativität und

95 Es drängt sich hier die Frage auf, ob nicht eben dies eine gute Voraussetzung für das erfolgreiche Agieren in einer Organisation ist, deren Akteure die Widersprüchlichkeit der an sie gerichteten Anforderungen in ihren Habitus vereinen müssen: Der Lehrer fördert und sanktioniert, motiviert und diszipliniert, integriert und selektiert im Zuge seiner praktischen Teilhabe an den Spielen der Schule und ist gefordert, sein Wirken dennoch authentisch zu verkörpern.

Transformation der bestehenden Ordnungen theoretisch zu fassen (vgl. Alkemeyer/ Villa 2010). In der mimetischen Auseinandersetzung mit den diskursiv erzeugten wie verkörperten, in der Praxis geformten Vorbildern des Feldes bringen die Novizen sich selbst in erkennbare Formen, jedoch kommen sie nicht umhin, im Akt der Anähnlichung immer auch ihre eigene Geschichte, die ihnen eingeschriebenen und ihnen Einzigartigkeit verleihenden Eigenschaften einzubringen. In Anlehnung an Wulfs Unterscheidung zwischen Mimesis und Mimikry (vgl. Wulf 2005: 27) verweist Villa auf die dynamischen und kreativen Momente des Mimesiskonzepts: „Mimesis meint [...] gerade nicht eine Einkörperung von sozialen bzw. kulturellen Codes (oder Diskursen) im mechanischen Sinn. Mimesis meint vielmehr eine prozessuale Dynamik der prinzipiell unabschließbaren und letztlich – am Normativen gemessen – zum Scheitern verurteilten ‚Anähnlichung'." (Villa 2010: 270) Der Zugriff auf die ihnen im Rahmen ihrer Ausbildung angebotenen Vorbilder kann nur mittels der vorhandenen, eigenen Dispositionen und der ‚mitgebrachten' körperlichen Konstitution erfolgen und birgt daher ein genuin konfliktives und innovatives Moment. Ebenso wurde in Anlehnung an Latour angedeutet, inwiefern sich auch die feldtypischen Dinge in der Hand der Novizen zu etwas formen, was es zuvor exakt so noch nicht gab (vgl. Kapitel 2.2.2): Die den Körpern der Novizen eingeschriebene Geschichte wird durch die Zusammenschaltung mit Kreide, Glockenspiel und Tafel ebenso transformiert, wie die Artefakte des Feldes in den Händen der Novizen in neuem Licht erstrahlen. Auch hier sind innovative und die Praxis modifizierende Elemente zu beobachten; Momente in denen Novizen wie Etablierte gefordert sind, einander sehen zu lernen. Der Gebrauch der schulischen Dinge sowie die Übernahme der feldtypischen Gesten und damit einhergehend die Adaption von Idealen und Vorstellungen sind aus dieser Sicht ein Prozess der praktischen Aushandlung und Vermittlung, in dem die eigenen habituellen Eigenarten mit den Bedingungen des Feldes in Einklang gebracht werden. Dabei lässt sich dieser Prozess als praktisches Einstimmen und Aufeinander-Einspielen beschreiben, bei dem es darum geht, Eigenes und Fremdes in erkennbare Harmonien zu bringen. So wie Musiker in einem Ensemble nicht alle denselben Ton spielen müssen, sondern gefordert sind, zueinander passende Rhythmen und Töne zu finden, müssen auch bei der Übernahme der feldtypischen Gesten und Techniken keine genauen Kopien hergestellt werden, sondern erkennbare Zugehörigkeit.

Voraussetzung für mimetisches Handeln sind bei näherer Betrachtung spielerische Elemente, die Beweglichkeit und Freiräume voraussetzen. Die Akteure benötigen diese Spielräume, um die ihnen entgegengebrachten Angebote der Schule spielerisch erleben, zur Kenntlichkeit überzeichnen und gegebenenfalls im eigenen Sinne umgestalten zu können (vgl. Gebauer/Wulf 1998: 188). Eine sukzessive Einstimmung kann nur erfolgen, wenn die Möglichkeiten zur spielerischen Wiederholung und Überzeichnung gegeben sind. In der wiederholten Aufführung der adaptierten Ordnungen erfahren die Akteure die (An-)Erkennung ihrer praktischen Interpretationen *in actu* mittels der Reaktionen ihres Gegenübers. Spiel- und Bewegungsräume und hiermit verbunden der Mut bzw. die Gelassenheit, diese Räume für sich in Anspruch zu nehmen, sind aus der hier eingenommenen Perspektive Voraussetzungen für die mimetische Auseinandersetzung mit den Bedingungen des Feldes. Zwar kann mimetisches „Handeln niemals eine bloße Kopie sein" (Villa 2010: 270) und jede neue Kontextualisierung führt zur Veränderung des Bestehenden, jedoch begründen die geschilderten Beobachtungen die Vermutung, dass insbesondere die Grundschule die Voraussetzungen für einen spielerischen, sich ausprobierenden Umgang mit den Ordnungen der Schule kaum bietet. Vor allem die beschriebenen Formen der umfassenden Sichtbarkeit und der hiermit verbundene Zwang zur Reflexion der eigenen Praxis sowie die Schüler, die nur innerhalb sehr enger Grenzen das Verhalten der Anwärter (an-)erkennen, führen in vielen Situationen zum ‚Erstarren' der Novizen (vgl. Kapitel 2.1.4). Fehlende Spielräume, der starke Druck, der durch die permanente Prüfungssituation erzeugt wird, und die hieraus resultierende ‚Unbeweglichkeit' der Novizen erschweren den Prozess der Einstimmung gerade in der Anfangszeit. Wer nicht ausprobieren und Fehler machen darf, ist gezwungen, nach exakten Vorbildern zu agieren und erstarrt angesichts der Tatsache, diese niemals vollständig kopieren zu können (vgl. ebd.).

Der im Kapitel 2.3.4 vorgenommene kontrastierende Vergleich zweier Referendarinnen verdeutlicht zwei Aspekte: Zum einen ist der Verlauf der Subjektivierung im Referendariat von den Spielräumen abhängig, die den Novizen zur Verfügung gestellt werden. Zum anderen hängt es von den Habitus der Akteure ab, ob ihnen diese Spielräume eröffnet werden und wie sie diese nutzen. Wer dem zu erschließenden Feld zu fremd gegenüber steht, findet hier keinen Halt und ist nur unter Aufwand größter Anstrengungen in der Lage, an die feldspezifischen Praktiken anzukoppeln. Die zuerst beschriebene Referendarin muss mit allen ihr zur Verfügung stehenden Mitteln darum kämpfen, von Schülern, Kollegen und Mentoren (an-)erkannt zu werden, was ihr erst spät und nur durch die mühsame, nahezu mechanische Übernahme der hier etablierten Umgangsformen in Ansätzen gelingt. Situative Improvisation oder Variation der bestehenden Ordnungen überfordern sie. Sie schafft sich ein engmaschiges Netz bereits etablierter Verfahrensweisen, Zeichen und Regeln, die ihr im Alltag des Unterrichts wie Sicherheit spendende Felsen in einem unüberschaubaren Meer der Unwägbarkeiten zur Seite stehen.

Denjenigen hingegen, die Ankopplungsstellen für die Abläufe und Eigenheiten der Grundschule mitbringen, denen das praktische Erfassen der organisationsspezifischen Ordnungen leichter fällt, wird von den Etablierten schneller Vertrauen entgegengebracht und nach einiger Zeit werden ihnen Spielräume innerhalb bestimmter Grenzen eröffnet. (vgl. Kapitel 2.3.4) Die zweite Referendarin bekam bereits nach wenigen Monaten die Gelegenheit, sich im eigenverantwortlichen Unterricht spielerisch auszutesten und eigene Vorstellungen und Ideen im Unterricht zu implementieren. Sie entwickelt ihren Sinn für die hier etablierten Ordnungen und erwirbt mithilfe der Reaktionen von Schülern und Kollegen auf ihre innovativen Vorschläge ein Gespür für die Grenzen des im schulischen Kontext Möglichen. Zur Transformation der bestehenden Abläufe und Ideale benötigen die Akteure ein Gespür und ein Wissen dafür, welche Ordnungen, wie stark und auf welche Weise verändert werden können, damit diese auch weiterhin Ankopplungsstellen für die Habitus der beteiligten Akteure bereithalten. Wer die Schule nach eigenen Vorstellungen gestalten möchte, der braucht ein Gefühl für die Grenzen des hier Anerkannten, um partizipieren zu können. Ebenso konstitutiv für das Hervorbringen von Veränderung und Variation ist ein Habitus, der bestrebt ist, feldfremde Subjektanteile aufrechtzuerhalten und diese eben nicht im Laufe der Zeit im Sinne Butlers „unsichtbar“ (vgl. Butler 2001: 177 zitiert nach Villa 2010: 267) zu machen.

Die Frage nach den Aussichten auf eine Umformung zumeist langjährig eingespielter Ordnungen und verbunden hiermit, die Überlegungen zu den Gestaltungsmöglichkeiten der eigenen Konstitutionsbedingungen, stoßen aus der hier skizzierten Perspektive schnell an ihre Grenzen. Diese Fragen können nicht aus der Sicht des Subjekts beantwortet werden, sondern lassen sich nur als ein Problem der Anschlussfähigkeit formulieren. Die entscheidenden Fragen lauten aus dieser Sicht: Wo liegen die Grenzen der (An-)Erkennbarkeit? Wie groß sind die Handlungsspielräume der Akteure, damit eine Praktik am Laufen gehalten werden kann? Was wird gerade noch (an-) erkannt und was wiederum ist nicht anschlussfähig? Nicht zuletzt rücken Überlegungen zu der Frage, wie Transformationen gestaltet und eingeführt werden müssen, damit sie für die Akteure des Feldes erkennbar werden, in den Mittelpunkt. (vgl. Kapitel 2.3.4) Forschungen zu den Grenzen der Subjekte sind somit unmittelbar an die Untersuchung von (An-)Erkennungspraktiken geknüpft.

Die Ordnungen der Schule individuell zu gestalten und die eigene Subjekt-Werdung in die Hand zu nehmen setzt gewissermaßen auch das Erkennen der etablierten Ordnungen voraus. Nur das Erkennen der zumeist impliziten Ordnungen eröffnet überhaupt die Wahl, diese anzuerkennen, „während das Nichterkennen [...] deren Anerkennung in uneingeschränkter Form impliziert" (Bourdieu 1997a: 57). Der theoriegeleitete Blick auf die Praktiken der Subjektivierung, der in der vorliegenden Arbeit die Bedeutung des Körpers und des Geistes sowie der diskursiven und nichtdiskursiven Praktiken zu gleichen Teilen zu berücksichtigen und das kreative Potenzial ihrer wechselseitigen Irritation zu erfassen versucht, kann ein erster Schritt auf diesem Weg sein. Besonders die Beleuchtung der sich zum großen Teil implizit vollziehenden Annäherungsprozesse, in denen sich die Referendarinnen zu wirkenden Kräften der Schule machen, kann als Voraussetzung für einen reflexiven Umgang mit diesen Ordnungen beschrieben werden. Am Beispiel der Etablierung von Führungs- und Selbstführungstechniken im Unterricht mittels der Anordnung und Bewegung von Körpern und Dingen im Klassenraum (vgl. Kapitel 2.3.3) wird deutlich, wie Praktiken ihre Subjekte auf eine bestimmte Weise hervorbringen. Fernab einer Beurteilung der einzelnen Praktiken soll hier dafür plädiert werden, die in körperlichen und materiellen Arrangements implizit erzeugten und in vielen beschriebenen Szenen perpetuierten Subjektkonstellationen systematisch in den Blick zu nehmen und die darin transportierten Vorstellungen, Ideale, Herrschafts- und Ungleichheitsverhältnisse offenzulegen.[96] Die Per-

96 Zu dieser und ähnlichen Fragen läuft seit Februar 2012 an Berliner Schulen ein von der DFG finanziertes Forschungsprojekt mit dem Titel „Die Körperlichkeit

petuierung von Ungleichheitsverhältnissen im Klassenraum – der mein ursprüngliches Interesse galt – wird nur erkenn- und somit anfechtbar, wenn ihre zumeist impliziten Mechanismen sowie die Funktion der sie vollziehenden Körper betrachtet werden. Zentral erscheint es aus der hier hergeleiteten Perspektive, die Prozesse der Subjektivierung in der Lehrerbildung und die hieran beteiligten körperlichen, materiellen, diskursiven und narrativen Aspekte systematisch zu untersuchen. Wer Chancengleichheit und Partizipationsmöglichkeiten in der Schule schaffen will, der muss in der Lage sein, „die Habitus von Schülerinnen und Schülern aus unterschiedlichen sozio-kulturellen Milieus anzusprechen“ (Alkemeyer 2006: 135). „Da gerade die formale Gleichbehandlung aller Schülerinnen und Schüler eine reale Ungleichbehandlung bedeuten kann“ (ebd.), müsste eine Vielfalt der schulischen Anforderungen und Möglichkeiten angestrebt werden, die in der Lage ist, auf die sozio-kulturelle Divergenz ihrer Schüler einzugehen. (vgl. ebd.) Hierzu bedarf es nicht zuletzt heterogener Lehrkörper, die der wachsenden Pluralität ihrer Schüler und unserer Gesellschaft Rechnung tragen. Um der Diversität ihrer Akteure Entfaltungsmöglichkeiten zu bieten, wird *erstens* für die Aufrechterhaltung der zweiphasigen Lehrerbildung plädiert, die die Entwicklung eines „professionellen Selbst“ (Gecks 1990; Kolbe/Combe 2004) ermöglicht und den Novizen auf diese Weise ein Rüstzeug bietet, um dem in dieser Arbeit aus praxistheoretischer Perspektive belichteten Anpassungsdruck und den Zwängen der Praxis standhalten zu können. *Zweitens* sollten die hervorgehobenen Spiel- und Bewegungsräume im Rahmen der Lehrerbildung systematisch erweitert werden, damit sich die angehenden Lehrer spielerischer in der ihnen zunächst fremden Umgebung bewegen können. Auf diese Weise könnten nicht nur die etablierten Ordnungen schneller von den Novizen erfasst werden, sondern darüber hinaus könnten sie zumindest innerhalb bestimmter Grenzen ihre je eigene Geschichte im Setting der Schule produktiv machen und die Praktiken der Schule sowie ihre Akteure eventuell ein Stück weit mit sich ziehen.

---

der Anerkennung: Subjektkonstitutionen im Sport- und Mathematikunterricht“ (Alkemeyer/Pille).

Literatur

Alkemeyer, T. (2006): „Lernen und seine Körper. Habitusformungen und -umformungen in Bildungspraktiken“, in: Friebertshäuser, B./ Rieger-Ladich, M./Wigger, L. (Hg.): Reflexive Erziehungswissenschaft. Forschungsperspektiven im Anschluss an Pierre Bourdieu, Wiesbaden: VS Verlag für Sozialwissenschaften, S. 119-142.

Alkemeyer, T./Schmidt, R. (2003): „Habitus und Selbst. Zur Irritation der körperlichen Hexis in der populären Kultur“, in: Alkemeyer, T./Boschert, B./Schmidt, R./Gebauer, G. (Hg.): Aufs Spiel gesetzte Körper. Aufführungen des Sozialen in Sport und populärer Kultur, Konstanz: Universitätsverlag, S. 77-102.

Alkemeyer, T./Pille, T. (2006): „Surveiller et punir. La naissance de la prison“, in: Court, J./Meinberg, E. (Hg.): Klassiker und Wegbereiter der Sportwissenschaft, Stuttgart: Kohlhammer, S. 431-441.

Alkemeyer, T./Pille, T. (2008): „Schule und ihre Lehrkörper. Das Referendariat als Trainingsprozess“, in: Zeitschrift für Soziologie der Erziehung und Sozialisation 28, 2, S. 137-154.

Alkemeyer, T./Brümmer, K./Pille, T. (2010): „Praktiken sozialer Abstimmung. Kooperative Arbeit aus der praxeologischen Perspektive Pierre Bourdieus“, in: Böhle, F./Weihrich, M. (Hg.): Die Körperlichkeit sozialen Handelns. Soziale Ordnungen jenseits von Normen und Institutionen, Bielefeld: transcript, S. 229-260.

Alkemeyer, T./Villa, P.-I. (2010): „Somatischer Eigensinn? Kritische Anmerkungen zu Diskurs- und Gouvernementalitätsforschung aus subjektivationstheoretischer und praxeologischer Perspektive“, in: Angermüller, J./van Dyk, S. (Hg.): Diskursanalyse meets Gouvernementalitätsforschung. Perspektiven auf das Verhältnis von Sprache, Macht und Wissen, Frankfurt/M./New York: Campus, S. 315-335.

Alkemeyer, T. et al. (2010): http://www.aps.uni-oldenburg.de/ am 11.08.2011.

Althans, B. (1985): „Halte dich fern von den klatschenden Weibern. Zur Phänomenologie des Klatsches“, in: Feministische Studien 2, S. 46-53.

Althans, B. (2000): Der Klatsch, die Frauen und das Sprechen bei der Arbeit, Frankfurt/M./New York: Campus.

Amann, K./Hirschauer, S. (1997): Die Befremdung der eigenen Kultur. Zur ethnographischen Herausforderung soziologischer Empirie, Frankfurt/M.: Suhrkamp.

Audehm, K. (2001): „Die Macht der Sprache. Performative Magie bei Pierre Bourdieu“, in: Wulf, C./Göhlich, M./Zirfas, J. (Hg.): Grundlagen des Performativen. Eine Einführung in die Zusammenhänge von Sprache, Macht und Handeln, Weinheim/München: Juventa, S. 101-128.

Bauer, K.-O./Kopka, A./Brindt, S. (1996): Pädagogische Professionalität und Lehrerarbeit. Eine qualitativ empirische Studie über professionelles Handeln und Bewußtsein, Weinheim/München: Juventa.

Bauer, H./Böhle, F./Munz, C./Pfeiffer, S./Woicke, P. (2006): Hightech-Gespür. Erfahrungsgeleitetes Arbeiten und Lernen in hoch technisierten Arbeitsbereichen. Schriftreihe des Bundesinstituts für berufliche Bildung, Bielefeld: Bertelsmann.

Bergmann, J. (1987): Klatsch. Zur Sozialform der diskreten Indiskretion, Berlin/New York: de Gruyter.

Böhle, F./Pfeiffer, S./Sevsay-Tegethoff, N. (Hg.) (2004): Die Bewältigung des Unplanbaren als neue Herausforderung in der Arbeitswelt, Wiesbaden: VS Verlag für Sozialwissenschaften.

Bourdieu, P. (1974): Zur Soziologie der symbolischen Formen, Frankfurt/M.: Suhrkamp.

Bourdieu, P. (1976): Entwurf einer Theorie der Praxis auf der ethnologischen Grundlage der kabylischen Gesellschaft, Frankfurt/M: Suhrkamp.

Bourdieu, P. (1982): Die feinen Unterschiede. Kritik der gesellschaftlichen Urteilskraft, Frankfurt/M.: Suhrkamp.

Bourdieu, P. (1987): Sozialer Sinn. Kritik der theoretischen Vernunft, Frankfurt/M.: Suhrkamp.

Bourdieu, P. (1992): Rede und Antwort, Frankfurt/M.: Suhrkamp.

Bourdieu, P. (1997a): Der Tote packt den Lebenden. Schriften zu Politik & Kultur, Hamburg: VSA.

Bourdieu, P. (1997b): „Die männliche Herrschaft“, in: Dölling, I. /Krais, B. (Hg.): Ein alltägliches Spiel. Geschlechterkonstruktion in der sozialen Praxis, Frankfurt/M.: Suhrkamp, S. 153-217.

Bourdieu, P. (1998): Das Elend der Welt. Zeugnisse und Diagnosen alltäglichen Leidens an der Gesellschaft, Konstanz: UVK.

Bourdieu, P. (1999): Sozialer Sinn. Kritik der theoretischen Vernunft, Frankfurt/M.: Suhrkamp.

Bourdieu, P. (2000): Das religiöse Feld. Texte zur Ökonomie des Heilsgeschehens, Konstanz: UVK.

Bourdieu, P. (2001): Meditationen. Zur Kritik der scholastischen Vernunft, Frankfurt/M.: Suhrkamp.

Bourdieu, P. (2005): Was heißt sprechen? Zur Ökonomie des sprachlichen Tausches, Wien: Braunmüller.

Bourdieu, P./Chamboredon, J.-C./Passeron, J.-C. (1991): Soziologie als Beruf: Wissenschaftstheoretische Voraussetzungen soziologischer Erkenntnis, Berlin/New York: de Gruyter.

Bourdieu, P./Wacquant, L.J.D. (1996): „Die Ziele der reflexiven Soziologie“, in: dies. (Hg.): Reflexive Anthropologie, Frankfurt/M.: Suhrkamp, S. 95-240.

Breidenstein, G. (2006): Teilnahme am Unterricht. Ethnographische Studien zum Schülerjob, Wiesbaden: VS Verlag für Sozialwissenschaften.

Breidenstein, G./Kelle, H. (1998): Geschlechteralltag in der Schulklasse. Ethnographische Studien zur Gleichaltrigenkultur, Weinheim und München: Juventa.

Bröckling (2007): Das unternehmerische Selbst. Soziologie einer Subjektivierungsform, Frankfurt/M.: Suhrkamp.

Bromme, R. (1992): Der Lehrer als Experte: Zur Psychologie des professionellen Wissens, Bern: Huber.

Bromme, R./Haag, L. (2004): „Forschung zur Lehrerpersönlichkeit“, in: Helsper, W./Böhme, J. (Hg.): Handbuch der Schulforschung, Wiesbaden: Verlag für Sozialwissenschaften, S. 777-793.

Butler, J. (2001): Psyche der Macht. Das Subjekt der Unterwerfung, Frankfurt/M.: Suhrkamp.

Combe, A./Buchen, S. (1996): Belastung von Lehrerinnen und Lehrern. Fallstudien zur Bedeutung alltäglicher Handlungsabläufe an unterschiedlichen Schulformen, Weinheim/München: Juventa.

Combe, A./Kolbe, F.-U. (2004): „Lehrerprofessionalität: Wissen, Können, Handeln", in: Helsper, W./Böhme, J. (Hg.): Handbuch der Schulforschung, Wiesbaden: VS Verlag für Sozialwissenschaften, S. 833-852.

Csikszentmihalyi, M./Jackson, S. A. (1999): Flow im Sport, München: BLV Verlagsgesellschaft mbH.

De Certeau (1988): Kunst des Handelns, Berlin: Merve Verlag.

Dreyfus, H./Dreyfus, S. (1988): Künstliche Intelligenz. Von den Grenzen der Denkmaschine und dem Wert der Intuition, Reinbek: Rowohlt.

Flick, U. (2004): Triangulation. Eine Einführung, Wiesbaden: VS Verlag für Sozialwissenschaften.

Foucault, M. (1961): Wahnsinn und Gesellschaft. Eine Geschichte des Wahns im Zeitalter der Vernunft, Frankfurt/M.: Suhrkamp.

Foucault, M. (1974): Die Ordnung der Dinge, Frankfurt/M.: Suhrkamp.

Foucault, M. (1976): Überwachen und Strafen. Die Geburt des Gefängnisses, Frankfurt/M.: Suhrkamp.

Foucault, M. (1978): Dispositive der Macht. Michel Foucault über Sexualität, Wissen und Wahrheit, Berlin: Merve Verlag.

Foucault, M. (1983): Der Wille zum Wissen. Sexualität und Wahrheit, Bd. 1, Frankfurt/M.: Suhrkamp.

Foucault, M. (1986): Der Gebrauch der Lüste. Sexualität und Wahrheit, Bd. 2, Frankfurt/M.: Suhrkamp.

Foucault, M. (1987): „Das Subjekt und die Macht", in: Dreyfus, H./Rabinow, P. (Hg.): Michel Foucault. Jenseits von Strukturalismus und Hermeneutik, Frankfurt/M.: Athenäum, S. 208-226.

Foucault, M. (1988): „Technologies of the Self", in: Martin, L.H./Gutman, H./Hutton, P.H. (Hg.): Technologies of the Self. A seminar with Michel Foucault, Amherst: University of Massachusetts Press, S. 16-49.

Foucault, M. (1996): Der Mensch ist ein Erfahrungstier. Gespräch mit Ducio Trombadori, Frankfurt/M.: Suhrkamp.

Frech, H.-W./Reichwein, R. (1977): Der vergessene Teil der Lehrerbildung, Stuttgart: Klett.

Friedell, E. (1989): Kulturgeschichte der Neuzeit, München: Beck.

Fuller, F.F./Brown, O.H. (1975): „Becoming a Teacher", in: Ryan, K. (Hg.): Teacher Education, 74th Yearbook of the NSSE, Part 2. Chicago, S. 25-52.

Gebauer, G. (2009): Wittgensteins anthropologisches Denken, München: Beck.

Gebauer, G./Wulf, C. (1992): Mimesis. Kultur, Kunst, Gesellschaft, Reinbek: Rowohlt.

Gebauer, G./Wulf, C. (1998): Spiel-Ritual-Geste. Mimetisches Handeln in der sozialen Welt, Reinbek: Rowohlt.

Gecks, L.C. (1990): Sozialisationsphase Referendariat. Objektive Strukturbindungen und ihr psychischer Preis, Frankfurt/M./Bern/New York/Paris: Peter Lang.

Gennep, van A. (2005): Übergangsriten, Frankfurt/M./New York: Campus.

Giesbrecht, A. (1980): „Berufliche Sozialisation im Referendariat von Wirtschaftslehrern", in: Zeitschrift für Berufs- und Wirtschaftspädagogik 76, 2, S. 105-114.

Gluckman, M. (1963): „Gossip and scandal", in: Current anthropology 4, 3, S. 307-316.

Goffman, E. (1980): Rahmen-Analyse. Ein Versuch über die Organisation von Alltagserfahrungen, Frankfurt/M.: Suhrkamp.

Grothe, H. (1984): Anekdote, Stuttgart: Metzler.

Hark, S. (1996): deviante Subjekte. Die paradoxe Politik der Identität, Opladen: Leske und Burich.

Helsper, W. (1996): „Antinomien des Lehrerhandelns in modernisierten pädagogischen Kulturen. Paradoxe Verwendungsweisen von Autonomie und Selbstverantwortlichkeit", in: Combe, A./Helsper, W. (Hg.): Pädagogische Professionalität. Untersuchungen zum Typus pädagogischen Handelns, Frankfurt/M.: Suhrkamp, S. 521-570.

Helsper, W. (2002): „Wissen, Können, Nicht-Wissen-Können. Wissensformen des Lehrers und Konsequenzen für die Lehrerbildung", in: Helsper, W./Breidenstein, G./Kötters, K. (Hg.): Die Zukunft der Lehrerbildung. Eine Streitschrift, Opladen: Leske und Budrich, S. 67-87.

Helsper, W. (2003): „Ungewissheit im Lehrerhandeln als Aufgabe der Lehrerbildung", in: Helsper, W./Hörster, R./Kade, J.(Hg.): Ungewissheit. Pädagogische Felder im Modernisierungsprozess, Weilerwist: Velbrück, S. 142-161.

Hericks, U. (2006): Professionalisierung als Entwicklungsaufgabe. Rekonstruktionen zur Berufseingangsphase von Lehrerinnen und Lehrern, Wiesbaden: VS Verlag für Sozialwissenschaften.

Herrmann, U./Hertramph, H. (1997): „Reflektierte Berufserfahrung und subjektiver Qualifikationsbedarf“, in: Buchen, S./Carle, U./Döbrich, P./Hoyer, H.D./Schönwälder, H.G. (Hg.): Jahrbuch für Lehrerforschung. Bd. 1, Weinheim/München: Juventa, S. 139-163.

Hertramph, H./Herrmann, U. (1999): „Lehrer. Eine Selbstdefinition“, in: Carle, U./Buchen, S. (Hg.): Jahrbuch für Lehrerforschung. Bd. 2, Weinheim/München: Juventa, S. 49-72.

Hirsch, G. (1990): Biographie und Identität des Lehrers. Eine typologische Studie über den Zusammenhang von Berufserfahrungen und beruflichem Selbstverständnis, Weinheim/München: Juventa.

Hirschauer, S. (2001): „Ethnographisches Schreiben und die Schweigsamkeit des Sozialen. Zu einer Methodologie der Beschreibung“, in: Zeitschrift für Soziologie 30, 6, S. 429-451.

Hirschauer, S. (2004): „Praktiken und ihre Körper. Über materielle Partizipanden des Tuns“, in: Hörning, K.H./Reuter, J. (Hg.): Doing Culture: neue Positionen zum Verhältnis von Kultur und sozialer Praxis, Bielefeld: transcript, S. 73-91.

Hirschauer, S./Amann, K.(Hg.) (1997): Die Befremdung der eigenen Kultur: zur ethnographischen Herausforderung soziologischer Empirie, Frankfurt/M.: Suhrkamp.

Holzkamp, K. (1993): Lernen. Subjektwissenschaftliche Grundlegung, Frankfurt/M.: Campus.

Horn, C. (2001): „Ästhetik der Existenz und Selbstsorge“, in: Kleiner, M.S. (Hg.): Michel Foucault. Eine Einführung in sein Denken, Frankfurt/M./New York: Campus, S. 137-152.

Hörning, K. H. (2001): Experten des Alltags. Die Wiederentdeckung des praktischen Wissens, Weilerswist: Velbrück.

Jäger, S. (2001): „Dispositiv“, in: Kleiner, M.S. (Hg.): Michel Foucault. Eine Einführung in sein Denken, Frankfurt/M./N.Y.: Campus, S. 72-89.

Jürgens, E. (2002): „Was leistet der Offene Unterricht?“, in: Erziehung und Unterricht 3-4, S. 290-301.

Jullien, F. (1995): The Propensity of Things: Toward a History Efficacy in China, Cambridge: Mass.

Kalthoff, H. (2004): „Schule als Performanz“, in: Engler, S./Krais, B. (Hg.): Das kulturelle Kapital und die Macht der Klassenstrukturen, München/Weinheim: Juventa, S. 115-140.

Kalthoff, H. (2008): „Einleitung: Zur Dialektik von qualitativer Forschung und soziologischer Theoriebildung“, in: Kalthoff, H./Hirschauer, S./Lindemann, G. (Hg.): Theoretische Empirie, Frankfurt/M.: Suhrkamp, S. 8-32.

Klee, S. L. (2005): Einstieg in den Lehrerberuf. Untersuchungen zur Identitätsentwicklung von Lehrerinnen und Lehrern im ersten Berufsjahr, Bern/Stuttgart/Wien: Haupt.

Knoblauch, H./Schnettler, B./Raab, J./Soeffner, H.-G. (2006): Video Analysis. Methodology and Methods. Qualitative Audiovisual Data Analysis in Sociology, Frankfurt/M./Berlin/Bern/Bruxelles/New York/Oxford/Wien: Peter Lang.

Kolbe, F.-U./Combe, A. (2004): „Lehrerbildung“, in: Helsper, W./Böhme, J. (Hg.): Handbuch der Schulforschung, Wiesbaden: VS Verlag für Sozialwissenschaften, S. 853-880.

Krais, B./Gebauer, G. (2002): Habitus, Bielefeld: transcript.

Kunze, K./Stelmaszyk, B. (2004): „Biographien und Berufskarrieren von Lehrerinnen und Lehrern“, in: Helsper , W./Böhme, J. (Hg.): Handbuch der Schulforschung, Wiesbaden: VS Verlag für Sozialwissenschaften, S. 795-812.

Langer, A. (2008): Disziplinieren und entspannen. Körper in der Schule. Eine diskursanalytische Ethnographie, Bielefeld: transcript.

Latour, B. (2000): Die Hoffnung der Pandora: Untersuchungen zur Wirklichkeit der Wissenschaft, Frankfurt/M.: Suhrkamp.

Lemke, T. (2001): „Gouvernementalität“, in: Kleiner, M.S. (Hg.): Michel Foucault. Eine Einführung in sein Denken, Frankfurt/New York: Campus, S. 108-123.

Lenhard, H. (2005): „Die zweite Phase der Lehrerbildung – ein Modell mit Zukunft?“ in: Seminar Lehrerbildung und Schule. Stärken und Zukunftsfähigkeit der zweiten Phase, Sonderheft 2005/2006.

Löw, M. (2007): Raumsoziologie, Frankfurt/M.: Suhrkamp.

Lüders, M./Rauin, U. (2004): „Unterrichts- und Lehr-Lernforschung“, in: Helsper, W./Böhme, J. (Hg.): Handbuch der Schulforschung, Wiesbaden: VS Verlag für Sozialwissenschaften, S. 691-720.

Malinowski, B.(1979): Argonauten des westlichen Pazifik. Ein Bericht über Unternehmungen und Abenteuer der Eingeborenen in den Inselwelten von Melanesisch-Neuguinea, Frankfurt/M.: Klotz.

Manthey, H. (1982): Sozialisation in die bürokratische Organisation als Landesreferendar in der öffentlichen Verwaltung, Frankfurt/M.: Peter Lang.

Merleau-Ponty, M. (1976): Die Struktur des Verhaltens, Berlin: de Gruyter.

Messner, H./Reusser, K. (2000): „Berufliches Lernen als lebenslanger Prozess", in: Beiträge zur Lehrerbildung, 18, 3, S. 277-294.

Mohn, E. (2002): Filming Culture. Spielarten des Dokumentierens nach der Repräsentationskrise, Stuttgart: Lucius & Lucius.

Moldaschl, M./Voß, G.G. (2002): Subjektivierung von Arbeit, München/Mering: Hampp.

Müller-Fohrbrodt, G./Cloetta, B./Dann, H.D. (1978): Der Praxisschock bei jungen Lehrern. Formen, Ursachen, Folgerungen. Eine zusammenfassende Bewertung der theoretischen und empirischen Erkenntnisse, Stuttgart: Klett.

Mürmann, M. (1996): Zur Situation der Lehramtsstudiengänge an der Universität-GH Paderborn. Ergebnisse einer Befragung von Lehramtsstudierenden, Paderborn: Universitätsverlag.

Nassehi, A. (2006): Der soziologische Diskurs der Moderne, Frankfurt/M.: Suhrkamp.

Naujok, N./Brandt, B./Krummheuer, G. (2004): „Interaktion im Unterricht", in: Helsper, W./Böhme, J. (Hg.): Handbuch der Schulforschung, Wiesbaden: VS Verlag für Sozialwissenschaften, S. 753-776.

Neuweg, G.H. (1999): Könnerschaft und implizites Wissen. Zur lehrlerntheoretischen Bedeutung der Erkenntnis- und Wissenstheorie Michael Polanyis, Münster: Waxmann.

Neuweg, G.H. (2000): Wissen. Können. Reflexion, Innsbruck/Wien/München: Studienverlag.

Neuweg, G.H. (2002): „Lehrerhandeln und Lehrerbildung im Lichte des Konzepts des impliziten Wissens", in: Zeitschrift für Pädagogik 48, 1, S. 10-30.

Ohlhaver, F. /Wernet, A. (Hg.) (1999): Schulforschung – Fallanalyse – Lehrerbildung. Diskussionen am Fall, Opladen: Leske und Budrich.

Ortmann, G. (1990): „Mikropolitik und systemische Kontrolle", in: Bergstermann, J./Brandherm-Böhmker, R. (Hg.): Systemische Rationalisierung als sozialer Prozeß. Zu Rahmenbedingungen und Verlauf eines neuen betriebsübergreifenden Rationalisierungstyps, Bonn: J.H.W., S. 99-120.

Ortmann, G. (1992): „Handlung, System, Mikropolitik“, in: Küpper, W./Ortmann, G. (Hg.), Mikropolitik. Rationalität, Macht und Spiele, Opladen: Westdeutscher Verlag, S. 217-225.

Ortmann, G. (2001): „Emotion und Entscheidung“, in: Schreyögg, G./Sydow, J. (Hg.): Managementforschung 11, Wiesbaden: Gabler, S. 277-323.

Piaget, J. (1957): „Programme et méthodes de l’épistémologie génétique”, in: Beth, W.E./Mays, W./Piaget, J. (Hg.): Épistémologie et recherche psychologique. Études d’épistémologie génétique, Presses universitaires de France 1, S. 13- 84.

Pilarcyk, U./Mietzner, U. (2005): Das reflektierte Bild. Die seriell ikonographische Fotoanalyse in den Erziehungs- und Sozialwissenschaften, Bad Heilbrunn: de Gruyter.

Pille, T. (2007): „Die Kunst des Unterrichtens. Eine praxistheoretische Perspektive“, in: Hogenová, A./Pelcová, N. (Hg.): Hodnoty Ve Výchové, Umêní a Sportu, Praha: Universita Karlova v Praze, Pedagogická fakulta, S.131-137.

Pille, T. (2009): „Organisierte Körper. Eine Ethnographie des Referendariats“, in: Alkemeyer, T./Brümmer, K./Kodalle, R./ders. (Hg.): Ordnung in Bewegung. Choreographien des Sozialen. Körper in Sport, Tanz, Arbeit und Bildung, Bielefeld: transcript, S. 161-178.

Polanyi, M. (1985): Implizites Wissen, Frankfurt/M.: Suhrkamp.

Pongratz, L. A. (2004): „Freiwillige Selbstkontrolle. Schule zwischen Disziplinar- und Kontrollgesellschaft“, in: Ricken, N./Rieger-Ladich, M. (Hg.): Michel Foucault: Pädagogische Lektüren, Wiesbaden: VS Verlag für Sozialwissenschaften, S. 243-260.

Porschen, S. (2008): Austausch impliziten Erfahrungswissens. Neue Perspektiven für das Wissensmanagement, Wiesbaden: VS Verlag für Sozialwissenschaften.

Pres, U. (2001): 1000 Stunden Lehrerausbildung in der zweiten Phase – genügt das? Neue Wege erfahrungsbezogener Lehrerausbildung für die Bewältigung gegenwärtiger Anforderungen im Berufsfeld Grundschule – Konzeptentwicklung und Evaluation in der zweiten Phase, Landau: Verlag empirische Pädagogik.

Presthus, R. (1962): Individuum und Organisation. Typologien der Anpassung, Frankfurt/M.: Fischer Verlag.

Radtke, F.-O. (1996): Wissen und Können. Grundlagen der wissenschaftlichen Lehrerbildung, Opladen: Leske und Budrich.

Rammert, W./Schulz-Schaeffer, I. (2002): „Technik und Handeln: Wenn soziales Handeln sich auf menschliches Verhalten und technische Abläufe verteilt", in: dies. (Hg.): Können Maschinen handeln? Soziologische Beiträge zum Verhältnis von Mensch und Technik, Frankfurt/New York: Campus, S. 11-64.

Reckwitz, A. (2000): Die Transformation der Kulturtheorien, Weilerswist: Velbrück.

Reckwitz, A. (2003): „Grundelemente einer Theorie sozialer Praktiken. Eine sozialtheoretische Perspektive", in: Zeitschrift für Soziologie 4, S. 282-301.

Reckwitz, A. (2008): „Praktiken und Diskurse. Eine sozialtheoretische und methodologische Relation", in: Kalthoff, H./Hirschauer, S./Lindemann, G. (Hg.): Theoretische Empirie. Zur Relevanz qualitativer Sozialforschung, Frankfurt/M.: Suhrkamp, S. 188-209.

Reckwitz, A. (2010): Unscharfe Grenzen. Perspektiven der Kultursoziologie, Bielefeld: transcript.

Reinartz, V./Schierz, M. (2007): „Biografiearbeit als Beitrag zur Professionalisierung von Sportlehrer/innen? Begründungen, Konzepte, Grenzen", in: Miethling W.-D. /Gieß-Stüber, P. (Hg.): Beruf: Sportlehrer/in, Hohengehren: Schneider, S. 39-55.

Rumpf, H. (1994): Die übergangene Sinnlichkeit, München: Juventa.

Rumpf, H. /Kranich, E.-M. (2000): Welche Art von Wissen braucht der Lehrer? Ein Einspruch gegen landläufige Praxis, Stuttgart: Klett-Cotta.

Schaefers, C. (2002): „Forschung zur Lehrerausbildung in Deutschland – eine bilanzierende Übersicht der neueren empirischen Studien", in: Schweizerische Zeitschrift für Bildungswissenschaften 24, 1, S. 65-88.

Schindler, L. (2009): „Das sukzessive Beschreiben einer Bewegungsordnung mittels Variation", in: Alkemeyer, T./Brümmer, K./Kodalle, R./Pille, T. (Hg.): Ordnung in Bewegung. Choreographien des Sozialen. Körper in Sport, Tanz, Arbeit und Bildung, Bielefeld: transcript, S. 51-63.

Schmidt, R. (2008): „Stumme Weitergabe. Zur Praxeologie sozialisatorischer Vermittlungsprozesse“, in: Zeitschrift für Soziologie der Erziehung und Sozialisation 2, S. 121-136.

Schmidt, R. /Volbers, J. (2011): „Öffentlichkeit als methodologisches Prinzip. Zur Tragweite einer praxistheoretischen Grundannahme“, in: Zeitschrift für Soziologie, Jg. 40, 1, S. 24-41.

Schneider, U. J. (2004): Michel Foucault, Darmstadt: Primus.

Schön, D. (2005): The Reflective Practitioner: How Professionals Think in Action, Aldershot: Ashgate.

Schönknecht, G. (1997): Innovative Lehrerinnen und Lehrer. Berufliche Entwicklung und Berufsalltag, Weinheim: Beltz.

Schubarth, W./Speck, K./Seidel, A. (2007): Endlich Praxis! Die zweite Phase der Lehrerbildung. Potsdamer Studien zum Referendariat, Frankfurt/M.: Peter Lang.

Schütze, F. (2000): „Schwierigkeiten bei der Arbeit und Paradoxien des professionellen Handelns“, in: ZBBS 1, 1, S. 49-97.

Schwingel, M. (1998): Pierre Bourdieu. Zur Einführung, Hamburg: Junius.

Sikes, P./Measor, L./Woods, P. (1985): Teacher Careers. Crises and Continuities, London: Falmer Press.

Sudnow, D. (1978): Ways of the Hand. The organization of improvised conduct, Cambridge/MA: Harvard University Press.

Tanner, H. (1993). Einstellungsveränderungen während der Lehrerausbildung und Berufseinführung, Weinheim: Deutscher Studienverlag.

Terhart, E. (2001): Lehrerberuf und Lehrerbildung. Forschungsbefunde, Problemanalysen, Reformkonzepte, Weinheim/Basel: Beltz.

Terhart, E. (2000): Perspektiven der Lehrerbildung in Deutschland. Abschlussbericht der von der Kultusministerkonferenz eingesetzten Kommission, Weinheim/Basel: Beltz.

Terhart, E. (1991): Unterrichten als Beruf. Neuere amerikanische und englische Arbeiten zur Berufskultur und Berufsbiografie von Lehrerinnen und Lehrern, Köln/Wien: Böhlau-Verlag.

Tillmann, K. (2002): „Lehrerbildung – alltägliche Misere und notwendige Träume“, in: Pädagogik 10, 2, S. 36-40.

Turner, V. (1989): Das Ritual: Struktur und Anti-Struktur. Theorie und Gesellschaft, Frankfurt/M.: Campus.

Ulich, K. (1996): „Traumberuf Lehrer/in? Berufsmotive und die (Un-)Sicherheit der Berufsentscheidung“, in: Die deutsche Schule 92,1, S. 41-53.

Villa, P.-I. (2010): „Subjekte und ihre Körper“, in: Wohlrab-Sahr, M. (Hg.): Kultursoziologie. Paradigmen – Methoden – Fragestellungen, Wiesbaden: VS Verlag für Sozialwissenschaften, S. 251-274.

Volpert, W. (2003): Wie wir handeln. Was wir können. Ein Disput als Einführung in die Handlungspsychologie, Sottrum: Artefact.

Wacquant, L. J. D. (1996): „Auf dem Weg zu einer Sozialpraxeologie. Struktur und Logik der Soziologie Pierre Bourdieus“, in: Bourdieu, P./ders. (Hg.): Reflexive Anthropologie, Frankfurt/M.: Suhrkamp, S. 17-94.

Wacquant, L. J. D. (2003): Leben für den Ring. Boxen im amerikanischen Ghetto, Konstanz: Universitätsverlag.

Wagner-Willi, M. (2005): Kinder-Rituale zwischen Vorder- und Hinterbühne. Ethnographie der ausgehenden Kindheit, Weinheim/München: Juventa.

Wernet, A. (2003): Pädagogische Permissivität. Schulische Sozialisation und pädagogisches Handeln jenseits der Professionalisierungsfrage, Opladen: Leske und Budrich.

Wünsche, K. (1982): „Die Muskeln, die Sinne, die Reden: Medien im pädagogischen Bezug“, in: Kamper, D./Wulf, C. (Hg.): Die Wiederkehr des Körpers, Frankfurt/M.: Suhrkamp, S. 97-108.

Wulf, C. (2005): Zur Genese des Sozialen. Mimesis, Performativität, Ritual, Bielefeld: transcript.

Wulf, C./Göhlich, M./Zirfas, J. (Hg.) (2001): Grundlagen des Performativen. Eine Einführung in die Zusammenhänge von Sprache, Macht und Handeln, Weinheim/München: Juventa.

Wulf, C./Althans, B./Audehm, K./Bausch, C. (2004): Bildung im Ritual. Schule, Familie, Jugend, Medien, Wiesbaden: VS Verlag für Sozialwissenschaften.

Wulf, C./Althans, B./Blaschke, G./Ferrin, N. (2007): Lernkulturen im Umbruch. Rituelle Praktiken in Schule, Medien, Familie und Jugend, Wiesbaden: VS Verlag für Sozialwissenschaften.